舒传贤传

王志怀 汤祖祥 曹琼 编著

北京师范大学出版集团
安徽大学出版社

图书在版编目(CIP)数据

舒传贤传/王志怀,汤祖祥,曹琼编著.——合肥:安徽大学出版社,2019.11
ISBN 978-7-5664-1979-8

Ⅰ.①舒… Ⅱ.①王…②汤…③曹… Ⅲ.①舒传贤(1899—1931)—传记 Ⅳ.①K827=6

中国版本图书馆 CIP 数据核字(2019)第 272460 号

舒 传 贤 传
ShuChuanXian Zhuan

王志怀　汤祖祥　曹　琼　编著

出版发行:	北京师范大学出版集团 安 徽 大 学 出 版 社 (安徽省合肥市肥西路 3 号 邮编 230039) www.bnupg.com.cn www.ahupress.com.cn
印　　刷:	合肥创新印务有限公司
经　　销:	全国新华书店
开　　本:	170mm×240mm
印　　张:	13.25
字　　数:	210 千字
版　　次:	2019 年 11 月第 1 版
印　　次:	2019 年 11 月第 1 次印刷
定　　价:	36.00 元

ISBN 978-7-5664-1979-8

策划编辑:吴泽宇　　　　　　　　　装帧设计:李　军
责任编辑:吴泽宇　李　君　　　　　美术编辑:李　军　孟献辉
责任印制:陈　如　孟献辉

版权所有　侵权必究
反盗版、侵权举报电话:0551—65106311
外埠邮购电话:0551—65107716
本书如有印装质量问题,请与印制管理部联系调换。
印制管理部电话:0551—65106311

皖西革命根据地的主要创始人、鄂豫皖革命根据地的创始人之一——舒传贤(1899—1931)。

1982年6月,中共中央政治局常委、中央军委副主席邓小平题写"六霍起义纪念塔"。

徐向前题词——在六霍起义中牺牲的烈士们永垂不朽!

郭述申题词——六霍起义胜利万岁!

　　为纪念"六霍起义"60周年，霍山县委、县政府1986年开始兴建霍山县烈士陵园，1989年建成对外开放。2009年升级改造后，先后被确定为"全国重点烈士纪念建筑物保护单位""全国爱国主义教育示范基地""全国先进优抚事业单位"。

2009年5月3日，霍山县委、县政府在安徽省红色区域中心纪念园（霍山县烈士陵园）开展祭扫活动。

安徽省红色区域中心纪念园

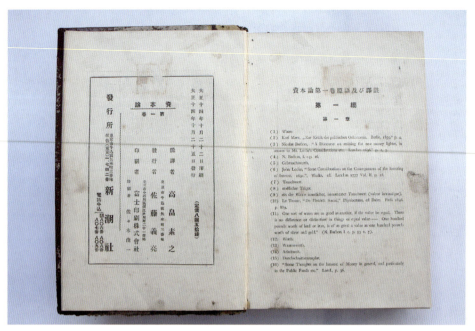

舒传贤留学日本读过的日文版《资本论》

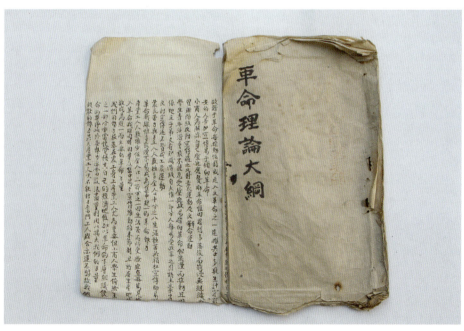

舒传贤撰写的《革命理论大纲》

安徽社会主义青年团报告书

(一九二二年四月)

本团团员取严格主义,现时团员甚少,仅组成学生运动委员会,此后介绍入团者再陆续报告。兹将学生运动委员会会员姓名、年龄开列于后:

周正非②,年二十五岁,桐城人,安徽法政专门学校毕业。

张本国,年二十四岁,霍山人,安徽省立第一师范学校。

储应时,年二十三岁,潜山人,安徽省立第一中学校。

舒公甫③,年二十三岁,霍山人,安徽省立第一工业学校。

王逸龙,年二十二岁,合肥人,安徽省立第一师范学校。

朱石龙,年二十二岁,六安人,安徽省立第一师范学校。

皮皎如,年二十二岁,英山人,安徽省立第一师范学校。

查文诰,年二十一岁,怀宁人,安徽省立第一工业学校。

詹善良,年二十岁,潜山人,安徽省立第一工业学校。

学生运动委员会议决办法如左:

(一)本会业经组成,其余各委员会俟团员增加后再随时

安徽社会主义青年团的报告书

安徽学联通电全国的罢课二次宣言

安庆市总工会旧址

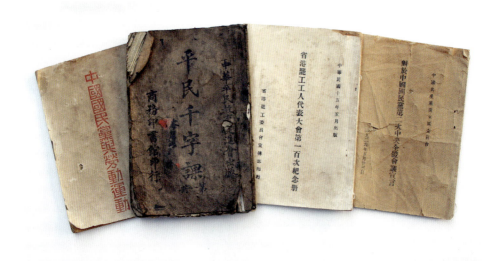

舒传贤创办农民夜校用的《平民课本》等

中共六安中心县委办公旧址（燕子河余氏宗祠）

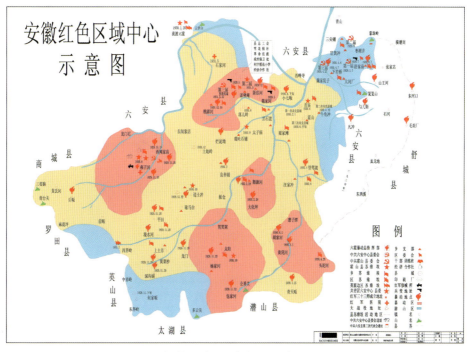

安徽红色区域中心示意图

舒传贤、朱体仁组织农民示威游行的集合地（原大河厂）

霍山县委机关报——怒吼

六霍起义示意图

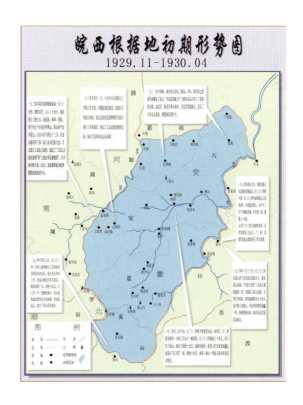

皖西革命根据地初期形势图

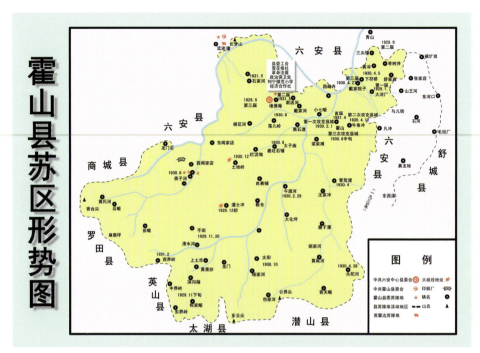

霍山县苏区形势图

中共六安中心县委、六英霍总暴动指挥部旧址（灵岩寺）

光山县砖桥镇政府一角

桃源河革命烈士陵园　　　　　　河南光山白雀园"肃反"中遇难烈士纪念碑

陈春如(1900-1931)，舒传贤妻子，1927年与舒传贤一起秘密组织农协，曾任霍山一区妇联主任，后参加特区妇女工作，1931年被杀害。

舒传贤烈士全身塑像

目 录

MULU

序 ………………………………………………………………… 1

第一章　有志的农家少年 ………………………………………… 1
　　家世 ……………………………………………………………… 1
　　儿时的苦与乐 …………………………………………………… 5
　　年少立志 ………………………………………………………… 9

第二章　安徽学生运动领袖 …………………………………… 13
　　初显才华　响应"五四" ……………………………………… 13
　　组织学生与军阀作斗争 ………………………………………… 17
　　创建安庆社会主义青年团 ……………………………………… 22
　　领导"六二"学潮 ……………………………………………… 26
　　领导反贿选、"驱李"斗争 …………………………………… 31

第三章　东渡日本留学 …………………………………………… 39
　　忧国怀乡　探求真理 …………………………………………… 39
　　拥护三大政策　加入国民党 …………………………………… 43
　　与右派学生的斗争 ……………………………………………… 45

第四章　维护第一次国共合作 ········· 50

  转入中国共产党 ········· 50
  推动安徽第一次国共合作 ········· 51
  领导安徽工人运动 ········· 55
  在"三二三"事件中的斗争 ········· 57
  在武汉继续斗争 ········· 62

第五章　开拓皖西革命新局面 ········· 67

  山沟里的曙光 ········· 67
  打入国民党统治内部 ········· 72
  从学术研究会到中共霍山县委 ········· 75
  发动"五抗"和春荒扒粮斗争 ········· 83
  组建农民革命武装 ········· 87

第六章　领导六霍起义 ········· 93

  成立六霍军委会 ········· 94
  担任中共六安中心县委书记 ········· 97
  领导六霍总暴动 ········· 101
  创建红三十三师 ········· 110
  指挥红军攻克霍山县城 ········· 113

第七章　尽职尽责　建设苏区 ········· 121

  主持七邻湾会议和六区苏维埃会议 ········· 121
  加强党的建设 ········· 125
  深入进行苏维埃政权建设 ········· 128
  全面开展土地革命 ········· 134
  注重苏区经济、文化建设 ········· 141
  组建三十五师和独立一师 ········· 145

目 录

第八章 与"左"倾错误路线坚决斗争 ……………………… 151
  抵制"左"倾盲动主义和冒险主义错误 ………………… 152
  巡视非苏区　向党中央汇报 ……………………………… 158
  飞来之祸：被"开除党籍" ………………………………… 164
  与张国焘针锋相对的斗争 ………………………………… 169
  战斗到最后一息 …………………………………………… 178

附录　舒传贤年谱(1899—1931) …………………………… 185

后　记 …………………………………………………………… 205

序

郭述申

读了《舒传贤传》一书,我久久沉思。它将我带回到60多年前在鄂豫皖边区的战斗岁月。回忆起舒传贤、许继慎、曹大骏、熊受暄等许许多多为改变中国的半殖民地半封建命运而英勇献身的亲密战友,我心中充满了对他们的无限怀念之情。

1929年5月,我受党中央的委派,到豫南巡视工作时,就得知舒传贤同志在毗连商(城)南的皖西正在发动农民暴动和士兵起义,成立了六霍军委和特务队,革命活动搞得轰轰烈烈。这年10月,经党中央批准,皖西地区正式成立了中共六安中心县委,舒传贤同志任书记。不久,在六安中心县委的领导下,发动了声势浩大的六(安)霍(山)起义,这是鄂豫皖边区继黄麻起义、商南起义之后的第三起大规模的武装起义。并在起义胜利的基础上创建了红三十三师。这是继鄂东北的红三十一师、豫东南的红三十二师之后所创建的鄂豫皖边区的第三支红军。苏维埃政权普遍建立,开辟了皖西革命根据地。1930年春,党中央根据鄂豫皖边区的革命形势,决定将鄂豫边、豫东南和皖西三块根据地和三支主力红军统一起来,成立中共鄂豫皖边特委和中国工农红军第一军,由我担任特委书记,许继慎担任红一军军长。六安中心县委继续负责皖西工作。从此,由于工作关系,我和舒传贤同志有了接触,通过党组织和干部对他也有了进一步的了解。

舒传贤同志是位知识分子,"五四"运动时期是安徽学生运动的领袖之一,曾担任省学生联合会会长,在安庆创建了安徽社会主义青年团。1922年

舒传贤传

秋舒传贤同志赴日本留学,1926年春回国,由团转入中国共产党。他先后在北京、安庆、广州、武汉等地从事工人运动和统一战线工作。大革命失败后,根据党的"八七"会议精神,他受中共安徽省临委的派遣,回皖西发动土地革命。他同相继从外地回乡和在本地坚持斗争的共产党员们一起,深入工农群众,发展党组织,开展农民运动,组建农民武装。经过两年多艰苦细致的工作,皖西已初步形成了南北200多里、东西100多里,人口40多万的革命根据地,成为鄂豫皖根据地的重要组成部分。这是一个了不起的成绩,当然也凝聚着舒传贤同志的心血和智慧。

我和舒传贤同志共事时间不长,但他那坚定的革命信念、坚忍不拔的斗争精神、火一样的工作热情、很高的理论水平、丰富的革命经验以及严于律己、团结同志等优秀品质,都给我留下了深刻的印象。他在皖西乃至整个鄂豫皖边区深受广大干部和群众的爱戴,我也很尊敬他。令人痛心的是,这位皖西革命根据地主要创始人,竟被从个人野心出发、排除异己的张国焘,先撤销了中共鄂豫皖中央分局委员、组织部长的职务,后又在肃反扩大化中错误杀害了。

江泽民同志多次指出,把已搜集到的仁人志士和革命烈士的资料,编写成书,以教育我们的干部和群众,特别是青少年。目的是要提高全国人民特别是青少年的民族自尊心、民族自信心,认识中国实行社会主义制度是中国人民历史性的选择。

《舒传贤传》一书,是在广泛征集和详尽占有资料的基础上,经过认真的研究、考证而写成的,基本做到事事有据、真实可信。内容比较丰富,文字也比较简练流畅,具有一定的可读性。这本书不仅全面记述了舒传贤战斗的一生,而且还可以从他的经历中了解安徽暨皖西自1919年到1931年这段时间的简要历史。因此,我觉得这是一本值得一读的好书。我们可以从中知道革命的道路是多么艰难曲折、人民政权来之是何等不易,从而更加珍惜今天的安定幸福生活,更加热爱我们伟大的党,更加坚定不移地在党中央的领导下,走中国特色的社会主义道路,把我们的国家建设得更加美好富强。

1991年11月于北京

第一章
有志的农家少年

在鄂豫皖大地,有一个经久传颂的名字:舒传贤。他是皖西人民的忠诚儿子,无产阶级的坚强战士,一只搏击的雄鹰。早在十月革命后,他便积极传播马克思主义,是皖西革命的启蒙者。"五四"运动后,他在安庆领导反帝反封建的爱国学生运动,组建了安庆社会主义青年团。在留学日本期间,他潜心钻研革命理论。大革命期间,他积极从事工人运动和统一战线工作。土地革命战争时期,根据党的"八七"会议精神和党组织的部署,他回到皖西,发展党的组织,开展农民运动,发动了声势浩大的六(安)霍(山)起义,创建了安徽省第一支正规革命武装——中国工农红军第十一军第三十三师,开辟了鄂豫皖苏区的重要组成部分——皖西革命根据地。他的名字,与鄂豫皖革命历史紧紧连在一起,他的革命实践,对安徽、对鄂豫皖边区乃至中国革命事业作出了重大贡献。

1931年冬,舒传贤遭受"左"倾错误路线迫害,被秘密杀害于皖西山中,年仅32岁。一颗明星陨落了,一只搏击的雄鹰夭折了,但他的光辉业绩将彪炳青史。他,永远活在人民心中。

家　世

舒传贤的故乡在安徽省西南边缘的霍山县东北乡舒家庙(现霍山县但

家庙镇观音岩村），距霍山县城30余里，离六安县城约70里。霍山县历史悠久，自隋开皇元年置县以来，辖域基本没有大的变动，地理位置处大别山脉北麓，境内地势呈西南高并向东北倾斜之势。东北乡是丘陵地带，北通六安、南连县城、西临五百里淠河之源、东依气势雄伟的复览山、南岳山，方圆数十里岗峦起伏、梯田层层、竹木葱葱，村庄错落散布其间，是全县主要的稻谷产区。若在太平盛世，这里确实是美丽富饶的好地方。古有《淠水渔牧》之诗："引商刻羽古犹少，白雪阳春今不多；翻乐无腔流水拍，合将牧笛配渔歌。"然而在舒传贤出生的年代，这里却是另一番萧条景象。

舒家庙是大别山区常见的小村镇，一条窄窄的鹅卵石铺成的街道，十几户人家，依山傍水，周围阡陌纵横，环境幽雅，是一个山清水秀的山区小村镇。但是优美的自然环境无法掩饰这里的贫穷和落后，村民的生活宁静得像一潭死水，毫无生气。村民大都以农为业，世世代代过着日出而作、日落而息的农家生活。因这里有一座舒氏宗祠，离小街仅里许，当地俗称宗祠为"庙"，故小街得名为"舒家庙"。舒传贤的童年就是在这里度过的。

舒传贤故居（舒家庙村三和堂居民组）

舒传贤的家世，远者已无可考。从清光绪二十七年（1901年）所修的《舒氏家谱》中仅知"舒姓自道珊公迁霍，越今二十有二传矣"。①按此推算，霍山

第一章 有志的农家少年

东北乡舒氏家族大约是明弘治、正德年间由外地迁来霍山的,距今已有 500 余年。至于由何处、因何故迁来霍山,已无可考。舒传贤为道珊公以下第十九世孙。其父舒家燮,又名理臣,字赞扬,号醒舆,弟兄三人,家燮排行三,为晚清秀才。"读书能妙解,凡经史百家,以至医巫星相诸书,无不窥其玄秘",青年时代"因扼于科场,未能展,遂每以诗文发其豪气,殆避世者也"。②由此可见他是一位不得志的乡村文人。而在当地,能读书考中秀才者,家庭经济状况较好。后来因为舒家燮所住之祖屋"为清末李鸿章之后'积善堂'所侵占,李氏为权臣之后,拥有厚资,贿赂公行,上通官府,理臣与之讼而不胜,是以房屋基地遂为李氏所吞噬,而家愈贫"。③舒家庙小街上的房子,就是舒家燮与李鸿章后代打官司败诉后迁来的居所。舒家燮父亲有田 4 石 5 斗,分给 3 个儿子,家燮得田 1 石 5 斗(约合 9 亩)。④舒家燮的职业,"民国以来,即专以医道活人无算"。此外,因他懂星相学,行医之余还为他人相宅基、墓址,这当然是副业了。家燮为人正直"和易近人,为邻里所欢。凡遇争执事,必挺身出任调解,详说情理,巧取譬喻,令人心悦诚服而后已"。⑤可见舒家燮热心公益,乐于主持公道。由于舒家燮"善治生产,虽祖业不丰而生计匮,家中负担极重而未尝有所窘"。⑥所以舒传贤的家庭经济状况在当地农村,不算小康也够温饱。

舒传贤的父亲舒家燮病逝于 1928 年,这在舒传轼于 1929 年所写的《理臣三伯行述》中有很清楚的记述:"去年伯归道山,传贤亦适家居,得以慰堂之上望者甚"。"道山",即传说中的仙山,旧时文人称人死为"归道山"。1928 年舒传贤已回皖西,在家乡开展农民运动,这与当时实际情况是相符合的。有的传记作者说传贤 7 岁丧父(按此推算舒家燮于 1905 年去世);又说家燮生前为农村塾师。均不确。当时在舒家庙当塾师的是舒传贤的远房叔父舒鼎三,又名家学,并不是传贤之父舒家燮。

舒传贤的母亲"夏夫人,勤朴善治生计,为乡里模范",⑦是一位勤劳、俭朴、善于持家的农村妇女。她共生二子,长子传泗,次子传贤。传泗,字东山,自幼从父学医"以岐黄术宣传家学。并平值售药以活人。盖吾乡处山僻陬,远近数十里内,无较完善之药铺,医者所开方剂,药铺无以应,辄以赝物或类似者相抵塞。服之致命者甚夥。传泗设药肆于舒家庙镇,去宗祠仅里许,率皆真方真药,诚实无欺。凡北自平、辽,南自粤、桂,东极日本,所有灵验丸丹,莫不搜罗出售,以拯沉疴,病者称便。此种救世热心,盖皆秉承堂上意旨而行者"。⑧

当年舒家庙小街上唯一的诊所兼中药铺就是舒家燮创办的。家燮去世后,传泗继承父业。这所中药铺有窄窄的三间门面,青砖小瓦房,一边是药铺,一边是诊室,中间是过道兼接待室。传泗既是医生,又是药剂师。药铺后进三间草房为全家人的居室,舒传贤即出生于此屋。传贤投身革命后,其寡母及妻儿的生活全靠传泗行医卖药维持。舒传贤回皖西从事革命后,他的家自1929年3月13日起曾先后6次被反动派查抄。1930年4月,国民党军队围攻六霍苏区,出于阶级报复,放火将舒传贤的家烧为灰烬。传泗毅然参加革命,舒母携儿媳、孙子多次避难于霍山西乡新店河、诸佛庵及西南乡漫水河、燕子河等地山中,颠沛流离,受尽折磨,表现了一位革命母亲的坚强意志。现在我们所见到的舒传贤故居,是舒母劫后余生的栖身之所,老地名叫"三和堂",系舒姓公房,"三和"是当地舒姓的堂号。传泗约于1931年前后遇难。舒母夏氏病逝于抗日战争期间(具体时间无考)。

1917年,舒传贤与陈春如结婚,其妻出身于霍山东北乡一贫苦农民家庭,"她家在未暴动前,我们中心县委机关建立在她家,重要会议常在她家召开。她有四个哥哥,大哥、三哥是党同志,二哥、四哥都是农协同志,二嫂、三嫂以及她本人也是农协会员"。1931年冬,张国焘在鄂豫皖推行王明"左"倾路线,迫害舒传贤,陈春如受株连,被杀害于霍山闻家店(现属金寨县)。舒传贤、陈春如所生二子,长子舒圣樾,次子舒圣国。1928年秋,王步文、方启坤夫妇曾在舒传贤家住过几天,当时圣樾约10岁。⑨舒传贤、陈春如牺牲后,舒母在极其艰难的情况下将圣樾、圣国两个孙子扶养成人。圣樾、圣国于1960年先后病逝。圣樾无子。圣国遗二子,长子名绪美,曾在霍山塑料厂工作;次子绪孝,现在安徽迎驾酒业集团工作。他们的工作和生活都得到了当地政府很好的照顾。

第一章 有志的农家少年

儿时的苦与乐

清光绪二十五年七月三十日(1899年9月4日)舒家孌的次子出世,取名传贤,字揖堂。舒传贤在安庆读书时,曾用名公甫;回皖西从事革命,化名夏唯宁,党内同志都喜欢亲切地叫他"宁子"。至于舒传贤何以自取"公甫""唯宁"之名,有人说"公甫"为"公仆"之谐音,为甘当人民公仆之意;"唯宁"则是唯列宁是崇。

舒传贤出生前后,国家正经历着中日甲午战争、戊戌变法、八国联军入侵北京等一系列重大历史事件。帝国主义加紧了侵略中国的步伐,腐败无能的清廷对内残酷镇压人民革命,对外丧权辱国、割地赔款,外侮日亟、国势日衰。中国的半殖民地化进一步加剧,民族危机进一步加深,贫穷落后的中国有被列强瓜分之危险。展现在中华民族面前的仿佛是一片濒临毁灭的悲惨黯淡的前景。而清王朝已成为一个卖国的、极端腐败的、扼杀中国生机因而深为人民痛恨的反动政权。劳苦大众生活在水深火热之中,国人逐渐觉醒,反清革命浪潮日益高涨。1902年到日本留学的鲁迅写下了这样的诗句:"灵台无计逃神矢,风雨如磐谙故园。寄意寒星荃不察,我以我血荐轩辕。"喊出了当年爱国者满腔悲愤的心声。1905年孙中山创建了同盟会,举起了反清大旗。各地反清革命此起彼伏、连绵不断。就在舒传贤的家乡霍山县,1904年也发生了震惊全国的霍山教案(又称"张正金教案")。贫苦农民在张正金领导下,捣毁教堂,驱赶神甫,矛头直指帝国主义传教士。由于清廷镇压,霍山人民举起反清义旗,组织武装,直接与清军作战,历时3年。霍山的进步知识分子如沈子修等人加入了同盟会,利用县劝学所作掩护,秘密组织同盟会霍山分支机构,吸收一批资产阶级知识分子及开明士绅加入。同时在县内各地创办民团,在学校中组织自强学会,意在反清。资产阶级的民主革命还局限于知识分子阶层,同广大的下层劳动群众严重脱离。这里的农民只觉得日子越来越难过,终年辛劳而难得温饱。据光绪三十一年(公元1905年)编纂的《霍山县志》记载,当时霍山农民的生活是"虽雇工莫酬半值,

舒传贤传

负担不获一钱。向年困苦,犹可典衣裳、质农具,今则典质而已空矣。向年饥寒,犹可卖田宅、鬻儿女,今则鬻卖而莫售矣"。霍山农村经济已严重破产,广大贫苦农民在死亡线上挣扎。

舒传贤童年时家境日衰,他家的9亩田除插秧、割稻的大忙季节雇请短工和请亲友帮忙外,田间管理则由父母带着传泗、传贤胼手胝足、全力承担。传贤小小年纪就学会了薅秧、锄草、采茶、拾柴等力所能及的劳动,而他最经常的活计则是放牛。舒传轼说他"日与牧童为伍"。⑩这是大别山区农民儿童最普遍的一种劳动,也是一般农家儿童愿意承担的活计。山区坡多草茂,只要照料好耕牛不让其吃了庄稼,牧童便可边放牛、边玩耍。当然在农忙季节、阴雨天气,耕牛不能放牧,牧童就要割草饲牛,此项活计风雨无阻、暑热不避,也是十分辛苦的。

舒传贤与贫苦农家子弟朱雅清、吴泽民、万子元、吴承先等人一起放牛、一起割草、一起玩耍,结下了深厚的友情。他们当时最爱玩的场所有两处:一处是长岩,一处是豪珠岭。

长岩在舒家庙的东北方向四五里,是一个夹于两山之间有三四间房屋大的石灰岩溶洞。四周林木稠密,仅有一条山间小径可以出入。从外面见不到洞口,洞内人迹罕至,终年不见阳光,长满了青苔和杂草。他们可以在洞内尽情地玩捉迷藏、"打江山"等游戏。所谓"打江山"游戏,其玩法是选一地势险陡的高坡,大家约齐一拥而上,谁最先冲上坡顶并将其余人驱下坡,谁就算坐了"江山"。于是,被驱下高坡者再组织冲锋,将坐"江山"者拉下,同时也要驱下其他人,这样胜者又算坐了"江山"。如此重复下去,每次都要玩个尽兴才散。舒传贤往往是打江山游戏的组织者,他知道由于胜者占据了有利地势,单凭猛冲往往不能取胜,必须乘其不备、出其不意,以最快速度一鼓作气将其拉下,自己方能取而代之获胜。在游戏时,往往也有富家子弟夹杂其中,他们仗其家势,盛气凌人,欺侮弱小儿童,每遇此,传贤总是挺身而出,与之对抗,保护弱者,主持公道,因而受到众多贫家子弟的拥戴。

舒家庙北边七八里处有座高山叫豪珠岭。山顶有座大庙叫宝珠寺。传

第一章 有志的农家少年

说此山有宝珠,每当晴日深夜,能见到宝珠豪光四射,故此山名为豪珠岭,所建之庙也因之叫宝珠寺。豪珠岭坐落在六安、霍山两县交界处,树木葱郁、古柏参天,其南麓属霍山县,北麓属六安县。每年春秋两季庙会期间,山之周围方圆数十里的两县农民都相约上山,到宝珠寺进香,祈求菩萨保佑全家平安、五谷丰收,同时也交换一些农副土特产品。舒传贤等一群牧童只有在庙会期间才能结伴上山,去接受那浩荡山风的洗礼,俯览连绵起伏的群山。神的意识在舒传贤那单纯幼稚的头脑中很朦胧,甚至根本没有位置,他上山不是为拜神而来,而是来此度过那牧童生活中难得的"假日"。每当此时此际,舒传贤总是激荡豪情、胸怀开阔,赞叹祖国山川之壮丽,更加热爱自己的故乡。

舒传贤幼时在家中由父亲教其识字,读《三字经》《千字文》等儿童启蒙读物。父亲常给传贤讲"头悬梁,锥刺股""囊萤映雪""凿壁偷光"等古人家贫好学的故事,启发他用功读书。传贤9岁入远房叔父舒鼎三先生开办的私塾读书。⑪读的无非是四书五经。鼎三先生教书认真,对学生甚严,所教古文,要求学生全部背熟,稍有生疏,轻则受斥,重则挨打。传贤自知家境不丰,读书不易,每每有辍学之虑,故读书异常刻苦。废寝忘食、手不释卷。他将所学诗文都背得滚瓜透熟,且能灵活应用。这为他的古文学习打下了基础。1923年11月,舒传贤在日本东京惊悉好友方曙青病逝,写了一篇长达千言的祭文,取骈俪文体,用词表意准确,读之朗朗上口,可见他古文功底之深厚。当时皖西农村尚没有教授新学的学校,多为塾师设馆教学。学生文化程度参差不齐,年龄大小悬殊,教学也没有定规。农家子弟多是农闲读书,农忙停学劳动;缴得起学费就读书,缴不起就辍学。学制拖得很长,富家子弟有读"十年长学"之说,也就是从八九岁一直读到结婚成家才自动"毕业"。一般农家子弟读上几年,粗识几个字,能记家计草账就辍学务农。舒传贤在私塾读到13岁终因家境日窘而被迫辍学。

传贤14岁在家劳动一年。这时他个头长高了,体力增强了,在劳动中学会了多种活计,他与哥哥传泗几乎承担了家中的所有农活。他起早摸黑、

舒传贤传

勤劳俭朴,初尝了贫苦农民的艰辛与劳累,也磨炼了吃苦耐劳、不怕困难的品性。他的伯父见他天资聪颖,所学诗文牢记不忘,常常脱口而出、运用自如,像"锄禾日当午,汗滴禾下土。谁知盘中餐,粒粒皆辛苦","赤日炎炎似火烧,野田禾稻半枯焦,农夫心中如汤煮,公子王孙把扇摇"等反映农民疾苦、贫富差别的诗句,往往用得恰到好处。觉得传贤虽在家务农,但"不类常儿",⑫终日劳动,埋没了才能,很是可惜。于是向其父家燮建议,让传贤继续读书,指望他将来能为舒门增辉,还答应从户族公产收入中给予资助。这样,舒传贤又在鼎三先生处读书一年多,并继续升入高等小学。

舒传贤12岁那年辛亥革命爆发,清王朝被推翻,中国两千多年的帝制被终结。这是一场了不起的革命。但是,由于这是一场资产阶级民主革命,没有能广泛地发动占中国人口最大多数的下层劳动群众,终以同旧势力妥协而告终,让袁世凯窃取了中华民国大总统的职位。中国的半殖民地半封建性质没有根本改变,社会依然处于极端贫穷落后的状况,在广大农村"种种黑暗腐败比前清更甚,人民困苦日甚一日"。⑬1911年10月29日,霍山光复。传贤虽年幼,但他知道皇帝被赶下了金銮宝座,自己脑后猪尾巴似的小辫子剪掉了。他认为孙中山了不起,敢把"真龙天子"赶下台。而一些地主豪绅却对孙中山百般诋毁,他们确实惶恐了一阵子。在传贤那幼小的心灵中,朦胧感到世道在变。但时过不久,一切又恢复了原样,在他的家乡几乎没有什么变化,仍然是官者为官,民者为民,贫者愈贫,富者愈富。

民国三年腊月二十八日(1914年2月11日)河南白朗农民起义军千骑马队、万余士兵攻克霍山县城,赶跑了县知事,打开监狱,放出囚徒,烧了衙署、天主教堂,没收官府豪绅富商的资财分给贫苦群众。除夕之夜,白朗军又攻克了六安县城,驻十余日,冒雪回师再经霍山,沿途打富济贫,所向披靡。⑭白朗军两占霍山城,往返六安、霍山皆从舒家庙一带经过。义军军纪严明,秋毫无犯。这使15岁的舒传贤明白了官逼民反的道理,看到了穷人造反的威力。这在他的脑海中留下了深刻的印象。

舒传贤的童年是在边劳动边读书、家境日衰情况下度过的。他的父亲

第一章 有志的农家少年

舒家燮"因是饱尝土豪劣绅与贪官污吏之欺压,而深恨社会之黑暗,常举是事(指祖屋被李鸿章后人侵占事——引者注)为例,以训诸子。其时传贤尚幼,闻父言则跃跃欲试,有把酒问天,拔剑砍地之慨"。⑮他恨不得率贫家子弟去造李氏豪门的反。

环境的熏陶、父母的教育、贫苦生活的磨炼,使传贤自幼就养成了朴素、勤劳、不怕吃苦、不畏强暴的优良品质。他生活在社会的最底层,亲身经历贫困农民的疾苦。他目睹舒家庙一带李姓、倪姓地主豪绅不劳而获、骄奢淫逸、有钱有势、横行乡里,而大多数农民起早贪黑、终年劳动而衣不蔽体、食不饱腹、受欺受辱的不公平现象,在他幼小的心灵里,萌发了对地主豪绅的仇恨和对贫苦农民的同情,滋生了对黑暗社会的强烈不满情绪。

年少立志

1915年秋,舒传贤考入霍山县第一高等小学校(简称"一高")。这是他第一次离开舒家庙到县城读书,其喜悦心情可想而知。与他同时入学的还有戴克杰、朱体仁、曹品三、朱大林、吴泽民等人,他们后来都成为舒传贤的亲密战友。

霍山一高是全县最早创办的一所公立小学校。1905年,革命呼声日高,清廷被迫宣布废除科举,开办新学。1906年,霍山始办一高学堂,首任堂长是黄楚三。黄楚三,名慰湘,号子山,1875年出生于霍山城关。家境清贫而其志甚远。早年毕业于安徽高等学堂,毕生致力于教育事业和民主革命运动,主张教育救国,为兴办家乡教育不遗余力。

按清代癸卯学制(1903年颁布),霍山一高春季始业,修业四年。辛亥革命后,根据壬子、癸丑(1912—1913年)学制,一高学堂改为霍山县立第一高等小学校,始改"学堂"为"学校",改春季始业为秋季始业,修业亦改为三年,校长仍为黄楚三。该校集中了霍山县一批具有民主思想的进步知识分子,如黄楚三、王逊甫、秦伦阁、赵辅仁等人。他们是霍山最早接受新文化思想的知识分子,都立志革新桑梓教育,反对尊孔读经,提倡科学与民主,主张学

舒传贤传

以致用,鼓吹科学救国、教育救国。黄楚三常说:"烂读四书五经于国无益、于民无补,只有振兴教育、精于科学,才能救国救民。"⑯一高在当时的霍山县,算得上是一所完全新型的学校,是霍山传播新文化、新思想的摇篮。舒传贤在一高不仅学到了在私塾从未接触的算学、格致(物理、化学)、地理、博物、英文、修身等新知识,而且在黄楚三等人民主思想的影响下,开始关心国家大事,萌发了爱国思想。他敬重黄楚三先生的人品和学问,黄楚三喜爱他家贫好学、思维敏捷,师生三载,结下了深厚的感情。舒传贤从一高毕业后,仍一直与黄楚三保持着密切的联系。舒传贤的早期思想,受黄楚三民主革命思想影响颇深,如科学救国、实业救国、教育救国等主张。直至他接受了马克思主义革命理论,成长为共产主义战士之后,他才认识到只有无产阶级革命才能真正救中国。他的思想产生了飞跃,反过来,他又用先进的无产阶级思想去影响他的老师黄楚三先生,帮助黄楚三先生丢掉了教育救国的幻想,转向孙中山先生的联俄、联共、扶助农工三大政策,进而同情革命,帮助共产党人从事革命活动。

舒传贤在霍山一高读书期间,正值第一次世界大战。日本帝国主义乘英、俄、德、法等国忙于欧洲战争,无暇顾及东方之机,借口对德宣战,出兵山东,强占胶济铁路和青岛,阴谋独占中国。1915年,袁世凯与日本签订了丧权辱国的"二十一条";1916年袁又复辟帝制。所有这些倒行逆施激起了全国人民大规模的反帝倒袁运动。风起云涌的斗争也波及落后闭塞的霍山。黄楚三等人与霍山旅外知识分子如洪世奇、沈子修等人有密切的联系,他们在一高积极宣讲各地斗争情况,激发学生爱国热情,使一高成为当时霍山县革命民主空气最浓厚的场所。

舒传贤在一高读书3年,他的视野开阔了,思想境界提高了,思考的问题不再局限于家门口的贫富悬殊、社会不公等眼前现象,而是经常和老师、同学们讨论国家前途、民族命运的大问题。例如:中国为什么落后?老百姓为什么贫穷?我们堂堂中华有五千年灿烂历史文化,地大物博、人口众多,为什么会受弹丸小国日本的欺侮?欧美各国的科学技术为什么发达?孙中

第一章 有志的农家少年

山领导的辛亥革命到底是成功了还是失败了？孙中山为什么要把大总统的位子让给袁世凯？为什么会出现军阀连年混战的局面？我们青年人的责任是什么？等等。他最赞赏顾炎武的"天下兴亡，匹夫有责"的名言，经常发表慷慨激昂、悲愤激烈的演说，忧国忧民之心溢于言表，表现了他的远大抱负，博得了老师和同学们的称赞。黄楚三校长十分赞赏舒传贤，称他为"贫而有志的农家少年"。

1917年舒传贤与陈春如结婚。婚姻是由父母包办的。大别山区农民有早婚的习俗，舒传贤18岁结婚，在当时也算得上晚婚了。他的父母让他读书的初衷也只想让他读完高小就回家立业，然而由于社会浪潮的推动，他走的却是另一条路。他没有辍学回家，而是走向省城安庆。

┃参考文献┃

① 舒家燮:《舒氏续修家谱序》(光绪二十七年仲月)，霍山县党史办调访资料，存霍山县党史办。

②⑤⑥⑦⑧⑩⑫ 舒传轼:《理臣三伯行述》(1929.11.10)，霍山县党史调访资料，存霍山县党史办。

③⑮ 舒绪康:《叔祖舒传贤烈士行略》(1983)，霍山县党史调访资料，存霍山县党史办。

④ 舒圣权、王炳章等人的回忆(1960年)，霍山县党史调访资料，存霍山县党史办。

⑨《舒传贤为被处分给中央的报告第一号》(1931.4.27)，存中央档案馆，安徽省档案馆编《鄂豫皖苏区革命历史文件汇集》，第四册，第285页，1985年12月印，内部资料，存霍山县党史办。

⑪ 夏咏南:《皖西烈士事迹片断·舒传贤》(1964.4)，霍山县党史调访资料，存霍山县党史办。

⑬《孙中山全集》第9卷，第56页，北京：中华书局，1986。

⑭ 沈济川、刘和斋:《霍山大事记》(民国二十五年十一月)，原件在台湾，抄件存霍山县志办。

⑯《霍山县教育志·人物·黄楚三》，霍山县党史调访资料，存霍山县党史办。

第二章
安徽学生运动领袖

　　1918年秋,舒传贤于霍山一高修业三年毕业,并以优异成绩考取省立甲种工业学校(简称"甲工",校址在安庆)。他之所以报考工业学校,与受黄楚三"科学救国"思想影响有关。1919年春节刚过,舒传贤就打点行装,准备上学。2月底,舒传贤告别慈祥的父母、贤惠的妻子、勤劳朴实的哥哥和咿呀学语的儿子,冒着料峭的春寒,踏着初春的残雪,步行数日,到达安庆。

　　江城安庆是长江下游的一大商埠,交通方便。溯江而上可抵九江、汉口乃至宜昌,顺流而下直通芜湖、南京而达上海。安庆西连鄂赣,东通江浙,为吴楚之咽喉;北倚大别山,南临天堑长江,素来享有"淮服屏蔽,江介要冲"之称,军事地位非常重要,历来为兵家必争之地,红巾军、太平军都曾在这里与敌展开激战。这里商贾云集、市面繁华,远不是闭塞落后的霍山所可比拟。安庆时为安徽省会,是全省政治、经济、文化的中心。安庆又是一座具有800多年悠久历史的文化古城,向来文风昌盛、人才荟萃、学校林立。舒传贤来此读书时,仅中等以上学校就有近10所,集中了全省知识界的精华。如法专校长光明甫、一师校长李光炯、法专教师洪世奇等人都是安徽颇有名气的教育家。他们不仅学识渊博,而且思想维新,都有志于发展教育、革新皖政、改造社会、反对军阀祸皖。舒传贤对他们仰慕已久。

　　安庆又是一座革命城市。1905年桐城人吴樾身藏炸弹,袭击清廷五大

第二章　安徽学生运动领袖

臣;1907年,徐锡麟击毙皖抚恩铭;1908年又爆发了熊成基领导的马炮营起义。虽然他们都失败了,但人民为纪念他们,在安庆有以吴樾、锡麟命名之街道,有熊徐二贤祠。1904年陈独秀在安庆创办了《安徽俗话报》,以"救亡图存""开通民智"为宗旨,发动民众宣传革命,该报被誉为"爱国的革命报",它是陈独秀1915年创办《新青年》杂志的雏形。十月革命后,马克思主义传入中国。安庆是安徽传播马克思主义的重要基地。到"五四"运动前后,进步书刊如《新青年》《浙江评论》《星期评论》《新潮》《创造周刊》等广泛地在安庆的进步知识分子中流传。各种先进思想多汇集于此,形成全省进步力量的集中地和先进思想的中心。

舒传贤初到安庆,耳目为之一新,心情特别舒畅。他庆幸能在这风景宜人、名师荟萃的省城读书。他更庆幸有机会接触到许多新思想、新学说。他爱读陈独秀主编的《新青年》杂志,那些对时弊有力的抨击、精辟的议论,像春雷初动一样震撼着舒传贤的心,给他以力量,指引着他走上反帝反封建的道路,使他很快成为一位爱国的民主主义者。他常在课余假日,约二三学友,徜徉于振风塔下、长江堤上,看长江东去、江轮往还,高谈国事,心潮起伏、浮想联翩。他更赞叹民主革命家黄兴为纪念烈士徐锡麟的望华楼所撰的对联:"登百尺楼,看大好江山,天若有情,应识四方思猛士;留一抔土,以争光明,人谁无死,独将千古让先生。"这副对联感情奔放、气魄雄浑,大有与楼外滔滔江水共奔之势。舒传贤每次读后都为之振奋,心潮澎湃、神采飞扬。他决心努力读书,学好本领,大展宏图,为改造社会、建设国家效力。

然而,军阀统治的残酷现实很快就打破了舒传贤"安心读书"的良好初衷。

初显才华　响应"五四"

就在舒传贤到达安庆不久,北京爆发了震惊全国的"五四"爱国运动。消息传到安庆,群情激愤,数千学生热血沸腾。舒传贤坐不住了,他和广大学生一起,走出课堂,走上街头,迅速行动起来,积极响应"五四"爱国运动,并成为运动的先锋。

5月6日,安庆各中等以上学校推出代表在法政专门学校召开紧急会议。出席会议的有100余人,舒传贤代表甲工学生参加了会议。当会议主席报告北京学生为争国权、惩国贼游行请愿而横遭军阀政府殴打、逮捕时,舒传贤等各校代表争先发言,一致痛斥卖国政府的反动行径,激昂慷慨、悲愤无比,很多人当场痛哭失声。会议通过了三项决议:(一)坚决响应"五四"运动,组织安徽省学生团筹备委员会,推定一师学生代表方乐舟为主任委员、法专学生代表周骏(即周新民)、汤志先为副主任委员,舒传贤为委员,参与筹备工作。(二)用安庆学生联合会的名义,发出以下四份电报:①致电巴黎和会中国代表顾维钧、王正廷,要求继续力争废除不平等条约,克期收回青岛主权,不许签署危害中国领土主权的屈辱条约。②致电北京各大学,表示安庆学生誓以头颅热血支援北京学生行动,以争取最后胜利。③致电北洋政府,要求罢免曹汝霖、章宗祥、陆宗舆三个卖国贼的职务并加以惩处;迅速释放被捕学生,惩凶道歉,并保证以后不再发生殴捕学生事件。④致电上海各大报馆转全国各机关、团体,呼吁一致奋起,响应"五四"爱国运动。(三)决定5月8日上午8时,各中等以上学校学生举行大会游行示威。要求各人携带旗帜、标语,并组织街头演讲宣传,以唤起各阶层人民参加运动。①

5月8日上午,省会安庆各中等学校学生2000余人,按时齐集黄家操场开会。学生代表纷纷登台作慷慨激昂的发言,通过了声援北京学生的宣言,致电国际联盟大会力争国权;致电警告北洋政府不准在卖国和约上签字,要求立即罢免曹、章、陆,立即释放被捕学生。大会还宣布成立安徽学生团。会后,学生结队游行示威,一路散发宣言、传单,高呼"打倒北洋军阀政府!""废除二十一条!""打倒卖国贼曹、章、陆!""誓死收回青岛!""坚决支持北京学生运动!""打倒北洋军阀在安徽的走狗安福系!""坚决抵制日货!"等口号。沿途市民亦随学生游行示威、高呼口号,游行队伍扩大到八九千人。一时群情愤慨达于沸点。这次学生大会和游行示威,在安庆是前所未有的,对全市、全省反帝爱国运动起到了有力的推动作用。②

5月9日,安庆各校学生代表再次开会,研究如何将学生运动引向深入。10日中午,接到旅沪安徽同乡会传来的"北京被捕学生数日内将处死刑"的传单,安庆各校合组"安庆学生团",公推舒传贤等7人为代表,到省长公署要求北京政府释放被捕学生。省长吕调元在学生的压力下,被迫表示"嘱商会、教育厅拍电力争"。③

安徽省立法政专门学校大礼堂

5月11日,省学生团开会,改学生团筹备会为省学生联合会(简称"省学联")筹备会,并发表了《宣言》《泣告六十县学生书》和《安徽学生联合会简章》。《简章》明确宣布:"本会以尽学生天职,谋国家利益为宗旨",并对该会的职员配备、任期、机构、会期及各县设立分会等作了规定。会址设于圣保罗学校(教会学校,校长为美国人)。为争取社会各界支持,该会还致函各省教育会、商会、学校、报馆,呼吁一致行动,迫使北洋政府拒签巴黎和约。15日,安庆各校代表齐集圣保罗学校开会,主张改组学生团为联合会,并决定18日开成立大会,再次游行示威。省学联为加强与各校联系,又推选了法专的周骏、童汉璋、宋伟年,安庆第一中学的朱子帆、储应时,安庆第一师范学校的方乐舟、王先强,甲工的舒传贤,六邑中学的王步文,圣保罗学校的许丙松、范治农,安庆农业专科学校的常万元等人为各校的固定代表,负责与省学联联系。

舒传贤传

5月18日(星期日)12时半,10余所学校学生2400多人齐集黄家操场集合,商议游行示威及召开省学联成立大会事宜。5月25日,正式成立安徽省学生联合会,由方乐舟任会长,童正常、童汉璋任副会长。会后列队游行,沿途有童子军维持秩序,散发传单、一路演说,报告"五四"运动的进展情况以及详细揭露帝国主义侵华的种种罪行,历时3小时,进一步激发了民众的爱国热情。

省学联认为,为有效地打击日本帝国主义,只是游行示威还不行,还必须彻底查清日货,杜绝日货来源,全民拒用日货。省学联动员安庆商会会长陈庆福,取得商会支持,选出代表50多人组成各界抵制日货委员会负领导之责任(为避免日本人有所借口,对外名为"国货检查所",实则专门查禁日货)。拟定四项办法:(一)各校师生已买的日货(生活用品),价值1元以上者,如金刚牙粉、牙刷、肥皂、毛巾、搪瓷器皿、洋灯、洋伞等(书籍除外),一律送交抵制日货委员会集中,定期召开群众大会公开焚烧;价值1元以下的用完不再购买日货;(二)商店现存之日货,经检查登记后,加盖戳记,贴上存货标证,售完后不得再进日货;(三)经检查登记后,如再发现商店、机关、学校或私人藏有未经登记、贴标证之日货,不论属于何人所有,一律予以没收,并根据私藏者的经济状况、知识水平及货之多寡、价值高低,处以一定的罚金;如屡教不改,其情节严重者以汉奸罪论处;(四)工人不用日货,不给日本人搬运日货,也不给任何人搬运日货。安徽总商会在学生爱国热情的感召下,也发出通知,号召各商店"务须提倡国货,以挽权利","互相坚持勿购日货,以无形之抵制"。5月20日,总商会召开董事会,制定抵制日货、只售国货等措施,决定恢复国货维持会,从6月2日起断绝日货来源。④省学联还组成学生查禁日货小组,一面讲演宣传,一面到各商号检查,查出日货,先晓以大义,令其停售,若不听劝告,则将日货强行销毁。学联还定出计划,每校另组织一个检查队,轮流检查长江轮船在安庆码头所卸的货物,如系日货(上海爱国团体事先曾寄给省学联一份各种日货商标,据以对照检查),即予扣留,并运至设于南门外迎宾旅社内的国货检查所存放,听候处理。

舒传贤除负责甲工与省学联经常联络工作外，还经常到码头检查日货。此项工作，备极辛劳，不分昼夜，风雨无阻，在工作中，按时出勤，严格认真检查。因而查获日货多批，其中一部分当众焚毁，一部分交商会拍卖充公。对查禁日货，一般小商号及店员多表理解和支持，但也遭到大奸商的反抗，如安庆的马盛聚商号（专售日本杂货）、凤大成商号（专售日本布匹）拒绝学生检查，甚至动武拼命。学联毫不退让，终将此日货全部没收，并处以相当罚金，制服了奸商的嚣张气焰。舒传贤亲历其事，1923年他在日本撰《祭方曙青》文中所说的"学商冲突"即指此事。

抵制日货必须提倡国货。省学联在安庆倒爬狮子街租了两间房子，设立了国货贩卖部，专售国货。女一师、女职校、培媛女校、甲工等校学生还挤出零用钱，购买材料，牺牲自己的学业和休息，自己动手制作生活用品和化学制品送到国货贩卖部出售。这样做的目的不是为赚钱，而是表示学生的爱国精神，并以此启发民众的政治觉悟。

舒传贤身为省学联成员、甲工学生代表，在响应"五四"运动、抵制日货等斗争中始终站在斗争的前列。虽然当时的活动大都为集体行动，文献中亦不多有关个人的记录，但凡健在的当时运动的参加者，无不称赞舒传贤雄辩的口才，积极勇敢、吃苦耐劳的精神，很强的组织能力。在爱国运动中，初步展露了他的才华。他在这场运动中开始认识到，中国若不进行一场变革，就不可能改变贫穷落后的面貌。他的思想逐渐由对黑暗社会的愤激不满，上升变革社会的理性行动。

组织学生与军阀作斗争

正当省学联组织学生声援"五四"运动，游行、演讲、查禁日货进行得轰轰烈烈之际，反动当局露出了穷凶极恶的原形，对学生运动横加干涉、极力破坏。其代表人物一是安徽督军倪嗣冲，一是省长吕调元。倪嗣冲原是袁世凯的部下，辛亥革命时残酷镇压淮上军有"功"，为袁所赏识。他在袁的支持下，凭其5个混成旅60个营的兵力盘踞安徽，任军务监督，掌握军事大权。倪嗣冲不仅用武力镇压革命,而且培养爪牙,把持一切机关、学校,集军政大权于一身。他在政治上组织了一个"公益维持会",总会设在安庆,各县皆设有分会,所有地主豪绅、官僚政客无不争先恐后加入该会,视入会为争夺权利、升官发财的捷径。他还用阴谋手段控制了省议会,其议员几乎清一色是倪氏爪牙亲信,群众斥之为"猪仔议员",省议会实际上成了他的私人工具,毫无"民意"可言。省长吕调元是一反动政客,完全仰承倪氏鼻息。当学生运动进一步发展时,倪嗣冲"遂严申禁令,令警察沿街撕毁传单",⑤吕调元也借口"保护青年学生安全",饬令军警监督学生行动。省学联因设于教会学校,军警害怕得罪外国人,一时还不敢随意闯入。但该校周围布满了便衣警察,巡逻监视学联的一切活动。学联成员只得由学校后门进出,或由围墙翻越出入。其他所有学校,全被军警公开监视。反动当局企图以武力威胁学生,迫使学生停止爱国运动。学生上午贴的传单标语,往往不过中午就被警察撕毁,但学生下午又是"传单密布,日益加多"。当时安庆学生喊出了这样的口号:"你们撕,我们贴,见人心,终如铁。"而省府布告刚一贴出,就被学生用传单覆盖。在学生与警察的对抗中,学生们表现了顽强的斗争精神。

5月下旬,吕调元命令省警察厅发出布告:"如有纠众滋事紊乱秩序之行动,依法逮惩","遇有学生发布传单违纪而不服取缔者,一经查出,即依法严办,决不姑宽",并扬言要开除一批学生积极分子。反动当局的高压政策并没有动摇学生的爱国行动。省学联决定:(一)一律罢课,与北京一致;(二)要求官厅恢复传单原状;(三)致电当局,表示再接再厉;(四)要求言论著作自由、拍电自由、集会自由、演说自由。⑥5月29日,有学生不肯上课,并公推代表12人到警察厅质问撕毁传单之理由,这些代表刚离警察厅即遭学校宣布开除。学生忍无可忍,遂于30日由学联通知安庆所有中等以上学校即日一律罢课,学生结队上街游行、散发传单。倪嗣冲指使省教育厅慌忙发布通令:"限定停课各校一律在3日内恢复上课,否则决以军警干涉。"同时还严格限制支持学运的《民性报》及学联主办的《周刊》发稿和出售,邮电局

第二章 安徽学生运动领袖

非法检查信件,拒拍有关学潮的电报。

面对军阀当局的横暴行径,不仅学生愤慨,也激怒了各校的教职员工。他们以"全体辞职"的办法,向省府、国务院、教育部提出一份富有说服力的《理由书》,进行强烈的抗辩。安徽军阀政府迫于社会压力,又耍出了以退为进的拖延之计,把"用军警强制复课"的计划改为"责令教职员劝导学生上课",期限3日复课。但期限已过,各校仍无上课之迹象。安庆全城学生罢课之事,惊动了北洋政府教育部,他们派专人来"劝导",在"劝导"无效时,遂采用阴谋手段,决定提前放假。省教育厅也得到倪督电令:"限3日内各校学生一律解散,勒令回籍。"省城数千学生就这样被迫离校,迨北京"六三"运动时,安庆中等以上学校学生已被反动当局勒令回乡了。但安徽学运并没有被扼杀,只是斗争场地分散到各县而已,斗争如燎原之火迅速蔓延到全省各地。

舒传贤暑假回到霍山,积极与黄楚三等人配合,发动全县学生响应"五四"运动。6月初,在北京师范大学读书的霍山籍学生储成之、汪与之在北京参加"五四"运动后被派往上海进行宣传活动时被日本军警杀害。当这一噩耗传到霍山时,激起了乡亲们的无比悲愤。黄楚三、舒传贤决定以悼念储、汪二位烈士的形式,召开由各界人士参加的群众大会。城关一高全体师生与二高、三高、四高师生代表及工商各界代表共1000余人参加了大会。大会由黄楚三、秦纶阁主持,霍山旅外学生和教师沈子修、洪世奇等公推洪白常(洪实)为代表,专程由安庆回到霍山出席会议。舒传贤在会上介绍了安庆学生响应"五四"运动、查禁日货、与军阀抗争的情况,揭露了省会反动当局破坏学生运动的丑恶行径。大会以储、汪之惨死控诉了帝国主义侵华罪行,宣读了以反帝反军阀为主要内容的悼词,发表了声援北京、安庆学生运动的宣言。并要求各校立即成立学生会,领导学运的开展。会后在全城进行了游行示威,沉寂的山城为之一振。

接着,舒传贤等人又在霍山发动了抵制日货运动,动员县商会向全县商家发出通知,说明山东问题尚未解决,人心愤激,京、津、沪、汉、宜、芜等地已发起抵制日货运动,以此为外交后盾,霍山商界同仁,亦是炎黄子孙,爱国不能落后于人,应响应学生的正义倡导,坚决抵制日货,以尽国民之职。各校随即成立了查禁日货小组,一面向广大群众宣传,一面到各商店检查登记日货,限售完为止,不得再进日货。一时在山城形成以抵制日货为荣、买卖日货为耻的风气。

暑假结束,舒传贤又回到安庆。此时军阀倪嗣冲督皖已达7年之久。政治腐败、经济停滞、教育落后已在全国闻名。倪为了扩军索饷,竟然向省议会提出食盐每包加抽3枚铜元税,要求省议会通过。这就是臭名昭著的"盐斤加价案"。消息传出,全省哗然。因为此案若得以通过施行,食盐就会层层加价,所有安徽民众将无一不受其害。省学联在省内外各界人士的支持下,据理反驳,形成了强有力的社会舆论,迫使省议会不敢通过,此提案被束之高阁。

1920年,直皖战争中皖系军阀失败,倪嗣冲病老去职,张文生接任皖督,原北洋政府步兵统领聂宪藩当了安徽省长。张为巩固其在安徽的统治,擅自扩军新安武军40营(每营号称万人),为筹措军费,竟又先后提出"田赋一五加征"和"出口八分米厘"两案,要求省议会通过。这两个提案表面是增加田赋和大米出口税以增加安徽财政收入,但是如果施行,将会增加全省农民负担和影响大米外销,因为地主定会增加地租,米商也将压价收购安徽大米,最终受害的仍然是安徽民众。两个提案一经提出,就遭到了省教育会、省学联等团体的反对。旅外皖人纷纷组织"皖事改进会""皖人公团"等社团,一致反对这两项提案,揭露军阀祸皖的种种罪行,形成强大的舆论压力,这两项提案被迫取消。

张文生恼羞成怒,首先向激烈鼓动反对"八分米厘"的《民性报》开刀,诬蔑其为"过激派煽动机关",下令通缉高语罕、蔡晓舟等进步知识分子。省议会也悖逆民意,极力附和,甚至图谋推戴声名狼藉的倪道烺(倪嗣冲的胞侄,任凤阳关监督)为安徽省长,以取代无力筹措军费的聂宪藩。倪道烺则积极伙同其爪牙马联甲(任省军务帮办、皖南镇守使)等军阀势力携巨款赴京活

第二章 安徽学生运动领袖

动,谋省长之职,以图恢复倪氏在皖的一统天下。省议会还用公款在蚌埠为倪嗣冲建生祠,胡作非为可见一斑。

倪、张等军阀的倒行逆施,遭到安徽人民、首先是安徽教育界的强烈反对。军阀势力视进步师生如洪水猛兽。为了控制学校,反动当局先后派其爪牙到各校当校长,如法专校长丁述明、一师校长赵继椿(省议会副议长)等都是维持会成员。他们平时只知一味迎合当局、压迫学生。视学校为厘金肥差,公然贪污,把学校办得很糟。广大学生对他们强烈不满,要求撤换,欢迎进步人士来当校长。但反动当局是不会答应的,于是爆发了1920年前后的安徽学生"易长"风潮。进步学生直接驱逐反动校长,不准其到校视事。结果迫使省教育厅派光明甫任法专校长、李光炯任一师校长。芜湖、六安等地学校纷纷仿效,使得一大批进步人士出任校长,学校面貌也随之改观。为了振兴安徽教育、维护学校的合理权益,1920年秋,法专校长光明甫、一师校长李光炯、一女师校长徐枲浦、甲工校长史浩然、女职校长李寅荣、芜湖二女师校长阮强、二中校长王蔼如、五中校长刘希平、六安三农校长沈子修、滁县十中校长汪雨湘等安徽教育界知名进步人士组成了安徽省中等以上学校教员联合会(简称"省教联")。每遇教育界重大问题,即先行研究协商。省教联的成立,增强了反军阀力量。与此同时,安徽社会名流、学者以及流亡省外的国民党进步分子也纷纷奔走呼号,提出革新皖政,清除军阀主皖。要求民选省长、解散公益维持会、撤换省议员,抨击北洋军阀政府的政治弊端。进步力量与反动军阀的矛盾日益尖锐,终于酿成了震动全国的"六二"学潮。

在这一系列与军阀势力直接抗争中,舒传贤始终是学生中的积极分子,他热情积极、善于思考、勇于拼搏,在斗争中经受了很好的锻炼和考验,思想日臻成熟。斗争的实践使他认识到,单纯的学生运动是推翻不了军阀的反动统治的,必须结成政治社团,团结各阶层进步力量,担负起革命的领导责任。

舒传贤传

创建安庆社会主义青年团

十月革命胜利后,马克思主义传入中国,并逐步得到正确的阐释和宣传,但也受到反对势力的打压和封锁。安庆是安徽传播马克思主义的重要基地,据上海公共租界工部局警务处1919年7月21日的一份报告称:他们发现了"一个在中国传播布尔什维克主义的阴谋","最近从这个港口(上海)送到各地的布尔什维克报刊,已在天津、北京和湖北、安徽及广东等地被查获"。舒传贤等一批进步青年是在安徽传播马克思主义的积极分子,他们憧憬苏俄的工农政权,积极传颂十月革命,探讨"布尔什维克道路",提出推翻现行"一切政治、制度、学说"的革命口号。1920年,进步知识分子蔡晓舟从北京回到安庆在第一模范小学任教,他在高井头创办了文化书店,专售进步书刊,介绍马克思主义,宣传社会革命,联络进步青年。他还主编《黎明周刊》《安徽学生》等刊物,在进步学生、教师及其他知识分子中流传。此外,由光明甫、刘希平、李光炯等人发起,由朱蕴山任主笔的《平议报》在安庆创刊。它抨击安徽政弊,宣传革命思想,声援学生运动,并且与陈独秀、高语罕等人有密切联系。[7]舒传贤、柯庆施、周新民、朱子帆、许继慎、薛卓汉、宋伟年等进步青年也常与《平议报》联系。《平议报》开拓了安徽青年探索革命真理、寻求救国救民道路的思想境界。自"五四"后与反动军阀斗争的实践,使舒传贤等进步青年体会到团结起来的重要,因而在政治上产生了结社的要求。

1920年11月,中国社会主义青年团临时中央局在上海成立,书记俞秀松,中央书记部书记施存统(化名方国昌),并着手在各省建团。安徽省学联成立后,以学生为主体的安徽青年运动在学联领导下和教育界先进分子的支持下迅猛发展,其骨干分子便着手在安庆筹建社会主义青年团组织。蔡晓舟、舒传贤在安庆建团过程中起了重要的作用。继上海社会主义青年团创建后,北京、长沙、武昌等地相继建团。与北京、上海的团组织负责人有频繁联系的蔡晓舟认为在安庆建团条件已经成熟,便开始了建团的筹备工作。

菱湖会议旧址(位于菱湖公园夜月亭)

1921年春,蔡晓舟以各校学生运动骨干为主要对象,与刘著良在安庆怀宁县学宫义务小学召开了第一次安庆社会主义青年团筹备会议。到会的有方乐舟(曾连任安徽省学联会长)、童汉璋(曾任安徽省学联副会长)、宋伟年(曾任安庆学联秘书),此外还有许继慎、舒传贤、王先强、胡养蒙、余大化、王步文等20多人。会上,蔡晓舟介绍了上海、北京等地的社会主义青年团组织活动情况,提出了在安徽建团问题。刘著良在会上进行了宣传动员,号召青年学生入团,并散发了一些介绍团的知识小册子。与会青年对如何建团、如何改造社会各自表达了见解。会议正在进行中,遭军警前来驱散,被迫提前散会,未获圆满结果。同年4月,在蔡晓舟、刘著良的主持下,"又在安庆菱湖公园茶社召开安庆社会主义青年团成立会,大会由蔡晓舟主持,刘著良讲解社会主义,并散发一些小册子,其中有关于青年团的文献。这次到会有四五十人,多是安庆各校学生代表"。⑧除上述筹备会与会者外,还有杨溥泉、皮言智、彭干臣、童长荣、詹善良、韦素园、周新民、张友鸢、黄俊卿、敬树诚、兰晋卿等人。大会正进行中,忽然发现大批军警向会场进发,为了避免牺牲,中途宣布散会,到会者分途散去。因此没有选出团的负责人,也没有建立起组织机构。不久,蔡晓舟被反动当局通缉,被迫潜往上海。不久,又发生了"六二"惨案,省学联全力忙于与军阀斗争,建团工作一度搁置。

安徽省学生联合会成立旧址(位于安庆市二中办公室)

1921年10月,经过"六二"学潮,舒传贤被选为学生联合会会长,负责领导全省学生运动。他更感到有建立社会主义青年团的迫切需要。他汲取了蔡晓舟建团未成的教训,认为首先要注意建团骨干的政治思想基础,认真考察其革命的坚定性。例如刘著良,表面上以建团为名,实则投机革命,不久就叛变了。舒传贤认为决不能让投机革命分子进入团内。其次,建团之初规模不宜过大,人数不宜过多,应由小到大、由少到多谨慎发展,一下子吸收数十人必然良莠不齐、影响质量。再次,要注意保密。在军阀横行、斗争复杂的环境下,如不采取十分秘密的活动方式,稍有疏忽就会损失甚至牺牲。舒传贤经过周密的准备,终于于是年10月"在安庆开始组织共产主义青年团,并负团的责任"。⑨

安庆社会主义青年团成立后,使安徽的青年运动有了领导核心,继"六

第二章　安徽学生运动领袖

二"学潮后又发动了推翻贿选的三届省议会、驱逐反动省长李兆珍等斗争,"青年团团员在这一系列运动中起了骨干作用",⑩有力推动了安徽青年运动的发展。

1922年春,舒传贤与上海临时青年团中央政治局取得了联系,在临时团中央指导下建立了有舒传贤、周新民、查文浩、詹善良、王逸龙、皮言智、张本国、宋世龙、储应时计9人组成的安庆社会主义青年团地方组织,密称"安庆地支"或"安庆地方中校"。当时团员很少,活动极端秘密,与上海临时团中央联系密切。3月下旬,上海临时团中央还邀请安庆团组织去上海出席会议,鉴于安庆团组织人员安排不开,只得请住在上海的高语罕代为出席。4月,安庆社会主义青年团选举舒传贤为"学生运动委员会"委员长,"担任一切事务"。⑪王逸龙为秘书,增补周新民、朱石龙为委员。当月,团中央又要求安庆团组织派代表出席5月份在广州召开的中国社会主义青年团第一次代表大会。由于"事务繁忙"等原因,安庆团组织没有派出代表出席会议。虽然如此,但它一直保持了与团中央的联系,并使之不断发展。在当时,安庆团组织不仅是安徽最早的团组织,也是全国建立最早的17个地方团组织之一。

舒传贤的建团指导思想十分明确,在给团中央负责人施存统的报告中指出:"改造现社会,自是我们的天职。"⑫表明安庆团组织以改造社会为己任。在给临时团中央的报告书中说:"本团团员采取严格主义",虽然"现时团员甚少"⑬,但他们全是经过斗争考验的青运中坚分子,入团条件及对团员的要求都很严格。在当时安徽的共产党组织尚未建立的情况下,社会主义青年团组织实际上起到了领导民众(主要是学生)进行反帝反封建斗争的核心作用。

党的一大以后,各地党组织纷纷派遣干部进行恢复和加强青年团的工作。张太雷根据中央局和青年共产国际对中国建团工作的指示,主持中国社会主义青年团的整顿和恢复工作,确定中国社会主义青年团是信奉马克思主义的青年革命团体。安庆早期团组织遵照这一宗旨,努力学习、宣传马克思主义,吸收先进青年入团,为安徽党组织的建立准备了力量,成为考察和培养党员的预备学校。当时的团员,在安徽建党时全都转为党员,除少数人变质落伍外,其中很多骨干分子,如杨溥泉、许继慎、柯庆施、王步文、彭干臣、舒传贤等人在以后的革命中都作出了突出的贡献,甚至为革命事业献出了生命。

舒传贤在安庆创建社会主义青年团的实践,表明他开始了世界观的转变,这是他思想发展中的一次飞跃。他已从自发要求变革社会的爱国的民主主义者,逐步成长为信仰马克思主义并用马克思主义为指导、组织革命团体、领导群众运动的自觉的革命者。

1922年秋,舒传贤、周新民等人赴日本留学,安庆团组织一度"陷入沉寂"。这也从另一方面证明了舒传贤等人在安庆社会主义青年团组织中起到了举足轻重的作用。

领导"六二"学潮

1921年春,因北洋军阀政府克扣教育经费,拖欠北京和安徽公立大学教职员薪金,引起北京8校教职员的同盟罢工和学生的抗议。安徽教育界同声呐喊,遥相呼应。光明甫、李光炯、刘希平等安徽知名人士团结省学联中的舒传贤等进步学生,掀起了挽救教育危机的斗争。5月4日,方乐舟、舒传贤等人发动安庆学生为纪念"五四"运动两周年,向省署请愿,游行示威,要求增加教育经费。进步势力与反动军阀的斗争日益激化,更大的冲突大有一触即发之势。

6月2日,安庆终于爆发了一起为争取教育经费反对军阀的流血冲突。这就

"六二"特别号外

第二章　安徽学生运动领袖

是震惊全国的"六二"学潮,也称"六二"惨案。

安徽经济凋敝,教育事业更显落后。1913年倪嗣冲督皖之初,竟然将全省各级学校与教育机关全部停闭,致使数万学子入学无门。后经全省人民斗争,虽稍有恢复,但仍很落后。据1915—1916年全国教育调查,安徽教育居全国倒数第二位,竟在甘、陕之后。至1921年,全省教育几成奄奄一息之状。其中原因固极复杂,而其最主要原因是军阀祸皖,将教育经费任意挪作军费,致使很多学校经费无着,濒于停办边缘。1921年,经教育界进步人士全力争取,省教育厅才编制了当年92万元教育经费计划,但须经省议会通过方可实施。另据教育界多方调查,发现民国六、七两年尚有77.3万元教育经费结存。教育界遂公请以此款加诸本年教育经费,以补历年空缺。但询问省财政厅,言此款已垫作军费,不复可恃。消息传出,全省朝野大为震惊,迭经省教联及各校校长向教育厅请愿,非但未获解决,省议会竟将教育经费预算案延搁置之,不予开会通过。

就在此时,倪嗣冲在蚌埠的生祠建成,定于6月7日举行落成典礼,多数议员将赴蚌埠祝贺。各校师生听到这一消息,非常着急,唯恐议员去蚌埠,省议会无法开会,教育经费预算案将被继续搁置,拖到即将到来的暑假,师生离校,此案也可能将被无形取消。于是,在省教联的支持下,舒传贤等学联骨干便于5月底每日到车站、码头阻止议员离开安庆,劝说他们及早召开省议会通过教育经费预算案。

6月2日下午5时左右,省学联忽闻省议会迎合倪道烺、马联甲等军阀意图,拟提议削减教育经费,群情愤慨,推选方乐舟、戴文秀等12名学生代表去省议会请愿。此时省议会副议长赵继椿等正在用公费宴请倪道烺,马联甲亦在座作陪,门口有卫兵把守,学生代表不得入内,反被守门卫兵击殴,多人受伤,一中学生周肇基受重伤被扣。学生代表见状大惊,各自火速回校请援。各校学生闻讯,怒火冲天,纷纷结队前往省议会责问。数千热血青年潮水般涌向省议会,谁知马联甲已打电话调集驻在城外的史俊玉旅3个营,荷枪实弹,正跑步向城里开来。在马的严令下,士兵入城后,不问青红皂白

舒传贤传

见学生就刺,残酷的镇压手无寸铁的学生开始了。学生们奋不顾身与士兵搏斗,前仆后继、宁死不屈。一时间"遍路是血,哭声震天,惨不忍闻。居民见此惨状,莫不泪下如雨,而丧心病狂的丘八,尚追逐如故"。⑭当时天黑,士兵竟借手电筒之光,追刺学生。一师学生姜高琦被刺 7 刀,后送同仁医院抢救无效死亡,周肇基、戴文秀受重伤危在旦夕。计有 205 人受伤,其中受重伤者 50 余人。舒传贤率甲工学生列队于一师队伍之后,亦遭士兵追逐。舒传贤不顾个人安危,迅速赶到杨家拐、韦家巷一线学生最拥挤之处,镇静地指挥拥挤的同学撤退,救护受伤同学。当他最后撤退时,已被军警盯住。他急中生智,急速跑入一豆腐坊,在这家人的帮助下,才得以从后门脱险。

事发后,光明甫等各校校长闻讯急趋省议会质问,又遭马联甲殴打,光的眼镜被打碎。马还扬言要枪毙光明甫,并下令全城戒严,断绝交通,派兵检查报馆、邮局,严密封锁消息。反动议员还向省长聂宪藩提出"惩办光明甫"⑮等五项无理要求。反动气焰甚嚣尘上,安庆全城一片腥风血雨。

惨案发生后,省教育会、省学联、省教联决定迅速通电全国,揭露军阀残杀学生之惨状,诉以公理。6 月 3 日,省学联发表宣言,安庆各学校一律罢课。各校门前皆悬白布大标语。上书"议员军阀,残杀学生,全体罢课,誓与偕亡"等语。6 月 4 日,《安徽全省学生会周刊》出版"六二"特别号外,刊登《安徽省城各校罢课宣言》。舒传贤等学联骨干迅速研究决定:(一)派出学生代表往沪、宁、京、津各地揭露惨案情况,吁请各地支援安庆学生,声讨军阀;(二)向法庭起诉,要求惩办副议长赵继椿等;马联甲务须由陆军部褫职,交军事法庭判罪;(三)解散现议会。教育经费案照原案施行,待新议会成立再行追认;(四)迅速泣布全省 60 个县学生会及各界人士,请一致行动,支援安庆学生的爱国行动。

"六二"学潮导致了安徽各界反军阀斗争的总爆发。省教育会、教联、学联、总工会、商会、农会、律师公会、西医学会、新闻记者公会、中路商团等团体(简称"十公团")组成了"六二"惨案后援会,设联合办事处,推选代表正式向法院起诉,要求惩办倪道烺、马联甲。一时间,学生罢课、教师罢教、商界罢市、工人罢工席卷全省,甚至提出全省抗税的口号。安徽乃至全国立即掀

第二章 安徽学生运动领袖

起了声讨倪、马的怒潮。反动当局企图封锁消息,在安庆禁发有关学潮的电报、快信,检查来往信件,省学联遂派学生潜往九江发电报、快信,揭露军阀罪行。《申报》《晨报》《时报》《新闻报》《时事新报》等各大报纸均以显著版面,连篇累牍地刊载讨伐军阀文电,连英国人办的《字林西报》,也及时报道了惨案消息。安徽旅外知名人士如胡适、陶行知、柏文蔚、李辛白等人也发表文电声援安庆学生。"六二"学潮是一起大规模的与反动封建军阀针锋相对进行流血抗争的群众运动,其声势之大、时间之长、影响之广在安徽学运史上是空前的,在安徽现代史上也占有重要位置。

在"六二"运动中,舒传贤、王步文、许继慎、彭干臣、方乐舟等人是运动的主要领导人,他们研究对策,奔走于各校、各界之间,每次斗争都站在最前列,在学生中的威望大大提高。惨案爆发后,为加强对学运的领导,各校学生推舒传贤、许茂骅、范治农、皮言智、许继慎、彭干臣、杨溥泉、张本国、葛文宗、詹善良、赵唯一、余大化、蔡梅仙等人为学联固定代表,并对学联领导机构进行了改造。舒传贤当选为省学生联合会会长,周新民为副会长,⑮负责领导和指挥全省的学生运动。

舒传贤当选为省学联会长,领导安徽学生运动

当时在安徽反帝反封建运动初兴时期,进步知识分子是其骨干力量,声势浩大的学生运动显示了巨大的威力,发挥了带领工农运动的先锋作用。作为领导全省学运的省学联会长舒传贤,其贡献是不言而喻的。在"六二"运动中,舒传贤主持省学联全盘工作,布置各项斗争,应变各种复杂的局势,沉着镇静,指挥若定,充分发挥了他的领导才干和组织能力。他本人也在斗争中得到了很好的锻炼和提高,当年他虽然22岁,但已经很成熟老练。

为了动员全省人民及在外皖人抗议军阀暴行,舒传贤还派省学联交际部主任王镜衡、一师学生方曙青等人手持姜高琦血衣及军阀残杀学生照片8帧,赴芜湖、南京、上海等地公开展出,以血的事实唤起民众与军阀斗争。⑰姜的血衣到达芜湖,二农、女师、工读、职业、教会等校及各中小学生3000多人,持血衣大游行,沿途演说、散发传单,慷慨激烈。全国各地如京、津、宁、沪、汉、太原、郑州等地都纷纷致电声援安庆学生。

7月1日,"六二"惨案中受重伤的一师学生姜高琦抢救无效,在同仁医院逝世。安庆各界群众1万多人齐集黄家操场召开声讨军阀罪行大会,高呼"惩办凶手""血债要用血来还"等口号。会后游行示威,学联高举"杀马(联甲)"漫画,安庆全城一片悲愤。省学联还派出代表与省教联、省教育会代表数百人赴省署请愿,要求缉拿凶手,罢免审判、检察两厅厅长。省长聂宪藩被迫允电司法部。姜高琦死后,社会各界对检察厅依附权要,拒不拘凶极为不满。7月3日,省城各校学生代表及芜湖来省学界代表数十人,在舒传贤、许继慎等人率领下,赴检察厅催办拘凶,行至警务处东首,适遇该厅厅长刘以芾外出。舒传贤等人向刘质询,刘即令卫队鸣哨,召来法警十余人,携带手铐、铁链,声言拘捕学生,反诬学生侮辱官长。舒传贤等人怒不可遏,遂将刘扭至省长公署,当聂宪藩面验明刘身并无受辱痕迹,揭穿了刘的反诬。并再次强烈要求拘捕凶手。聂迫于学生的压力,当场表示"迅速赶办,依法判决",且斥责了刘,弄得刘以芾威风扫地,聂宪藩也十分难堪。⑱12日,安庆各界1200余人在黄家操场为姜高琦行致祭典礼。月底,旅京皖人300余在安徽会馆为姜高琦开追悼会,北京八校师生及国立各校代表参加悼祭活动。此间,全国学联发唁电悼念姜高琦,省教育会、省学联电府院各部,要求平民愤、伸国法,群众运动再次掀起高潮。

经过全省学生、教师、工人、店员、市民的坚决斗争及全国舆论的压力,安徽省政府被迫同意将当年教育经费增加到150万元,并规定教育经费独立,不准挪作他用。增加教育经费的斗争最终取得了胜利。北洋政府大理寺也被迫受理姜案,移江西检察厅办理;司法部被迫撤销了安徽省审判、检察两厅厅长职务。这沉重地打击了安徽封建军阀的反动气焰,鼓舞了人民的斗志。直到1925年春,段祺瑞政府为了笼络安徽人心,以掩国人之耳目,京师检察厅才假惺惺地发出了对倪道烺等5人的通缉令。但对镇压学生一案仍久拖不结。

1922年11月10日,周肇基因受伤过重呕血不止,殁于安庆。消息传出,省城各界及芜湖等地纷纷开追悼会,以表哀忱。后与姜高琦同葬于菱湖门外,墓上建祠,曰"姜周墓祠"。悼念送殡皆备极荣哀,情景悲壮,成为向军阀封建势力的有力声讨示威。兹选录挽联数幅如下:

省学联的挽联是:"倪道烺可杀,马联甲可杀,昧良刘赵[19]更可杀,大敌当前,唤醒国魂此雄鬼;省议员无耻,司法官无耻,助桀败类尤无耻,人心不死,誓拼热血溅群魔。"

省教联的挽联是:"远瞻五人墓,近拜二贤祠,万古龙鸾共绝迹;未得元凶头,先修烈士冢,九道虎豹为招魂。"

孙希文为省教育会撰的挽联:"无端麟凤供枭脯,如此江山待拔除。"

光明甫的挽联有二,其一曰:"天柱徒高,何如烈士垄;江流不转,长屹党人碑。"其二曰:"扶伤吊死,奔命已疲,痛史相承,忍健忘六月二日;伸法雪冤,吾侪有责,人权欲绝,誓争持一发千钧。"

王孝楚为第一农校拟的挽联为:"湖滨展崇邱,曾听春风啼寡鹄;江城正寒食,谁怜热血浴双鸳。"

马联甲为推卸罪责,也送了一副挽联:"陈太子为国捐躯,死而无憾;来君叔何人所杀,我问苍天。"当场即遭到广大学生的唾弃和批驳。

王步文还亲自为姜、周血衣亭题匾曰:"醒皖第一声",并作《血衣亭记》一文。[20]

领导反贿选、"驱李"斗争

1921年秋,第二届省议会届满,即将选举第三届省议会议员。倪道烺、马联甲决计全力操纵,使省议会议员成为清一色的倪氏党羽,继续为其所用。倪、马动用公款300万元,交给其御用工具公益维持会,派爪牙亲信到全省60个县公开进行贿选活动。各县县长又大都是公益维持会成员,他们伙同豪绅、地主、政客包办选举,企图在各县选举中当上"初选议员",为第二步复选省议员取得资格。倪、马首先在二届议员中择其"效过死力者"及维持会重要分子50余人,每人贷给3000元至5000元,专供赴各县收买选票、包揽贿选之用。

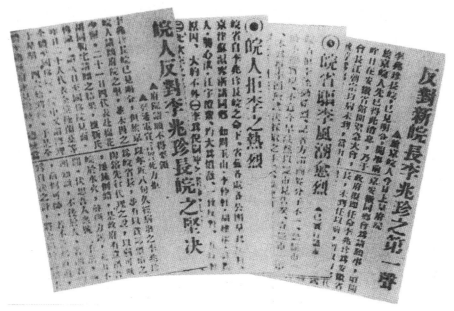

《晨报》《申报》关于皖人拒绝李兆珍任皖长的部分报道

各县初选,首先是虚报选民人数,少则虚报1万,多者虚报20万,全省无一县不虚报;其次,肆意编造假选名册,以致未成年者、已死多年者、暂时居住者、无直接交税者、有精神病者、一人两个名字者,统统作为"选民"。有的县甚至按《百家姓》任意编造假名,内定"可靠分子"为候选人。一经定为候选人,即可领到1万至5万元不等的"津贴",用以公开买选票,且不让有选举权的人去投票,而由买选票雇人包写选票,整批整捆地投匦,以致选票笔迹一样,选举结果早已知晓。初选当选者领到当选证书,如不想参加复选,即可公开出卖,一手交钱,一手交证书,甚至讨价还价,"宛如交易所拍卖

第二章　安徽学生运动领袖

场之讲价",㉑闹得全省上下乌烟瘴气、丑闻四播。

省议会既为倪氏之御用工具,当然支持倪在安徽作恶。舒传贤等进步学生和各界进步人士对倪氏导演的贿选丑剧深恶痛绝,他十分清楚:要打倒军阀,削弱倪氏势力,就必须动员一切社会进步力量,推翻贿选的第三届省议会,使其贿选阴谋破产。于是,以舒传贤为会长的省学联联合"十公团"成立了"安徽各公团澄清选举办事处",发表了《澄清选举宣言》。《平议报》更是大声疾呼,专做这项运动的舆论宣传,开展有计划的反贿选斗争。该办事处议决:"(一)初选监督,须真实受理选举诉讼。(二)初选候选人一经被告,初选监督务将当选证书扣发。(三)初选监督须认真检举选举舞弊。"㉒省学联积极配合,针对当时暑假将至的情况,布置各校学生回原籍后,都要积极投入当地反贿选斗争。省学联议决:"(一)调查议会之恶劣议员之罪案,刊印小册子,分散各地。(二)宣布现在之议员百二十人不准再当选,将其姓名劣迹遍布通晓。迫行凶议员刘硕、赵继椿等到庭,要求裁判。(三)向财政部控诉倪道烺,向陆军部控诉马联甲,请免职查办。[若]不行,则皖人自起驱逐。(四)报告各县学生进行摸底消息。"㉓学联还发出通告,明确指出6种人不能当选:(1)公益维持会分子;(2)安福党人;(3)财主;(4)恶少;(5)现被取消资格之议员;(6)上届卖票买票者。并在报纸上公布了不能当选的104名议员名单。

1921年暑假,各县学生在省学联的布置下回原籍监督选举,回乡学生揭露选举舞弊,与反动势力发生矛盾,以致选举会场被冲散、票箱被烧毁之事多处发生。全省60个县中,有无为、舒城、六安、桐城等40余县发现选举舞弊现象。对此,省学联向法院起诉。是年暑假,舒传贤没有回乡,仍在安庆主持学联工作,负责与各县联系,汇集各地选举舞弊情况,配合澄清选举办事处坚持省会斗争。

当时《安徽省议会选举法》第二十七条、二十八条规定:省议员选举只要有一县无效,全省皆无效。由于各地选举舞弊严重,40余县都有起诉弊案,省议员一时无法产生。直至次年1月,朱子帆等人在芜湖地方审判厅控告无为县选举舞弊案胜诉,新任省长许世英比较开明,又与倪氏军阀有矛盾,以致被群集安庆的贿选议员包围。他们私自集会,非法推选唐理淮为议长,管鹏为副议长。唐还面许拥护他的30多人各赠狐裘一领,贿赂公行,丑态百出,这帮贿选议员威胁许世英,要他表态承认他们的合法地位,要求立即召开省议会。先此,他们还用调虎离山之计,将许之智囊人物房秩五拦截于芜湖,许孤立无援,情势急切。在此紧急关头,一师校长李光炯率领各界代表向许世英表示誓死反对召集省议会,并随身携带安眠药一瓶,声言如不能达到目的,当场服药而死。许世英亦为之感动,也私藏一小刀,扬言迫不得已时自杀。适此时,许又接房密电:"为公计,不召不去上策;不召而去中策;召而去,召而不去,同为下策。"许世英权衡再三,最后终于10月下旬正式宣布省三届议员选举无效。这在中国尚属首创。贿选丑剧终以失败告终,贿选议员狼狈逃出安庆。反贿选斗争取得胜利。光明甫曾有诗记其事:"腊月朔风号,宜城杀气高。一瓶光炯药,三寸隽人刀。集会原乌合,收兵似鼠逃。狐裘三十领,买卖本同袍。"㉔

在反贿选斗争的同时,舒传贤在安庆还领导了驱逐反动省长李兆珍的斗争。

1921年8月,省长聂宪藩迫于社会各方面压力,又由于与倪道烺、张文生等军阀为军费问题矛盾加深,被迫辞职。安徽省长一职出现多人角逐局面。倪道烺终以40万元买通国务总理靳云鹏,让倪嗣冲老师的李兆珍出任安徽省长。作为交换条件,李答应压制学生运动,定期召开省三届议会,维护贿选案。李兆珍曾于1915年任安徽巡按使,"在职一载,成绩毫无",且年逾古稀,昏聩老迈。旅京皖人首先得知李任皖长消息,立即集会商讨对付办法,决定具呈总统府、国务院,请毋任命李长皖省;通电安徽各团体及京、沪、汉、宁各地同乡会,一致抗争;公推代表20人到总统府、国务院请愿。㉕8月21日,旅京皖人又推代表4人往棉花胡同靳云鹏住处请愿,要求收回成命。但府院及靳本人皆敷衍塞责。

消息传到安徽,激起全省人民强烈义愤。省教育会、省学联及各公团皆

第二章　安徽学生运动领袖

纷纷致电北洋政府,严词拒李,坚决要求收回成命。沪、杭、宁等地皖人团体也一致通电拒李。几天内安庆电报局收发拒李电报"计有四十余通,大有应接不暇之势"。㉖全城怨声载道,各公团怒不可遏,反对之声不绝于耳,拒李态度十分坚决。省学联甚至表示"愿做姜高琦第二",誓死拒李。并议决:如政府一意孤行,拒不收回成命,将发动全省罢课、罢市、罢工、抗税。

然而李兆珍则认为,"安徽势力全在张文生与马联甲。我为省长,张不反对,马且允为我出力,则手无寸铁之反对者,复何足齿"。㉗竟悍然于9月6日离京来皖赴任。李抵蚌埠时,闻知北洋政府慑于皖人压力,已罢免了倪道烺凤阳关监督之职,而李却去电倪道烺"缓卸原职",㉘可见李、倪沆瀣一气。安庆得此消息,群情更为愤激。省学联会同各公团代表60余人于9月8日下午召开紧急会议,商讨对付办法:(一)各界派代表两人,赴宁邀集同乡一致拒李,5时出发。盖预计李必先至浦口,俟李上船时,即向前阻拦。(二)派监印人40名,将省长印封在道尹署,不使李接得。众人持旗把守江岸及城门,如李欲强行进城,徒手与搏。(三)通城悬挂拒李旗帜,果李进城,则闭市罢学。(四)在教育会设临时拒李机关,每日由各学校推定两人长期办公。通电津京同乡请一致严拒。㉙

舒传贤根据以上决议,组织学生从9月9日起,高举"李兆珍长皖,死不承认""拒绝李兆珍长皖"大旗,手持小旗,齐集江岸,当众演说拒李之理由,阻李上岸,日夜轮流值日,检查进港轮船。

9月13日深夜,李兆珍乘"利济"轮抵安庆,反动势力故意在码头虚张声势,做出迎接姿态,实则李兆珍在安庆反动势力的安排下,从五里庙改搭民用小船暗由搬运柴草之小南门乔装登岸,潜入省署。舒传贤等人闻讯,即率队涌向省署,将省署团团围住。14日,李兆珍竟下达临时戒严令,夜间断绝全城交通,并通知邮电局截留拒李电报。又置4副高压水枪于省署门口,贴出布告,极尽威胁恫吓之能事。

17日,安庆各界进步人士百余人集会,成立"全皖公民拒李大会",内设总务、文牍、交际、庶务、会计五个股,决心将李驱出安徽,不达目的誓不罢休。大会发表了《安徽公民大会宣言》："自九月十四日,凡李兆珍假借省长名义所发布之命令,所任用之官吏及所动之款项,吾皖人绝不承认其有效。凡各县商民应纳赋税、厘捐等款,统俟李兆珍去皖之日,再行缴纳。"㉚号召全市罢市,学生罢课。

19日,舒传贤召集省学联委员会议决:"自明日(二十日)起各校同学督促全市商店罢市,学联总会设循环队20人,专门探询消息,并划定各校循(巡)查地段。派定舒传贤、范畴、李宗邺、张本国驻学联总会,指挥一切;储应时、童汉璋、周新民、王先强等20人负责在全市循环巡逻。"㉛20日起,安庆全市罢市、罢工。芜湖、大通、宣城、合肥等市及各县城都一律罢市,为"省垣后盾","三罢"斗争坚持了三日。

21日,安庆商民、学生及社会各界数千人在体育场召开拒李大会,会后又涌到省署示威。李兆珍唆使卫队开枪行凶,伤多人。李的暴行,更加激起了全省人民的愤怒,驱李斗争持续高涨。

李兆珍在全省人民声讨声中驻省10日,虽有卫兵守卫,终不敢出省署一步,如同囚徒。李所发政令无法通行,省长一职形同虚设,不得已,遂于9月22日凌晨仓皇逃出安庆。25日,安庆各界民众万余人开会庆祝驱李斗争胜利。

1922年2月,华盛顿会议继海牙会议之后,再次要求各国裁军。国内也有各省区自治会通电响应,号召各地召开国民"废督裁兵"大会。安徽也成立了裁兵委员会,但阻力很大。当时安徽的军队为倪嗣冲的遗产,其中新安武军有40营(每营号称万人),旧安武军有5个混成旅。皖省岁入800余万元,支出军费高达500余万元,导致百业不振,财政负债累累。李光炯等人在芜湖召开财政审查会议,本省包括省学联在内的各团体以及旅沪、旅京等地的皖人团体,都派代表参加。审查的结果,一致认为本省财政透支实因支付军费过巨,强烈要求废督裁军。以舒传贤为首的省学联,联合全省各界人士联名向省长许世英请愿裁军。许世英迫于舆论压力及财政困难,利用皖督张文生他调之机,将新安武军全部遣散,核减旧安武军。是年10月,北京

第二章　安徽学生运动领袖

政府宣布支持许世英。安徽裁军初显成效。

舒传贤自1919年春到达安庆,经过声援"五四"运动、抵制日货、领导"六二"学潮、反贿选驱李、支持裁军等一系列反帝反封建斗争,历经风浪,在斗争中,他勇敢坚定、不畏强暴,是学生的中坚;他有勇有谋,善于领导和指挥,是公认的学运领袖。他有胜利的欢乐,也有失败的苦恼,经受了很好的锻炼和考验,斗争才干和组织能力大有提高。这对他此后领导革命斗争很有裨益。他的战斗精神得到进步力量的称赞,也必然受到反动势力的嫉恨。1922年夏,舒传贤在甲工即将毕业前夕,与50名学运骨干分子一起被反动当局通缉,他被迫离开安庆,暂避于上海法租界。

不久,舒传贤、周新民等30多人获准官费留学日本。

关于舒传贤获官费留学的原因,一是因为他思想先进、学习刻苦,得到安徽教育界知名人士光明甫、洪世奇等人的赏识和推荐,尤其是洪世奇因与舒传贤同乡,素知他家贫好学,在当时"毕业即失业"的情况下,觉得传贤在甲工即将毕业,⑫失业可惜,故从爱惜桑梓人才的思想出发,推荐最力。二是新任省长许世英及教育厅厅长江彤侯惧怕学生运动,为稳固安徽的统治计,采取"釜底抽薪"之法,遂顺应教育界名流之意,顺水推舟,批准将舒传贤等学运骨干远送日本留学。

▎参考文献▎

①② 宋伟年:《热烈响应"五四"时期的安庆学生》,载北京超星数字图书馆《安徽文史资料选辑第二辑》,第8页,2007。

③⑤⑥ 龚振黄主编:《青岛潮》(《省芜学生响应五四及倪嗣冲之禁忌》),载中国社会科学院现代史研究所编辑组编《五四爱国运动》,中国社会科学出版社,1979。

④ 安庆市委党史工委编:《中共安庆地方党史大事记》,第3~4页,安徽人民出版社,1991。

⑦ 朱蕴山:《回忆"五四"运动前后在安徽的活动》,载北京超星数字图书馆《安徽文史资料选辑第二辑》,第1页,2007。

⑧⑩⑲ 周新民:《安庆早期党团组织》(1960.7.18),载中共安徽省党史工作委员会、安徽省档案馆编《安徽早期党团组织史料选》,第397页、398页、399页,1987印,内部资料,存霍山县党史办。

⑨《六安中心县委报告》(1930.6.6)，载中央档案馆、安徽省档案馆编《鄂豫皖苏区革命历史文件汇集》，第四册，第210页，1985年12月印，内部资料，存霍山县党史办。

⑪⑬《安徽社会主义青年团报告书》(1922.4)，载中央档案馆、安徽省档案馆编《安徽革命历史文件汇集》，第一册，第5页、4页，1987年印，内部资料，存霍山县党史办。

⑫《皮言智等8人给施存统的信》(1922.4.20)，载中央档案馆、安徽省档案馆编《安徽革命历史文件汇集》，第1页，1987印，内部资料，存霍山县党史办。

⑭《杀学生——安徽人泣布》，载《民国日报》1921.6.4。

⑮《安徽全省学生会周刊》1921年第12期，"六二特别号外"。

⑯周新民：《"五四"时期的安徽学生运动》，载北京超星数字图书馆《安徽文史资料选辑第二辑》，第9页，2007。

⑰《关于皖省学潮之记载》，载《时报》1921.6.28。

⑱《申报》1927.7.9。

⑲昧良刘赵：刘是指教育会会长刘骕，赵是指安徽省议会副议长赵继椿。

⑳濮清泉：《安庆六二运动的起因和经过》；吴少勋：《周肇基烈士传略》，霍山县党史调访资料，存霍山县党史办资料室。

㉑《安徽省第三届议会选举的造选册黑幕之大暴露》，载《申报》1921.7.11。

㉒《皖公团澄清省选之宣言》，载《申报》1921.7.12。

㉓《皖人监督议会选举》，载《民国日报》1921.7.1。

㉔集木：《爱国教育家李光炯》；汪谷荪：《澄清选举的斗争》，霍山县党史调访资料，存霍山县党史办资料室。

㉕《反对新皖长李兆珍之第一声》，载《晨报》1921.8.22。

㉖《皖省长问题又出枝节》，载《晨报》1921.9.4。

㉗《李兆珍悍然赴省长任矣》，载《晨报》1921.9.7。

㉘《皖人正筹谋挡驾中之李兆珍》，载《晨报》1921.9.11。

㉙《安庆各界拒李之大运动》，载《晨报》1921.9.15。

㉚《李兆珍到皖后之怒潮》，载《申报》1921.9.21。

㉛《皖省驱李风潮扩大》，载《申报》1921.9.23。

㉜舒传贤在甲工由于受当局通缉没有毕业。舒传轼在《理臣三伯行述》中说："传贤肄业于安庆甲种工业学校"；舒绪康在《叔祖舒传贤烈士行略》中也说："烈士在校尚未毕业，被公费保送日本留学。"

第三章
东渡日本留学

　　1922年秋,舒传贤在朔风冷雨中告别了多灾多难的祖国,由上海东渡日本。与他同船去日本留学的还有周新民、宋伟年、朱子帆、翟宗文、方乐舟、储应时、胡浩川、王先强、汤志先、陈访先等30多名安徽学生。他们在后来的革命斗争中,有的奋起前进,有的落伍不前,甚至有少数人堕落为反动分子,但当时都是热血青年,且多数是安庆、芜湖学生运动中的积极分子。

　　　　忧国怀乡　探求真理

　　舒传贤在海轮上面对茫茫东海,回首翘望烟雾弥漫的祖国,心情惆怅。他知道,日本自明治维新以来,由于重视教育、发展科技,一跃而为东方强国,而我堂堂中华却因军阀统治昏庸腐败,以致列强入侵、战祸连年、积弱积贫、民不聊生,远远落后于日本这一弹丸小国。他此去日本的初衷就是要学习日本的先进科学技术和管理方法,今后回国以改造社会、建设国家。抵达东京后,舒传贤入东京高等工业学校预科补习日语。他面对异国他乡繁华的市容和现代化建筑,更有一番忧国怀乡之情,遥念贫穷落后的祖国、多苦多难的亲人,心情更为沉重。他无心游览东京的名胜古迹,更不屑于灯红酒绿,而是将全部精力投入到学习之中。1923年夏,他的日语成绩优良,转入高工本科(校址在大冈山)学习。

舒传贤传

1923年9月1日,日本发生关东大地震,死伤15万人。日本政府利用震灾的混乱局面,纵容警宪和暴徒,大肆屠杀革命工人、社会主义者和侨居日本的中国人、朝鲜人,整个社会笼罩在恐怖气氛中。舒传贤目睹震灾中死伤的日本人民及反动派的暴行,心情十分愤懑。而更令他悲痛不已的是11月初传来好友方曙青病逝的噩耗。

方曙青,安徽舒城人,在安庆一师读书时,曾与舒传贤在查禁日货、"六二"学潮、反贿选、驱逐李兆珍等一系列反帝反封建斗争中并肩战斗、友谊笃深。方于一师毕业后与同乡同学程慕渊回舒城致力教育,不幸于1923年11月初病逝,时年25岁。舒传贤得噩耗后,遂与同在日本留学的许厚森、葛文宗、方乐舟、储应时联名提挽。联曰:

兴教育,持正谊,当年患难相同,固知家学渊源,人言无间;方发华,遽长逝,此际皖邦多故,最叹士林冷落,吾道亦孤。

舒传贤尚觉此挽联不足以表达对好友的哀思,于是又写了一篇祭文:

惟中华民国十二年十一月十一日。传贤旅学日京,得同学方曙青之噩耗,谨为文遥哭之曰:噩耗传来,我心悲哀。三岛变色,万象形灰。我哭曙青,彼胡为哉?彼殆助余,代鸣其哀。嗟我曙青,同学数年。志同道合,气洽神圆。胸空海阔,我愧比肩;生同死共,我愧昔贤。病既不知,殓不在前,猝闻子死,我心如煎。我与子语,子胡舍我而不言?人心冷酷,社会肮脏,国几不国,目裂眦张,奔走呼号,气奋神扬。余心滋痛,子意洋洋,谓余不宜过于悲伤,常相慰勉,侠骨义肠。感子之意,余体日强。子常谓余,意志太强,修养锻炼,张弛须详。其庶几乎,可鏖战于繁剧之场。东邻放肆,鱼肉我国。青年共奋,祓彼强魄。君实中坚,牺牲一切。商学冲突,君多施设,应付灵敏,用尽心血,卒得谅解,团体精神继续发展而不绝。马贼蛮横,议员肆虐,杀戮吾侪,君忿几绝。持姜血衣,赴芜演说。省芜同情,惊动全国。教育经费,增加始得。人孰无良,能不永感而戴德?君愤议员,唯利是获。狗肺狼心,天良丧竭。誓志澄清,同志联结。三届伪选,根本解决。实君之力,斯皖人异口而同说。

40

第三章 东渡日本留学

余感人心,决与世绝。几希之间,为君救获。终日守护,未离片刻。劝慰百端,唇焦舌裂。我虽冥顽,焉能忍此而摧绝?君促慕渊,返回舒城,办理教育,花果有根。慕渊徘徊,君劝亦殷,卒达目的,慕渊回去而偿子之初心。吾去宜城,来抵日京。形与君别,神实未分。继得君信,谓返舒城。日近所得,百感横生。前途希望须从儿童着手,而固根本。此次震灾,未接君信,方思念时,接君耗音。我哭无泪,我呼无应。呜呼曙青,我死君救,君死我悲。救我何益,悲子何知。我死而子不能不救,子死而我不能悲者,皆有愧夫太上之忘情。尚飨!

祭文回顾了传贤与方曙青在安庆学运的艰苦斗争中建立起来的纯真友谊,表达了舒传贤对安庆学运的留念及对方曙青病逝的深切悼念。

舒传贤离国赴日时,安徽尚未建立中共组织。中共三大还未召开,还没有提出国共合作建立革命联盟的方针。1922年舒传贤等一大批学运骨干(其中很多人是社会主义青年团团员)赴日留学,离开安庆,安徽青年团组织一时沉寂。到东京后,舒传贤与国内团组织"关系断绝"。① 中国共产党此时在东京尚未建立组织。东京虽有一个国民党的支部,但党员不多,组织十分散漫,国民党员大都以挂名而自满,甚至连会也开不起来,更谈不上什么革命活动了。舒传贤从国内火热的斗争中一下子置身于异国他乡清冷的环境下,心情一度忧郁。但他没有消沉,而是如饥似渴地寻找着用以改造中国的真理。1924年1月,他在东京加入了日本青年团这一青年进步组织。②

当时在日本的留学生很多,有朝鲜、越南、印度等国青年,而更多的则是中国留学生,约3000人。中国留日学生的成分很复杂,有北洋政府派遣的,有冯玉祥军队保送的,有军阀张作霖送来的,也还有少数是自费的。他们都与国内各种政治势力息息相关,其政治态度和留学目的各不相同。如军阀官僚子弟,他们到日本名为"留学",实为镀金,以便回国后升官发财。这些人多数进士官学校或政治学校,他们对国内反动当局言听计从,对日本政府和日本教官俯首帖耳,极力逢迎和巴结,回国后将依附各自反动势力,以维护其反动统治。这部分人数量不多,占中国留学生总数的1/10弱,被称之为顽固派或右派。其代表人物是陈访先、葛晓东等人。中国留学生中的大部分人(约占80%),出身于民族资产阶级和上层小资产阶级家庭。他们对国内社会或多或少不满,怀有变革的愿望,但多主张科学救国、教育救国,往往埋头读书,不关心政治,不愿参加政治活动。日本当局对这部分人极力拉拢诱骗。这些人可称之为中间派。还有一部分人多出身于中下层小资产阶级家庭或贫苦工农家庭,即所谓"清寒子弟"。他们对国内反动统治强烈不满,思想激进,要求革命。有的在国内就参加了共产党或青年团,有的是国民党左派。他们对日本帝国主义的本质有相当的认识,不满意日本当局对中国学生的侮辱和歧视,敢于斗争。他们开始人数也不多,占留日学生总数的1/10强,他们可称之为进步派,舒传贤、周新民等人是这一派的中坚分子。日本当局对这部分人防范很严,毫无"亲善"可言。当然,上述三派并不是固定不变的,随着国内政治形势的变化,他们的政治态度也有所变化,其中变化最大的是中间派。

当时在日本的留学生中传播各式各样的政治思潮,如新村主义、基尔特社会主义、无政府主义、合作主义、泛劳动主义、社会民主主义等。但传播最广的还是十月革命后由苏联传到日本的马克思主义及列宁学说。由于各种政治思潮大量涌入日本,一时良莠不齐、鱼龙混杂,因而中国留学生思想很混乱,宣称信仰各种主义的人都有,但又多是一知半解。究竟哪一种主义适合中国的实际,可以用来指导革命、改造中国,则众说纷纭、莫衷一是。往往一聚会就激烈辩论,但谁也说服不了谁。

如何寻找救国救民的真理?唯一的办法就是学习革命理论。在1923年,舒传贤认真地潜心研读了马克思主义的主要著作。他认为只有找到最适合中国实际的革命理论,才能正确地指导中国革命,才能少走弯路,免遭挫折。此时,他不像在国内那样成天忙于领导学生运动,而有时间系统地学习革命理论。他买了一本高岛素之翻译的日文版《资本论》,认真学习研究,回国后也一直带在身边。我们从这本书上的圈点、标记中,可以想见他当年阅读此书是十分细致和认真的。舒传贤像中国其他先进知识分子一样,经过反复的比较、推敲,才选择了马克思的科学社会主义。在他看来,俄国的十月革命胜利而建立起来的社会主义制度,正是科学社会主义最好的典范。他又阅读了大量的介绍苏联革命的文章及列宁著作。通过学习,他的马克思主义理论水平有了很大的提高,在各种集会上,他都宣传马克思主义,宣传十月革命道路,批驳各种形形色色的"社会主义"。他以其雄辩的口才,用最有战斗力的马克思主义理论与各种错误思想作斗争,赢得了越来越多留学生的敬佩和信服。当然也必然遭到顽固派分子的嫉恨和嘲笑,他们称舒传贤为"马氏教徒",诬蔑他为"拿卢布分子"。面对冷嘲热讽,舒传贤毫不动摇,反而更加坚信马克思主义可以救中国,中国必须走十月革命道路的信念。这一段时间可以说是舒传贤马克思主义、共产主义世界观基本确立、思想进一步升华的时期,是他思想发展进程中的重要的里程碑。这对于指导他今后革命斗争十分重要。他之所以能够识破党内"左"倾冒险主义的错误,敢于同不可一世、貌似强大的张国焘的错误路线作大无畏的斗争,靠的就是马克思主义的理论指导,他起草的大量文件、报告、总结,有理论、有事实,今天读起来仍然令人敬佩,不愧为理论联系实际的革命文献。

拥护三大政策　加入国民党

舒传贤在日本留学期间,国内政治形势发生了很大变化。中国共产党第二次代表大会在全中国人民面前第一次提出了明确的反帝反封建的民主革命纲领,推动了工人运动的高涨。"打倒列强、除军阀"逐渐成了广大群众的共同呼声。1923年6月,中共三大根据国内外革命斗争形势,确定与国民党合作,结成革命统一战线的方针,要求共产党员和青年团员以个人身份加入国民党,使中共有可能更有力地影响国民党的政策,推动国民党的革新,推动民族资产阶级和小资产阶级投入革命;这样做还有利于通过国民党的组织去发动工农群众,从而使国民党具有广泛的群众基础,获得新的生命;也有利于共产党从比较狭小的范围内走出来,在更广阔的革命斗争的天地中接受锻炼,迎接更大革命高潮的到来。是年3月,孙中山先生在中共的支持和共产国际的帮助下,在广州成立了革命政府。1924年1月,孙中山先生主持召开了国民党第一次全国代表大会。大会接受了中共的政治主张,制定了联俄、联共、扶助农工三大政策,实现了第一次国共合作。由于共产党的积极推动,国民党改组后克服了过去的涣散状况,成为各阶级的革命同盟。国共两党共同领导了轰轰烈烈的大革命运动,工农革命出现了高潮。

国内革命形势的变化,迅速影响了在日本的中国留学生,促进了进步派投入革命;推动了中间派倾向革命,很多人抛弃实业救国、科学救国的幻想,加入进步派的行列;孤立了顽固派的势力。而在留学生中起巨大促进作用的,则是王步文等一批共产党员和国民党左派。

1925年6月,安徽又有30余名学生赴日留学。他们是王步文、王同荣、苗树德、史谦、童长荣、江完白、葛文宗、方启坤等人。他们中有的是共产党员,有的是社会主义青年团团员,据安庆青年团特支给团中央政治局的报告称:"关于本支部留日同学,到日后即须向该地棣芳(即团的地方组织)报到;如彼处无组织,可通知钟菊(即团中央政治局)另组支部。"③可见王步文等党团员去日本时是带有组织任务的。王步文、童长荣等人到日后,即组建了中共东京特别支部,④积极贯彻中共三大精神,宣传孙中山的三大政策,帮助国民党东京总支部进行改组,促进国共合作。经过国民党重新登记,明确了党员的义务,确定了总支部及各个支部的领导权,国民党东京总支部及各地支部有了相当的发展,由涣散迅速变得生机勃勃。中间派迅速分化,大部分人加入左派的行列,左派势力更加强大,中国留日学生的爱国革命运动也迅速掀起。

舒传贤与王步文在国内同在安庆读书,共同领导学生运动,有深厚的战斗友情。传贤从王步文那里详细了解了国内革命形势,根据中共三大精神,毅然以个人身份加入了国民党,协助王步文改组了国民党东京总支部,王步文任政治部常委,⑤舒传贤参加总支工作。

王步文、舒传贤等人还建立健全了东京留学生组织,发动广大爱国学生开展革命活动。当时在东京的留学生组织很多,如留日学生总会,朝(鲜)中

(国)台(湾)学生会以及各省学生会、同乡会。舒传贤"任留日学生总会交际部长"⑥,是留日学生运动的骨干分子和活跃人物。他同时还积极参加安徽学生会工作。1925年下半年与童长荣等人在中共东京特别支部的领导下,组织了"社会科学研究会",把对马列主义进行系统的研究和宣传,由个人研读扩大到有组织的研究。出版《皖声》《皖江潮》等刊物,介绍国内反帝反封建斗争情况,发表留学生对改造社会革新安徽的意见,成为安徽留日学生重要的宣传舆论阵地。

1925年5月30日,日英帝国主义在上海制造了"五卅"惨案,激起了全国人民的极大义愤,集会声讨、示威游行、罢工、罢课、罢市,掀起了全国性的反帝爱国运动。消息传到日本,舒传贤、王步文等人在神田青年会召开了1000多名中国留学生参加的声讨日英帝国主义罪行大会。中共东京特支和国民党总支部把废除不平等条约与声讨日本军警杀害华人的罪行结合起来,矛头直指日本反动当局。东京进步学生、进步人士以及在日的华工、华侨都派代表参加了这次大会。会场上革命气氛十分热烈,"打倒日本帝国主义!""废除不平等条约!""抗议日本军警枪杀中国人!"等口号声震屋宇。东京警察惊惶万状、如临大敌,他们包围了会场,荷枪待命。然而爱国留学生义愤填膺,毫不畏惧,许多人都登台演说,慷慨陈词,讲到日本帝国主义对华的经济掠夺、种族欺凌和中国卖国政府只知媚外投降、助日为虐时,会场气氛达到沸点,有的大声疾呼,有的痛哭失声,连在场的日本人也为学生的爱国热情所感动,对中国留学生表示同情和支持。会后,进行游行示威,到日本外务省抗议。虽遭日本警方百般阻挠,但众怒难犯,终于迫使警方同意列队游行。游行队伍一路高呼口号,高唱《誓雪国耻》等歌曲,直至向日本外务省递交了抗议书才告结束。⑦中国留学生在日本首都集会反日,高呼反日口号,并向外务省抗议,表现了中国人的大无畏爱国精神。

与右派学生的斗争

1925年11月,国民党右派谢持、邹鲁、张继等人在北京西山碧云寺召开

舒传贤传

所谓"国民党一届四中全会",非法宣布取消共产党员的国民党党籍,分裂国民党,破坏国共合作,反对孙中山的三大政策。他们是国民党右派的代表,即为"西山会议派"。自此,国民党内左右派斗争日益激烈。

国民党东京总支部因受国内大革命阶级分化的影响,于1925年冬分裂为二:一个是国民党左派,总支部设在神田区中国青年会内,故称"神田派"或"青年会派",以王步文、舒传贤、翟宗文等人为代表;一个是国民党右派,他们的机构设在西巢鸭区,故称"西巢鸭派",其头头是陈访先、路锡祉、葛晓东等人。当时国民党中央派驻东京的特派员经过调查研究,承认神田总支部为合法组织,斥西巢鸭派为反动派。两派的斗争十分尖锐、激烈。

两派斗争以拥护或反对孙中山的三大政策为焦点。左派坚决拥护三大政策,并接受中共东京特支的领导和帮助。右派则极力诋毁三大政策,暗中勾结东京警视厅,把中共东京特支当作最大的敌人。他们反苏、反共、反人民的立场明显,他们拥日反孙(中山)又不敢公开宣布,于是只要左派有革命活动,他们就捣乱。截至1926年3月回国,舒传贤参加了一系列重大的斗争:

一、争夺国民党二大代表权的斗争。1926年1月,国民党准备召开第二次全国代表大会,国民党中央通知东京总支部选派一名代表参加大会。左派一致推选王步文为代表,而右派极力反对,并推出一名右派当代表,双方斗争十分激烈。经过国民党员投票表决,由于左派人多,王步文得票最多,理应当选,但右派却要求向国民党中央报两名代表,由中央确定一名出席大会。最后由于右派的提名遭到国民党中央斥责,王步文才当选为二大代表。⑧但由于右派捣乱,会期迫近,王步文未能按期回国出席代表大会。直至这年10月14日至28日国民党在广州召开中央及各省党部执行委员联席会议,王步文才代表国民党驻日本总支部出席了这次会议。

二、在悼念孙中山大会上的斗争。伟大的中国革命先行者孙中山先生于1925年3月12日病逝。消息传到日本,舒传贤等左派在神田青年会召开追悼孙中山先生大会。会前曾邀请西巢鸭派参加,但遭到右派拒绝,并说:"你们纪念的不是孙中山而是列宁,我们在西巢鸭纪念真正的孙中山。"于是各开各的会。身为留学生总会交际部长的舒传贤四处奔波,邀请各方面人士参加会议。在他的努力下,参加左派纪念会的有苏联驻日大使馆一等秘书包克罗夫,有刚出狱的日本左翼知名人士高津正道、宫崎龙介等人,日本各大学的左倾学生,日本劳动农民党也派多人参加会议。与会者对孙中山的革命精神都表示高度的敬仰,对孙中山的三大政策表示钦佩和拥护,并决心继续推行。纪念会气氛热烈,开得很成功。右派也开了纪念会,他们请了日本帝国主义分子犬养毅及社会民主党代表参加,会上大骂苏联和中共,认为他们完全悖逆孙中山的革命精神,会议开得不伦不类。左派在街头邀请群众参加纪念会时,曾和右派发生冲突,但多数人愿意参加左派召集的会议,到会达千人以上,而右派会议开得冷冷清清。

三、紧接着孙中山纪念会后,中国留学生总会召开了一次研究会,讨论孙中山遗嘱和三大政策问题。参加会议的有各方面人士,也邀请了国民党左右双方代表。右派在会上说,孙中山遗嘱中说"以平等待我之民族"并不是专指苏联,在他们看来联俄不如联德,联德不如联日。舒传贤等左派针锋相对地驳斥:孙中山遗嘱说的"以平等待我之民族",当今只有苏联。德国平等待我吗?日本帝国主义正在疯狂地扼杀中国革命,开枪屠杀顾正红也是"平等待我"吗?你们不是自诩为总理的忠实信徒吗,却为什么要以联日、拥蒋、反共来代替孙先生的联俄、联共、扶助农工呢?总理去世不久,你们就背叛了他的政治主张,这难道是革命吗?你们是总理的叛徒,是中国的反革命!这一下击中了右派的要害。右派便跳起来说,你们口口声声联俄联共,莫非是拿了苏联的卢布和共产党的津贴?辩论变成了诬蔑和漫骂,双方剑拔弩张,几乎要动武。由于左派人多理正,右派理屈词穷,只好退出会场。

四、在欢迎徐树铮会上的斗争。徐树铮是皖系军阀段祺瑞最得意的红人,段把徐看成有智能有谋略的干才,把他当作左右手。曹锟下台后,段祺瑞执政。段为了扩充武装,恢复皖系军阀势力,派徐树铮周游各国,打通投靠帝国主义的道路。徐走访了欧美各国,于1925年12月初来到东京。⑨东京中国青年会会长马伯援召开欢迎会。在会上,右派极力吹捧徐,而左派却向徐提出种种问题要徐回答,徐很尴尬,匆匆离开会场。右派大叫:"今天这个会有'卢布分子'捣乱,我们要清除'卢布分子'!"并高声喊打。舒传贤等

舒传贤传

左派则理直气壮地质问：谁都知道段祺瑞等军阀是总理的对头，是革命派的敌人，你们居然公开拥戴大军阀段祺瑞和他的走狗徐树铮，这难道也是革命吗？我们要他回答问题，你们庇护他，说明你们在巴结军阀，今后升官有路。右派又想动武打架，但慑于左派人多，终不敢动手而溜走。

五、1925年，国民党左右两派都分别在东京召开过有日本各界人士参加的座谈会，主题是座谈孙中山的三大政策。左派邀请的是日本劳动农民党、各大学左派学生代表，还有社会民众党（即社会民主党，因日本是天皇制，忌用"民主"一词）代表。开会时，首先用日语宣读孙中山遗嘱，同时讲解三大政策。到会日本人都踊跃发言，一致认为孙中山先生的三大政策是伟大的、正确的，表示拥护并愿在日本人中间扩大宣传。唯有社会民众党代表表示怀疑："联俄联共难免赤化，扶助农工似嫌过激。"对这一论调，与会日人首先群起反驳："地主资本家才怕赤化过激，工农民众一点也不怕赤化过激，工农的唯一出路就是革命，只有革命才能失去锁链，得到解放。"舒传贤等左派因势利导，宣传和介绍十月革命和无产阶级革命理论，会议开得很好。右派召集的座谈会邀请的仍是日本政客、资本家及浪人。他们谈的是如何废除三大政策，复兴原来的国民党（即改组前的国民党），实质就是中国不要革命、不要前进。⑩

东京国民党左右两派的斗争，在"五一""五四""五九""五卅"等纪念集会上，都有激烈的争执，但左派总是占优势。在这一系列的斗争中，舒传贤始终站在左派一边，立场坚定、旗帜鲜明。他能以马克思主义的理论理解和解释孙中山的三大政策，能将革命理论同中国实践较好地结合起来。他不空谈、稳健老成，在中国留学生中的威信越来越高，被推选为青年团中朝留日学生东京特支书记，⑪实际参与王步文在东京留学生中做党团工作。

舒传贤根据在国内领导学生运动的经验，深知学生运动得到广大工农的支持才能发展，因而他的活动范围不囿于留学生中，而是走向社会。当时在日本有"华工共济会"和"华侨协会"等组织，都比较倾向革命。舒传贤经常到这些组织中交朋友、谈心，向他们介绍国内工农革命情况，宣传孙中山先生的三大政策。由于舒传贤等左派留日学生能为劳苦大众说话,能为保护劳苦大众的利益而斗争,因而他们的活动一般都得到旅日华工和广大华侨的支持。⑫王步文、舒传贤等在日本的中国留学生中贯彻中共三大精神,宣传孙中山的三大政策,与日本当局及国民党右派进行激烈的斗争,在某种意义上说也是推动了中国国内革命运动。他们中的很多人回国后走上了革命道路,领导了各地的革命斗争。

1926年3月12日,国内爆发了日军舰支持军阀张作霖炮轰大沽口事件,消息传到日本,在中国留学生中引起了强烈的反响,进步学生无比愤慨,主张辍学回国,以示对日本帝国主义的抗议。但也有学生不同意辍学。中共东京特支和国民党左派东京总支部认真研究,决定组织中国留日学生"讨张(作霖)反日"代表团回国参加斗争。舒传贤被推选为代表团总团书记,⑬率团立即离开东京回国。

参考文献

①②⑥⑪⑬ 中央档案馆、安徽省档案馆编:《鄂豫皖苏区革命历史文件汇集》;第四册,第210页,1985年12月印,内部资料,存霍山县党史办。

③《安庆支书竹声给钟菊的信》(1925年暑假),"钟菊"即团中央政治局,"隶芳"即团的地方组织,霍山县党史调访资料,存霍山县党史办。

④⑦⑨ 张天放、濮清泉:《国民党东京支部的左右派斗争》,霍山县党史调访资料,存霍山县党史办。

⑤ 王传厚、余兴:《王步文烈士在大革命前后的英勇斗争》,载北京超星数字图书馆《安徽文史资料选辑第四辑》,130页,2007。

⑧ 王传厚:《王步文烈士传略》;《中国国民党中央执行委员会各省区代表联席会议及决议案》(1927年)所附的名单。

⑩ 据张天放、濮清泉、江完白、周凌飞等人回忆而综合整理的资料,霍山县党史调访资料,存霍山县党史办。

⑫《江完白回忆》(1983),霍山县党史调访资料,存霍山县党史办。

第四章
维护第一次国共合作

1926年3月中旬,舒传贤率留日学生"讨张(作霖)反日"代表团回国。不久,舒传贤由青年团团员转为中国共产党党员。他根据党组织的安排,先后在北京、广州、安庆、武汉、芜湖等地为推动安徽第一次国共合作而忘我工作,并为维护革命统一战线同国民党右派展开了激烈的斗争,直至大革命结束。

转入中国共产党

舒传贤率代表团离开东京,日夜兼程赶到北京。他持东京党组织负责人王步文的信函,与北京党组织取得了联系,见到了他久已崇敬的李大钊。他不顾旅途辛劳,在李大钊统一领导下,迅速投入了与段祺瑞反动当局的斗争。舒传贤及代表团成员分别到北京各大学参加学生集会,代表留日学生声讨日本帝国主义的侵略罪行,介绍东京留学生的反日愤怒情绪,进一步激起了北京学生对日本帝国主义武装干涉中国内政和段祺瑞政府对日腐败妥协的愤慨。

3月18日,舒传贤同北京学生一起在天安门广场举行盛大集会,并到总统府、国务院及日本驻华大使馆请愿、示威。段祺瑞竟悍然命令军警开枪镇压学生,酿成47人死亡、150多人受伤的惨案。这就是震惊中外的"三一八"

第四章 维护第一次国共合作

惨案。舒传贤在斗争中奋勇当先,在集合中受伤被捕。不久,在全国人民舆论的强大压力下,经北京党组织全力营救,舒传贤等被捕学生获释。

舒传贤获释后,北京党组织根据王步文的函介及舒传贤在北京的积极表现,批准舒传贤由青年团团员转为中国共产党党员,并"在北京担任支部书记"。① 从此,他在党组织的领导下走上了职业革命家的道路。

3月26日,安庆学联联合国民党左派召集各团体民众1万多人在公共体育场开会,声援北京学生,抗议段祺瑞反动当局在"三一八"惨案中的暴行,会后进行了示威游行。为保存革命力量,大部分党员撤离北京。舒传贤根据党组织的统一部署,回到了阔别4年的安庆。此时,中共安庆地方党组织已成立,正处于与国民党左派合作时期,舒传贤到安庆主要从事统一战线工作。

推动安徽第一次国共合作

第一次国共合作前,安徽的国民党组织分为两派,互相争夺权利。一派以辛亥革命后皖军都督柏文蔚为领袖,其主要成员有王孟起、袁家声、岳相如等人,大多集中于军界。另一派以辛亥革命时期主持过国民党皖省支部的管鹏为首,其主干人物有陈紫枫、管曙东、凌铁庵等人,大多数为政客。正如柯庆施在给团中央负责人的信中所说的那样:"此地国民党很杂琐,大概可分两派:一柏文蔚;二管昆南(即管鹏)。但这两派都不能做真正的革命运动。惟柏派的人格较管派的胜得多。他们现在因为国民党安徽支部的问题,闹得一塌糊涂。"②

1923年,中国共产党面对军阀混战、国家四分五裂、人民生灵涂炭的局面,为了掀起革命浪潮,确定了建立反帝反封建革命统一战线方针,要求全体共产党员"努力站在国民党的中心地位",共产党员和共青团员以个人身份参加国民党,帮助国民党改组,使之成为革命的联盟。中共中央于是年春派柯庆施回安徽工作,柯以《新建设日报》(此报是柏文蔚出资办的)副刊编辑的公开身份作掩护,一面发展共产党员,筹建中共安庆组织,一面团结国民党进步人士,促进国民党改组。1924年1月国民党召开了第一次全国代表大会,大会通过的《宣言》对三民主义作出了适应时代潮流的新解释。确定了联俄、联共、扶助农工三大政策。国民党一大的政治纲领同中共在民主革命阶段的政治纲领的若干基本原则是一致的,都是反帝反封建,因而成为第一次国共合作的共同纲领。在这一共同纲领的指导下,国共两党中央实现了合作,共同领导工农运动。安徽国民党的改组也已到了势在必行的时候。

1924年冬,王步文由上海回到安庆,发展了一批国民党员,安徽的共产党员和青年团员一般都以个人身份加入国民党。在此基础上安庆成立了3个国民党区党部组织:第一区党部设在省教育会,黄梦飞任常委;第二区党部设在一师,方乐舟任常委;第三区党部设在法专,周振飞(即周新民)任常委。区党部下辖十几个区分部,分设在省教育会、一师、法专、一中、高中、女师、女职、建华、东南、圣保罗等学校,共有党员300多人,其中一师、法专两校党员最多。1925年12月20日国民党安庆市党部(左派)成立,选举周新民为常务委员,郭士杰、许杰、李竹声、张定武、方兰轩、张浩然(一说还有宋伟年)为执行委员。7人中有4个共产党员、3个国民党左派。市党部下辖4个区党部、11个区分部。③此时,中共安庆地方组织发展也很快,已成立了中共安庆特别支部,杨兆成任书记,有党员23人,④隶属中共中央。

1926年1月16日,在国民党第二次全国代表大会上,安徽代表朱蕴山、沈天白、黄梦飞作了《安徽党务报告书》,详细报告了安徽的国民党组织发展情形。报告认为,自1924年上半年到次年暑假为"自由组织时期"(周新民称之为"细胞组织");1925年暑假以后进入"整顿组织时期",即着手改组阶段。国民党二大闭幕后,2月,由高语罕、朱蕴山推荐,并得到陈延年、谭平山的有力支持,国民党中央任命光明甫、周松圃、朱蕴山、沈子修、常藩侯、史恕卿、黄梦飞、薛卓汉、周范文9人为国民党安徽临时省党部执行委员,9人中有4人是共产党员、5人是国民党左派。是年春,在安庆邓家坡设立临时省党部,光明甫、周松圃、朱蕴山为常务委员,沈子修为组织部长,黄梦飞为宣传部长,薛卓汉为民运部长,史恕卿为工商部长,周范文为青年部长,常藩侯为妇女部长,柯庆施为秘书长。⑤这是一个以共产党员和国民党左派为主体的、国共合作的临时省党部,社会上称之为"左派省党部"。他们拥护孙中山的三大政策,积极发展工农运动,概括起来,做了以下工作:

一、表明政治态度:1927年2月,为国民党"迁都之争",⑥安徽临时省党部发表了《安徽省党部之救党主张》和《安徽临时省党部代表团宣言》,明确提出了"肃清党内昏庸老朽之反动分子及所有官僚市侩""拥护总理联俄、联共、扶助农工三大政策"等口号。

二、发动工农运动:1927年3月7日,薛卓汉(共产党员)在安庆召集各县农民代表开会,成立了安徽省农民协会筹备会;3月8日,郭诚淑、邵德贞、张耘野在省教育会会场,召开200余人参加的妇女界会议,成立了妇女协会;3月中旬,成立了以舒传贤为委员长的省市总工会筹备会及50多个行业工会。这些机构都在临时省党部领导下积极推动工农运动的发展。

三、宣传工作:当时的《通俗教育报》实际上成为临时省党部的宣传舆论阵地。同时还出了一种小型刊物《寸铁》,主要发表与西山会议派、国家主义派论战的文章。1927年3月12日,临时省党部举办了追悼孙中山逝世两周年纪念会;3月18日召开了"三一八"惨案周年纪念会。舒传贤是这些活动的积极筹划者。

四、发动皖西兵运:1926年7月,北伐战争开始,常藩侯任安徽宣慰使。为配合北伐进行军事和政治工作,临时省党部任命沈子修为国民革命军皖西中路司令,与朱蕴山等人潜回六霍,组织民军参加北伐。是年冬,常藩侯在太湖策动了陈雷民团起义,打击军阀势力,策应北伐战争。⑦

1926年5月,中共安庆地方执行委员会在原中共安庆特别支部的基础上正式成立。书记先后由李竹声、郭士杰担任,有党员20多人,下辖5个支部,隶属中共中央。

就在国民党左派临时省党部建立同时,安徽的国民党右派管鹏、陈紫枫、张秋白、方治等人顽固地反对三大政策,千方百计阻挠、破坏工农运动。

他们以争权夺利、升官发财为目的,聚集了一批昏庸腐朽的官僚、政客、地主、豪绅,他们拒绝到临时省党部(左派)登记,而在国民党上海执行部(即西山会议派,设在上海环龙路44号)的指使下,也于1926年2月在安庆宣家花园13号挂起了"国民党安徽省党部筹备委员会"的牌子(社会上称之为"宣家花园派"),公开与左派临时省党部对立。他们倒行逆施,反对与共产党合作,动辄以"赤化"加罪于人,甚至勾结督军陈调元陷害国民党左派和共产党员。他们的丑恶行径激起了共产党人和国民党进步人士的极大愤慨。

正当安徽的国民党左右两派激烈斗争之际,舒传贤从北京回到安庆,他根据中共安庆组织的部署,毫不犹豫地站到安徽临时省党部(左派)一边,积极开展统一战线工作,与右派坚决斗争。他对国民党右派非法另立省党部非常气愤,凭其在安庆学生中的威望,亲自带领一批学生砸了宣家花园右派省党部的牌子,剿了右派的窝穴,打击了反动势力的嚣张气焰。同时,左派临时省党部也向国民党报告了安徽国民党右派的种种劣迹。不久,国民党中央"决议:致函光明甫、沈子修、朱蕴山、周松圃、史恕卿、黄梦飞、常藩侯等,勉其努力党务,并斥管鹏、陈紫枫等举动为叛党行为,决为中央不容"。⑧右派集团暂时瓦解,其主要成员纷纷离皖。

1926年夏,军阀陈调元在安徽禁止国民党活动,左派省党部被迫移驻上海,在法租界马浪路景益里设立办事处。北伐军攻克武汉后,省党部又移到汉口联堡里,并在武昌开办了一所安徽党务干部学校,为各县培训党务干部120多人,其成员全是共产党员和国民党左派。当军阀压迫、省党部(左派)迁沪时,根据中共安庆地方执行委员会的安排,舒传贤回到了阔别多年的故乡霍山县。国民党省党部委任舒传贤为省党部视察员,回霍山推动国民党改组工作。

辛亥革命后,霍山县就有秘密的同盟会分支组织,后虽有国民党的细胞组织,但屡遭军阀反动势力压迫、取缔,基本没有形成正规的组织。"五四"运动后舒传贤、洪伯常等在外地读书的进步学生利用假期回乡传播马克思主义,联系了一批进步知识分子如黄楚三等人,为国民党在霍山县建立基层

第四章 维护第一次国共合作

组织打下了基础。1923年秋,在芜湖二农读书的霍山籍学生王燮受高语罕的指派,"在霍秘密组党,黄子三(即黄楚三)、张景琨等为常委,设机关于四高"。⑨但这只是国民党在霍山县基层组织的雏形,尚处于"自由发展时期",组织很不完备,与上级组织亦无联系。1926年夏,舒传贤回乡后,积极与黄楚三、张景琨、秦伦阁(即秦维纲)等昔日师友联系,宣传三大政策和国共合作,并与管鹏之流在霍山县代理人李晓山、孙道济、郭牧者、陈继铬等人展开激烈的斗争,批驳他们所散布的诋毁三大政策、诬蔑共产党等流言蜚语,团结国民党左派及进步势力,为国民党霍山县党部的建立起了积极的推动作用。1926年冬,经沈子修推荐,省党部(左派)正式委任黄楚三、张景琨、杨蔚轩、秦纶阁、赵辅仁为国民党霍山县党部委员,县党部正式成立。

舒传贤自1926年4月回到安徽至是年冬,不仅与破坏国共合作的国民党右派展开了斗争,而且推动了国民党霍山县党部的成立。他以实际行动拥护孙中山的三大政策,促进国共合作,积极自觉地执行党的第三次全国代表大会所制定的建立革命统一战线的方针政策。

领导安徽工人运动

1926年7月,国共两党共同领导的北伐战争开始。广州急需军事、政治及宣传人才。舒传贤在安庆接到北京党组织的通知,调他到广州工作(同时在安庆接到通知的还有曹觉生)。经安徽党组织同意,舒传贤于是年11月又风尘仆仆南下广州。

北伐战争开始后,广州成为全国革命的中心,又是国民党中央所在地。那里的工农运动如火如荼,走在其他各省的前面。广州也是舒传贤早已向往的地方,他抱着努力学习广州革命经验的态度,决心好好工作,以便将来回安徽从事革命工作。舒传贤无暇游览绚丽的南国风光,到广州后立即投入紧张而繁忙的党务和宣传工作。1927年2月,他"在广州任支部干事"。⑩他在广州的工作时间不长,具体工作不详,从他的遗物中只发现了《对于中国国民党第二次中央全体会议宣言》(中共广东区委编)、《省港大罢工胜利大会文件汇编》(省港罢工委员会宣传部编)、《中国国民党与劳动运动》《中国民族革命运动及其策略》(上)(广州人民周刊社出版)等书。

随着北伐战争的节节胜利,为迎接北伐军入皖,1927年3月,舒传贤又奉召到达武汉,参与驻汉口的国民党安徽临时省党部(左派)工作。此时盘踞安徽的军阀陈调元已于上年秋在江西被北伐军打得落花流水、惊魂未定。面对北伐军势不可挡、即将入皖的形势,陈调元见风使舵,归顺了蒋介石,其部被蒋收编为国民革命军第三十七军,陈为军长。昨日的军阀竟摇身一变为革命军军官。由于陈调元换旗,北伐军便一枪未发进入安徽。3月4日,由江右军总指挥程潜率领的第六军、第十军和江左军总指挥李宗仁率领的第七军、第二十九军、第三十三军先后进驻安庆。舒传贤亦从武汉随国民党安徽临时省党部(左派)与北伐军同期回到安庆。

北伐军进驻安庆后,安徽革命形势迅速好转,工农运动蓬勃发展起来,由于共产党员的推动,国民党临时省党部(左派)积极筹建省总工会、省农会、妇女会等群众团体。仅工会组织就有100多个行业先后自发组织了各自的行业工会。舒传贤"任安庆总工会委员长兼安徽省总工会筹备委员会委员长"。[11]他深入工厂,了解情况,发动群众,与各行各业工会联系。当时的安庆的工会组织尚处分散状态,仅总工会就有三处:一处设在杨家塘,一处设在曾公祠,一处设在省农会内。这些组织缺乏统一领导。舒传贤回安庆后及时召集了上述三处总工会代表在省党部开会议决将三处总工会合并为安徽省总工会筹备委员会,选举委员7人,在省教育会内办公。[12]舒传贤当选为委员长,负责筹备工作。同时安庆市总工会也宣告成立,舒传贤兼任委员长(后由王少虞负责)。这样,全省及安庆市的工人运动就有了统一的领导机构。

安庆原为军阀盘踞之地,地主、豪绅、官僚、政客等各种反动势力多麇集于此,加之国民党右派与军阀陈调元势力勾结,所以安庆虽为北伐军收复,但各种派系间的斗争仍很激烈,社会秩序紊乱。3月22日召开了总政治部、第七军政治部、省市党部(左派)、省市总工会、省农会、省妇女会等党、政、

第四章 维护第一次国共合作

军、社会团体的联席会议。舒传贤代表省总工会出席了会议。会议决议成立安徽省社会运动委员会,负责统一领导全市的工、农、商、学、妇女等各项社会运动,为安徽社会运动最高机关。该委员会的决议案交各军政治部、各级党部及各社会团体分途执行。同时还决定设立工运训练班筹委会,由总政治部、省市党部工人部、省市总工会派代表组成,训练时间每期1个月,人员有60人,专门培养工运骨干。⑬

为了维护社会秩序,舒传贤以总工会的名义还组织了工人纠察队,计1个大队,下辖3个区队,起初参加的有50余人,大队长夏葵。3月下旬,设在武汉的省党务干部学校学生60余人被分派回皖,他们中除分别派往各团体外,另有赵耀华、钱帮文、胡元均等人派在工人纠察队分任大队副和一、二、三区队队长。⑭舒传贤计划定期对工人纠察队进行训练。

舒传贤还以省工会的名义,在安庆印刷工人的支持下创办了《安徽工人导报》,旨在指导安徽工人运动,揭露国民党右派的反革命罪行,这无疑是投向反革命营垒的一颗重型炸弹。

舒传贤回安庆后在极短的时间内,在工人运动方面做了大量工作,使安庆的工运出现了新的局面,全市110余个行业,全都成立了工会组织,工会会员达15000多人。同时也指导了芜湖、大通及全省各县的工运工作,推动了全省工运的发展。但由于蒋介石在安庆制造了"三二三"反革命事件,安徽的工运受到了严重的干扰和破坏。

在"三二三"事件中的斗争

1927年2月,即在北伐军收复安庆之前,中共党组织就派周新民由武汉先期回到安庆,与留守安庆的共产党员,国民党左派周范文、葛文宗、许杰、姚佑元、郭诚淑、高纯逸等人恢复了国民党安庆市党部,并已经做了大量工作,所以临时省党部(左派)由武汉回安庆时,便决定于近期内在安庆召开国民党安徽省第一次代表大会,成立正式省党部,并发出了开会通知。3月中旬,出席国民党安徽省第一次代表大会的40多个县的代表已陆续到达安庆。舒传贤积极参与大会的筹备工作,并被指定为国民党霍山县的代表出席大会。⑮

随着陈调元的易帜,与陈早有勾结的安徽国民党右派卷土重来,麇集安庆,他们与贪官污吏、土豪劣绅、帮会流氓等串通一气,又打起了右派省党部的招牌。非法组织"安徽省总工会""安徽省农会""安徽省商会""安徽省妇女会"等团体,与临时省党部(左派)领导的革命团体相对抗。其中设在鲁班阁的非法总工会最为恶劣,"其成员全是劣绅土豪收买流氓地痞所组织的"。⑯其头目叫舒沛澄。陈调元派大刀会头子刘文明、帮会首领杨虎等前往江西迎接蒋介石来安庆。这些人在蒋那里都讨得了一官半职:杨虎被封为北伐军总政治部特务处处长,劣绅姚爵吾为副处长,刘文明为总司令部参议。他们与蒋沆瀣一气,在安庆所拼凑的各种非法团体得到了蒋的支持。他们向蒋告状,对安徽的共产党人和国民党左派横加指责,竭尽造谣诬蔑之能事。至此,蒋介石已正式把军阀陈调元、国民党右派、土豪劣绅、帮会首领等作为他在安徽的基本力量而加以支持。

3月19日,北伐军总政治部副主任兼总司令部行营政治部主任郭沫若由九江先来安庆。20日下午后,蒋介石在杨虎、姚爵吾、刘文明等人前呼后拥下,乘"永蜀"号军舰,在"楚同""楚有""楚谦"三舰护卫下,杀气腾腾来到安庆。蒋介石害怕工农运动深入发展会触犯他所代表的大地主大资产阶级利益。他认为自己羽毛已丰,无须伪装革命,于是在南昌、九江等地就撕下了"革命"假面具,公开站在国民党右派一边,镇压革命运动。因此在蒋尚未抵达安庆之前,安徽共产党人和国民党左派已获悉蒋在江西的种种暴行,做好了与之斗争的思想准备,并研究了斗争策略,如不写"蒋总司令万岁"的标语、口号,只称他为"蒋中委"⑰等等。

20日下午,按照惯例,临时省党部和安庆市党部在安庆黄家操场组织了万人大会,欢迎蒋介石。蒋在讲话时公开指责"安徽工作无成绩",要求安庆国民党左派与陈调元、管鹏、陈紫枫等人"搞好团结"。蒋演说毕,"又有黄君梦飞、舒君传贤相继演说"。⑱他们表明革命立场,表示不能与军阀、官僚、地

第四章 维护第一次国共合作

主、豪绅团结,而是要与他们斗争、不能妥协,与蒋的讲话针锋相对,蒋十分不快。会间,童汉璋又递给蒋一个传单,反对特务和帮会头子杨虎、姚爵吾等为省党部委员,蒋阅后立即变色,未等散会就气得退场。⑲

21日,临时省党部常委光明甫、朱蕴山等前往总司令部汇报省一大筹备情况,途中遭舒沛澄的鲁班阁打手围攻,光明甫被殴。蒋对发生在自己眼前的暴行不仅不处理,反诬左派省党部"有责任",右派得到蒋的怂恿,更加猖狂。21日晚,省市党部宴请蒋。席间,蒋除标榜自己外,再次强调省市党部要与陈调元"搞好团结",要与国民党右派管鹏、陈紫枫、凌铁庵等人"大力合作"。与会者对蒋的发言极为不满,周新民起而发言,驳斥蒋的谬论,明确指出:合作是有限度的,我们不能与流氓政客同流合污;国民革命对外要打倒列强侵略,对内要铲除军阀,我们决不能与军阀妥协。同时还强调:要健全国民党组织,必须纯洁队伍,我们决不能把西山会议派和帮会头子都拉到党内来。周的发言受到大家鼓掌欢迎,蒋却大为不快,未等终席即拂袖而去。⑳

与此同时,劣绅潘怡然在义和园宴请杨虎、刘文明、姚爵吾、陈紫枫以及白天殴打光明甫的暴徒,组织了100多人的敢死队,预谋于23日举行更大的暴力行动,目标是省市党部,并定出赏格:凡打死左派省党部一人者,赏大洋1000元;被打死者发大洋2000元作为抚恤费;受重伤者,赏大洋500元,轻伤者赏大洋100元;参加者每个打手发大洋4元。㉑

22日,由右派拼凑的"安徽省农民协会""安徽省总工会""安庆市市商民协会""安徽省学联""安徽省妇女协会"假借安庆市民名义,决定次日(23日)在召开市民大会,再次欢迎蒋介石,请求这位总司令明令组织安徽省党部(右派),并通知23日停市一天。与此同时,蒋介石在住处与杨虎、刘文明等人进行了秘密策划,制定了周密的暴力行动计划。所谓"欢迎大会"只不过是借以趁乱施暴而已。

郭沫若接到上述非法组织请柬后,预感到将有一场暴乱发生,派人连夜调查,证实次日确有暴乱。23日晨,郭沫若一面速派秘书辛焕文通知左派省市党部做好准备,预防暴乱,一面亲自向蒋回报,要蒋制止。蒋却支吾推托,并不制止。周新民、舒传贤、葛文宗、童汉璋等人接到辛焕文通知后,立即带着省党部、总工会的文件,迅速离开了省党部。

23日,反革命分子冒雨举行集会,蒋介石做贼心虚,并未出席"欢迎会"。暴乱分子疯狂叫嚣,扬言要撤换光明甫、朱蕴山、沈子修等人临时省党部执行委员职务,妄图以他们非法组织的右派省党部取而代之。当日,国民党安徽省第一次代表大会在省党部召开。反革命集会草草结束后,舒沛澄、杨虎、刘文明等即率暴徒近百人冲到省党部,他们手执大棒,见人就打,见物就砸,大会会场被捣毁,孙中山画像、总理遗嘱、国旗、党旗皆被撕毁,省党部被洗劫一空,接着暴徒们又捣毁了省总工会、省农会等群众团体的办公场所。共产党人及国民党左派人士薛卓汉、汪爱无、严子静、刘剑冰、王昌焕及七军政治部徐邦杰等人被殴致重伤;胡浩川、张本国等数十人负轻伤。这就是震惊全国的"三二三"反革命事件。暴徒们施暴后还燃放鞭炮庆祝"胜利",劣绅当晚宴请了暴徒。事发当日,驻节安庆的江左军总指挥李宗仁问蒋处理办法,蒋置之不问。24日,蒋介石认为在安庆镇压革命的目的已经达到,便悄然离开安庆,经芜湖、南京赴上海。

蒋介石为实现控制东南五省的反革命计划,一手制造了"三二三"反革命事件后,依湖北、江西先例,于3月27日擅自发布了一个以右派占绝大多数的"安徽省政务委员会",任命陈调元为主席,蒋作宾、杨虎、姚褆昌、张秋白、刘文明等为委员。其实,在蒋封官委职的前两天,武汉国民政府已发表了以李宗仁为主席,光明甫、常藩侯、麦焕章等人为委员的安徽省政务委员会名单。国民党中央得知蒋介石擅自委任的消息后,立即予以否认,斥责了蒋介石的行为。然而蒋介石竟公然对抗中央,决心把安徽右派势力扶植起来。

"三二三"事件发生后,反动势力控制了安庆的邮电通讯,断绝交通,搜捕共产党人和国民党左派,白色恐怖笼罩安庆。23日晚,光明甫、周松圃、朱蕴山、沈子修等人避往安庆北门外集贤关,开会研究对策如下:(一)急电国民党中央,报告事件真相,揭露右派罪行,要求惩处蒋介石。决定由柯庆施

第四章 维护第一次国共合作

指导胡浩川、周范文起草电文,安庆发不出就派人到武汉发报。(二)国民党安徽省第一次代表大会移到武汉继续开会。(三)沈子修等少数人留守安庆坚持斗争。

事件发生当晚,七军政治部主任麦焕章用军用电台将"三二三"事件致电国民党中央。㉒左派省党部继通电后,又在安庆发表了一个宣言,将省市党部被捣毁、代表被殴打的经过详细披露,并指出:"国民革命原非短期内所能成功,而在此革命过程中,反动分子为保持其将死亡的命运起见,联合为困兽之斗,亦事实所不能免,但最后胜利必归吾人。"宣言号召安徽人民不灰心、不畏缩,团结起来,"打起精神,与恶势力奋斗","向压迫阶级——贪官、污吏、劣绅、地痞以及安福系余孽——西山会议分子作战"。㉓面对迅速逆转的严峻形势,中共安庆地方执委会指定舒传贤、葛文宗、周新民、童汉璋等人配合国民党左派省党部留守安庆人员一起坚持斗争。当时安庆环境极为险恶,反动分子十分猖獗,他们贴出布告,扬言要枪决周新民、舒传贤等人。他们还搜查了童汉璋的住宅。舒传贤等人不顾个人安危,他们一面搜集暴徒罪行,一面妥善安置被殴伤的代表。他们与总政治部、七军政治部及安庆各界进步人士紧密配合,组织召开了各种会议。舒传贤每会必到,并以省总工会代表的身份详细报告了"三二三"事件经过,号召一切进步力量团结起来与反动势力斗争。临时省党部(左派)强烈要求国民党中央"加令速于严厉执行,尽法治罪,以儆反动,而维党务"。㉔4月3日下午,留守安庆的左派省党部在召开军民联席会议时,周范文报告反革命派捣毁省市党部的经过情形及其背景,柯庆施报告各县代表组织的工作动员委员会连日工作之经过详情,"均有极愤慨之言论,最后议决方案甚多",㉕对下一步斗争作了详细布置。

4月初,驻安庆的第三军、第七军被蒋介石他调,代之以坚决反共的王天培的第十军驻安庆。王一到安庆就宣布"立即清除共产党,不允许有一个赤化分子在安庆存在"。4月9日,第十军副军长兼政治部主任高冠吾将《安徽工人导报》第一期全部没收,并警告各印刷局如再印此报,即行枪毙,致使该报夭折。10日,高又奉蒋介石之令把舒传贤、童汉璋等组织的安徽政治工作委员会取缔,㉖并要查办舒传贤等人。4月15日,安庆市绸布业店员工会开成立大会,舒传贤代表省总工会到会祝贺。会议进行中,突遭鲁班阁打手100余人及第十军兵士10余人的冲击,酿成受重伤6人、轻伤20余人、被捕7人、失踪30余人的又一惨案。㉗舒传贤亲历其事,立即将事件经过书面报告了国民党中央和全国总工会,痛斥反动派的卑劣行径,要求惩办凶手。

4月16日,安庆国民党右派成立"党务促进会",开始"清党",大肆迫害共产党员和国民党左派人士。白色恐怖日益严重。

4月17日,王天培和安庆公安局长曾唯奉蒋介石密令,拿办省市党部及省总工会、省农会等组织的负责人沈子修、周新民、许兴吾(许杰)、舒传贤、童汉璋、薛卓汉、周范文、谢硕、王少虞9人,通缉100多名共产党员和国民党左派人士。同日,由右派、青红帮组织的反动分子占领了省市党部及省总工会、省农会等左派团体机关。㉘

4月18日,南京国民政府宣布成立,安庆的右派欣喜若狂。他们在黄家操场举行庆祝大会,发表反动宣言,表示"坚决拥护蒋总司令,肃清共产党"。会后,他们还举行了反革命游行。王天培的第十军和安庆武装警察又将沈子修、舒传贤及市党部秘书方某等人的住所洗劫一空,掳走大量文件、物品。㉙在安庆反动势力甚嚣尘上的情况下,为了保存革命力量,中共安庆组织和国民党左派省党部决定全体工作人员撤离安庆。4月18日,舒传贤、葛文宗、周新民、童汉璋从安庆迎江寺撤退,到小龙湾分手,分途前往武汉。周新民、童汉璋由陆路经太湖去武汉,舒传贤、葛文宗由水路直抵武汉。㉚

在武汉继续斗争

当舒传贤等人在安庆坚持斗争时,参加国民党安徽省第一次代表大会的绝大多数代表在郭沫若的帮助下转移到武汉继续开会。4月1日,光明甫、周松圃、石裕鼎、王坦甫四人亲往武汉国民党中央报告了安庆"三二三"事件的经过,要求中央作出处理。国民党中央执行委员会多次为安徽问题召开会议,先后作出了"电朱(培德)李(宗仁)两军长武装保护省党部"和"电令蒋中正及蒋作宾结束政务委员会"的两项决定。㉛并对安徽左派省党部提出的拿办事件主谋人及严惩陈调元、刘文明等人的要求,"理当照准,再次电朱(培德)李(宗仁)军长就近处理"。但此时李宗仁已跑到蒋介石那里去了,朱培德态度不明,安徽的问题终未解决。

舒传贤抵武汉后,国民党安徽省第一次代表大会尚未闭幕,舒传贤在会上详细揭露了安庆"三二三"事件的经过及内幕,汇报了在安庆坚持斗争情况,使代表们对蒋介石的反动面目有了更进一步的认识,激起了代表们的极大愤慨。4月中旬,国民党安徽省第一次代表大会闭幕。选举产生了正式省党部。除原有执委继续当选外,新增选了余谦、王龙庭、高一涵、李宜春、张从吾、章伯钧等十余人为执行委员,其中有半数是共产党员。执委推选光明甫、朱蕴山、沈子修任常务委员,张从吾任组织部长,高一涵任宣传部长,周新民接任秘书长,省党部暂设汉口。大会印发了《安庆三二三事变宣传提纲》。㉜

汉口《民国日报》连篇报道,谴责蒋之暴行

蒋介石继安庆"三二三"事件之后,在上海又制造了"四一二"反革命事件,大肆屠杀共产党人和国民党左派,公开背叛革命。蒋的罪行遭到了举国上下的强烈声讨,连他的儿子蒋经国在苏联也发表了讨伐声明。当时汉口的《民国日报》、上海的《申报》、芜湖的《工商日报》都详尽地披露了事件的经过和内幕,一致声讨蒋介石的反革命罪行。

郭沫若是安庆"三二三"反革命事件的目击者,他怀着满腔的激愤,于4月9日奋笔疾书了著名的讨蒋檄文——《请看今日之蒋介石》,详尽揭露了蒋介石在"三二三"事件中的阴谋罪行,在全国引起极大的反响。郭沫若指出,"蒋介石已经不是我们国民革命军的总司令,而是流氓地痞、土豪劣绅、贪官污吏、卖国军阀,所有一切反动派——反革命势力的中心力量","是背叛国家、背叛民众、背叛革命的罪魁祸首"。周恩来等人给中共中央写了《迅速出师讨伐蒋介石》的意见书,高语罕发表了《反对与打倒》一文。国民党中央执行委员会于4月15日在汉口召开了第二届常务委员会第七次扩大会议,决议对蒋"应予严厉惩治"。4月17日,对蒋发出的惩治电称:"蒋中正屠杀民众,摧残党部、甘心反动,罪恶昭著,已经中央执行委员会议决:开除党籍,免去本兼各职。着全体将士及革命民众团体查拿解中央,按反革命罪条例惩治。"4月20日,中共中央也发表了《中国共产党为蒋介石屠杀民众宣言》,表明了中共的严正立场。是年8月,蒋介石在全国人民的唾骂声中被迫下野。

1927年5月下旬,中共安徽省临时委员会在武汉成立,柯庆施任书记,王坦甫、王心皋、李宜春、郭士杰、周范文、王步文为委员。舒传贤任省临委工委书记并参加芜湖市委工作。他在武汉继续与蒋介石新军阀势力、国民党右派进行坚决的斗争。

6月20日至23日,舒传贤作为安徽省总工会代表,出席了在汉口召开的全国第四次劳动大会(中华全国总工会于是年2月由广州迁驻武汉),当选为全国总工会执行委员。不久武汉形势也迅速恶化,到处传闻国共即将分家。安徽清党委员会已于6月20日在安庆成立,率先在安徽捕杀共产党人和国民党左派,如安庆的陶唐、何世玲、刘衍奇,宿松的徐文藻、钟国汉、吴宝田,太湖的王里仁、戴天,潜山的余大化、范笑山、柳文杰等共产党员和国民党左派都先后遇难。中共安徽省临委为保存革命力量,决定疏散党员,转入地下。在汪精卫发动"七·一五"反革命政变前夕,舒传贤按照党组织安排,与钱杏邨(阿英)等人离开武汉。因长江已被汪精卫封锁,他们只得由陆

第四章 维护第一次国共合作

路途经罗田、英山、霍山,回到芜湖。与此同时,中共安徽省临委亦由武汉迁到芜湖。

舒传贤路经家乡霍山时,钱杏邨劝他回家看看。他也很想念他的父母、妻子和两个儿子。但是他想到目前政治形势恶化,中国共产党和中国革命正处于危难之际,党组织肯定会有重大决策和应变措施,芜湖的省临委也盼望着他们早日到达。所以他强忍住个人感情,仅在霍山狮山中学(现上土市中学)应师生要求作了一场报告,过家门而不入,迅速赶到芜湖。

舒传贤在芜湖市委工作不久,党的"八七"紧急会议在武汉召开,确定了土地革命和武装反抗国民党统治的总方针,并要求"中国共产党及中国共产主义青年团应当在极短时间内调最积极的、坚强的、革命性稳定的、有斗争经验的同志尽量分配到主要省份做农民暴动的组织者"。中共安徽省临委根据这一精神,选派了舒传贤、王步文等一批共产党员回皖西开展农民武装斗争。从此,舒传贤回皖西开始了新的战斗历程。

▎参考文献▎

①⑩⑪《六安中心县委报告第六号》(1930.6.6),载中央档案馆、安徽省档案馆编《鄂豫皖苏区革命历史文件汇集》第四册,第210页,1985年12月印,资料存霍山县党史办。

②《怪君给国昌信》(1923.4.23),怪君即是柯庆施;国昌即是施存统。原件存中央档案馆,抄件存霍山县党史办。

③《安青技给曾延的信》(1925.12.28),霍山县党史调访资料,存霍山县党史办。

④《安徽现代革命史资料长编》第一卷,第325页,安徽人民出版社,1986。

⑤⑮⑲⑳㉚㉜周新民:《回忆大革命时期国民党左派组织的建立及其进行的斗争》,霍山县党史调访资料,存霍山县党史办。

⑥北伐军击溃在江西的孙传芳军阀后,蒋介石为控制国民政府,曾要求将国民政府由武汉迁到南昌,但遭到国民党左派的反对,引起争论。

⑦黄梦飞:《国民党左派省党部的建立和进行的革命活动》,霍山县党史调访资料,存霍山县党史办。

⑧《国民党中常委第十六次会议记录》(1926.3.30),原件存南京第二历史档案馆,抄件存霍山县党史办。

⑨刘佐庭:《霍山灾民刘佐廷等30人给国民政府主席蒋的报告》1930.2.3,原件存南京第二历史档案馆,抄件存霍山县党史办。

⑫《安庆快信》,载《申报》1927.3.22。
⑬《社会运动委员会第一次大会》,《工商日报》1927.3.28。
⑭赵煜:《我的回忆》,霍山县党史调访资料,存霍山县党史办。
⑯郭沫若:《请看今日之蒋介石》,载《民国日报》1927.4.9。
⑰许杰:《关于1927年前后我在安庆参加国民党左派部分活动的情况回忆》,霍山县党史调访资料,存霍山县党史办。
⑱《各界欢迎蒋介石之热烈》,载《工商日报》1927.2.23。
㉑《蒋介石秘密之又一暴露》,载《民国日报》1927.4.9。
㉒《麦焕章电告安庆事变》,载《民国日报》1927.3.30。
㉓《江浙皖三省清党情况》,原件存南京第二历史档案馆,现存南京史料整理处。
㉔《安庆反动派捣毁省党部经过详情》,载《民国日报》1927.3.30。
㉕《安庆省党召集联席会议》,载《工商日报》1927.4.4。
㉖㉘㉙《王天培在皖之罪恶种种》,载《民国日报》1927.5.4。
㉗《安庆反动派仍极猖獗》,载《民国日报》1927.4.15。
㉛《中国国民党中央执行委员会第二届常务委员会第四次扩大会议决议案》,原件存南京第二历史档案馆。

第五章
开拓皖西革命新局面

1927年秋,舒传贤从芜湖回到了故乡霍山县。在这块贫穷落后的土地上,居住着养育他的父老乡亲,他们勤劳、俭朴、忠厚、善良。舒传贤虽长年在外,但对家乡、对乡亲却有着深厚的眷恋之情。他爱家乡,爱亲人。然而呈现在他面前的却是秋风瑟瑟、黄叶凋零、枯草凄凄、农舍破旧的一片萧瑟景象,真是"风雨如磐暗故园"。他深知,他是肩负着党交给的"推翻土豪劣绅的政权,没收大地主及反革命派的土地,以农民为中坚,建立工农政权"①的重任,将要在六(安)霍(山)等县开拓新的战场,进行新的战斗。

以农村为中心,发动农民群众开展土地革命,对长期在城市领导工运、学运的舒传贤来说,无疑是一个新的课题,他将会遇到许多原来不熟悉的情况和问题。但他坚信有党的"八七"会议制定的正确方针,有马列主义理论指导,有千百万受苦受难、要求革命的农民群众,只要脚踏实地、勤奋开拓,皖西的革命局面是可以打开的。他有充分的思想准备,对革命前途充满了信心。经过近两年的时间,到1929年春,皖西大地出现了一派生机勃勃、方兴未艾的革命局面。

山沟里的曙光

大革命失败后,各种阶级力量剧烈分化,社会阶级结构和政治结构都发生了变化:民族资产阶级追随蒋介石,附和了反革命;小资产阶级上层分子也脱离了革命；只有贫苦的工人、农民和小资产阶级在中国共产党的领导下,继续坚持革命斗争。

在皖西,国民党新军阀逐渐取代了旧军阀的统治地位,并与地方反动军政头目、豪绅地主勾结起来,强化了对人民的统治。在霍山,大革命时期逃亡到安庆、芜湖、南京等城市的地方豪绅刘佐廷、龚静轩、郭杞人等纷纷回乡,对进步力量进行了反攻倒算。北伐军委任的国民党左派代理县长张景汉被排挤,换上了蒋系人物袁兴周当县长。为了对付革命力量,县政府出面调和了豪绅派与商会派的矛盾,起用豪绅代表人物龚静轩为县参议长,商会派代表人物萧子瑜任县善后委员会主任、商会会长。蒋系新军阀为了在霍山站稳脚跟,以地方豪绅和县城的商会为支柱,而地主豪绅、富商则以县政府为靠山,在其庇护和支持下去压迫剥削工农群众。他们狼狈为奸、互为依存,结束了辛亥革命后霍山三个反动政治派别（乡村的豪绅派、城里的商会派、县政府派）长期互相倾轧的局面,结成了反革命联盟,共同对付共产党和革命力量。

1927年10月以后,由依附西山会议派转而投靠蒋介石的国民党右派省党部和清党委员会掀起了反革命清党运动,摧毁各县国共合作时期成立的国民党左派党部,扶植右派势力。省党部清党委员会派郭樵（郭杞人之子）、伍河清来霍山进行"党务整理"。他们凭借新军阀魏益三的势力,解散了国民党霍山左派县党部,以"传播共产主义"的罪名,将左派县党部常委黄楚三逐出霍山,成立了以右派为主体的县党务指导委员会,让反动分子张春国当组织部长、张洪基当宣传部长。他们"联合豪绅来破坏本党（指共产党——引者注）的工作"。②

与此同时,霍山县反动当局还封闭或解散了大革命时期成立的县总工会、县农会、学生会等群众团体,拼凑起反动的"工整会""农整会""青整会"等机构。扶植各种封建帮会,如红学会、黄学会等,对原大刀会组织,则采取收买其首领的手段,使其蜕变为反动势力的帮凶。霍山大刀会首领秦华轩被收买后,当了县自卫团的中队长,专事镇压革命。此外,禁止民众集会、结社、游行、示威、罢工、罢市、罢课,剥夺了人民所有的政治权利。

第五章　开拓皖西革命新局面

在经济上,国民党新军阀加紧对人民的残酷剥削。新军阀各派之间的混战,军费骤增,不断加重对人民的剥削。皖西各县的苛捐杂税计18类100多种。霍山人民承受着各种经济剥削:"①苛捐杂税的榨取——如:自卫费、印花费、人事登记费、夫费、二五库券捐等。有的是赖此来扩张统治阶级的武装,有的是巧立名目来维持他们的生活。②地主阶级剥削——地主对农民的剥削,除掉好田每石田付十租,歹田每石田付六租以外,还有批礼、季庄、鱼稞[课]、果子礼、鸡稞[课]等,换一句话说,凡是农村出产品,都有地主的份。③高利贷的盘剥——当农民经济恐慌的时候,地主阶级以每元每月三分或四分的利息借给农民,以后又以复利息来计算。农民没有金钱偿还的时候,只得将田地作抵。"③加之水旱灾害、土匪抢掠,农民彻底破产,土地多被地主兼并,舒传贤的居家之地——霍山东北乡就有7/10的土地在地主手里,仅李鸿章的积善堂在这里收租就多达600担稻谷。④

皖西山多田少,农副产品如茶叶、木竹、茯苓、扫把等大宗产品在农村经济中占相当的比重。因战争频繁,"大庄买客多绝迹,货物不能畅销"。农民自办外运销售,又苦于关卡林立、层层盘剥,受害甚深。如六安、霍山茶叶主要销往山东、天津等地,因无茶商进山收购,茶农必须将茶叶经淠河运至蚌埠出售,起运茶叶从缴"落地捐"开始,沿途要经过10余道关卡,皆须纳捐完税,如雁过拔毛,最终农民所得无几。这就极大地阻碍了农副产品的生产和销售,农村经济濒临崩溃,农民生活日趋贫困。在舒传贤的家乡,"农民连买油、买盐的钱都感困难,有的就是每日两餐都弄不到嘴"。⑤广大农民在死亡线上挣扎。

在县城和主要集镇,如六安县的苏家埠、独山,霍山县的诸佛庵、西镇等,由于帝国主义的洋货倾销,买办资产阶级的经济垄断,农村市场的凋敝及税捐的加重,致使中小工商业大批倒闭,手工业工人和店员纷纷失业。

国民党新军阀为维护在皖西的统治,在军事上不断加强控制。他们排挤了原驻六霍(即六安霍山一带)的安徽地方实力派柏文蔚的第三十三军,代之以坚决反共的夏斗寅之第十三师等部。反动当局还积极勾结或挽留国民党正规军常驻六霍。如魏益三、潘善斋、朱绍良、陈耀汉、桂正远等部都在六霍驻过,他们协助当局防范、镇压革命。六霍反动势力还拼凑反动地方武装。他们借助军阀力量,"把乡镇人民自卫团的枪,皆收回县政府,由县政府直接指挥"。⑥县城设立警备司令部,各区建人民自卫团,一些地主豪绅也建立了民团。国民党驻军与地方反动武装纠集在一起,配合特务机关,在城市中"监视我们的行动,调查我们的机关","在乡村中反农协",⑦到处搜捕共产党人。

1927年秋,舒传贤回乡时的皖西,国民党新军阀的反动统治正在加强,剥削人民更加残酷,真是哀鸿遍野、民不聊生,阶级矛盾日益尖锐。

但是,国民党反动派黑暗统治只是一个方面,另一方面是随着马克思主义在皖西的传播,山沟里闪烁着真理的光芒,黑暗中出现了一道曙光,它将开启着千百万人民的心扉。

"五四"运动后,新文化运动在皖西兴起。中国共产党成立后,马克思主义在进步的知识分子中广泛传播。舒传贤等一批在外地读书的进步青年不断传回各种进步书刊,马克思主义学习、研究活动在六安霍山等县逐步展开,学习传播马克思主义的主要基地和组织陆续建立。

1920年,霍山县第六区燕子河(今属金寨县)在燕溪小学校长徐狩西、教师刘长青的倡导下,成立了学习马克思主义小组。参加者有本校教师刘锡凡、郑其代、李德甫、敖发德、杜小木等人,同时吸收学校周围进步青年刘仁辅及年龄较大的学生参加。他们坚持学习进步书刊,探讨救国救民真理。后来他们还开办了夜校,吸收贫苦青年农民入学,在学文化的同时,分析中国贫苦落后的原因,讲解农民要翻身要革命的道理。他们还组织学生走出校园,到农村向农民宣传革命道理。在外地读书的进步青年徐育三、徐轩骥等人利用假期回乡期间,经常与徐狩西等人交往,介绍外地革命形势,交换开展革命宣传的意见。他们的活动使学校进步师生及接近他们周围的群众初步了解了马克思主义的基本知识,开始懂得一些革命道理。⑧

1920年到1921年间,霍山一高校长黄楚三、县劝学所所长赵辅仁等开始接受并介绍马克思主义的进步书刊。一高和女高相继成立了新文化学社,他们在修身课上批判封建伦理道德,在课外活动中以读书会、研讨会名义评议时政,引导学生阅读进步书刊。舒传贤在安庆读书期间,寒暑假基本

第五章　开拓皖西革命新局面

都在母校一高进行宣传活动。女高根据女生特点,在传播马克思主义时,着重讲封建制度对女性的摧残,激发女生的反帝反封建热情,鼓励她们和男人一道进行革命。⑨

1921年,霍山二高(校址黄粟杪)进步教师郑普燕认为,社会日趋险恶,改造事业刻不容缓,欲行改造,必应启发民众觉悟之认识,遂在黄粟杪小街上开办新衡书店,经销进步书刊,并以书店为传播点,联络地方知识界。使《新青年》《向导》以及朱蕴山主办的《平议报》等在越来越多的人中流传。1927年,书店改由县立初级中学(校址上土市,距黄粟杪1里许)学生杜纶秩负责,把书刊销售和组织学习活动深入到中学生中,引导进步学生走上革命道路。同时,这个书店也为当时秘密党组织提供了一个联系据点,徐育三、李光华以及湖北党组织派来的舒剑秋常在书店聚会。⑩

1924年,黄粟杪二高学生何云祥、何国耀等人仿陈独秀、柏文蔚于辛亥革命前利用民间崇拜岳飞的习俗为掩护,组织岳王会从事革命活动的先例,联络有志青年,组织了"圣人会",探寻救国救民道路。当时在安庆读书的伍淑和假期回乡,为了更能启发民智,将"圣人会"改名为"平民共觉社"。1925年,徐育三联合平民共觉社和新衡书店中的有志之士,在黄粟杪建立了学习马克思主义小组,与燕溪小学的小组联系,互相配合,研究、宣传马克思主义,抨击时弊。⑪

此外,在霍山还有一批进步知识分子,如西乡的刘渭西、教师张景琨、秦维纲,南乡的蔡世钊、高维琪、黎本益,城关的王燮、朱大林等人都是传播马克思主义的积极分子。虽然他们的活动在当时的条件下还多为自发的行动,但已由学校发展到农村,由县城发展到东、南、西乡和西镇,并且在各地建立了一些学习、宣传团体。马克思主义较深入广泛的传播,为党组织的建立奠定了一定的思想基础和组织基础。

而在这些传播马克思主义的进步知识分子中,舒传贤是最杰出的代表。他自1919年离家后,虽然长期奔走于国内外从事革命活动,但仍然与家乡进步力量保持着密切的联系,经常通信,寄回进步书刊,假期回乡更是与戴克杰、朱大林等人常聚于母校一高,对黄楚三、赵辅仁等国民党左派影响很

71

大,推动了城区的革命活动。在东北乡舒家庙一带,他更有一批少年朋友,宣传范围更广一些。舒家庙后来成为皖西革命中心区域之一。

打入国民党统治内部

舒传贤初回乡时,总的形势是恶劣的,但在皖西,却短暂形成有利形势。1927年4月18日,蒋介石新军阀在南京掌权后,倾全力忙于在大中城市镇压共产党和国民党左派,建立新军阀统治,暂时还无暇顾及皖西。六霍地处鄂、豫、皖三省边缘,是蒋介石新军阀统治锁链中相对薄弱部分,严重的白色恐怖暂时还没有蔓延到这里。

1927年3月,北伐军柏文蔚的第三十三军袁子金旅占领霍山,赶跑了霍山县知事王建常,打击了豪绅郭杞人、龚静轩等封建势力。10月以前,该军一直驻扎在皖西。军长柏文蔚在大革命期间是国民党左派,倾向革命,与共产党人有一定的联系。一些共产党员在该军中做政治、宣传工作,如宋伟年等人。第三十三军不是蒋的嫡系,与蒋的正规嫡系军阀有矛盾。柏文蔚对蒋的独裁不满。8月,由柏文蔚领衔、由第三十三军将领签字电文向全国发出,敦促蒋介石下野。⑬

1927年8月,中共六安特别区委成立,负责指导六安、霍山、霍邱、合肥四县党的工作。特别区委及时分析研究了皖西的形势,认为在形势越来越严峻的情况下,刚刚回乡的一大批共产党员要有一个立足之地,可作掩护开展革命活动。有条件的要利用各种关系,设法打入国民党统治内部,分别在城乡进行隐蔽活动。这一灵活的斗争策略无疑是正确的。

舒传贤的家与六安毗连,他回乡不久就与六安特别区委取得了联系。这时,霍山在外地读书或从事革命活动的共产党员、共青团员20余人也陆续回乡。他们是刘淠西、刘时佑、徐育三、伍淑和、徐轩骧、喻石泉、汪维裕、魏衍彬、高维琪、陈法汉、胡祥仁、杨直三、丁凯、何静波、汤业恒、刘毅、郝修德、赵慧媛、江宝华、孙光璧等人。如何安插这些革命同志,成了当务之急。

舒传贤按照六安特别区委的布置,抓紧这一有利时机,迅速打入国民党统治内部。他回乡不久,正赶上霍山县区乡政权换届,他以上年夏曾任国民

第五章 开拓皖西革命新局面

党临时省党部(左派)视察员来霍山推动组建党部及省国民党一大代表的资格和留学生的声望,在霍山进步力量的支持下,取得了东北乡自治公所主任的职务。⑭与此同时,其他回乡的共产党员大多凭其所学的文化知识,或利用家庭地位,或利用社会关系,都先后获得了各种社会职务。霍山一向交通闭塞、教育落后、知识分子奇缺,当时全县仅有的4所高级小学和刚刚兴办的1所初级中学。回乡的很多共产党员大多数比较顺利地进入学校,当了校长或教师,他们以教书为掩护,以学校为基地,团结进步力量,宣传马列主义和共产党的政治主张,揭露国民党新军阀和地方豪绅的倒行逆施。不久,进步人士王逊甫、黄楚三先后提任教育局局长,共产党员汪维裕担任县督学。霍山县的教育界基本为共产党员和进步力量所掌握。

1928年6月,国民党霍山县党务指导委员会由于一直受省党部派系斗争的直接影响,内部斗争激烈,被迫进行改组。舒传贤团结国民党左派和进步人士,经过艰苦的工作和尖锐的斗争,终于赶走了反动的组织部长张春国等人,削弱了反动势力。舒传贤、刘淠西、陈法汉、伍淑和被选为县党务指导委员会执行委员,赵辅仁、张本国(在安庆与舒传贤一起创建青年团)、张洪基(庐江人)三人为常务委员。舒传贤任民运部长,陈法汉任组织部长,伍淑和任民训部长,在7名委员中,除张洪基为国民党右派外,其余都是国民党左派和共产党员。霍山反动势力惊呼:舒传贤、刘淠西等共产党员"自营充党委以后,即以党部为护符,借农协为团体,专做下层共产工作"。⑮豪绅刘佐廷下了这样的总结:"吾霍共祸产生于教育界,成就于县党部。"⑯这一"总结"当然不可能正确,但却说明了共产党员打入教育界,县党部掌握很大权力之事实。

1928年夏,河南李老末率匪万余人侵扰六霍,地主豪绅为保护家产,纷纷集资兴办民团。1929年春末,陈调元的第五十六师桂正远旅进驻霍山,扶植蒋系人物甘达用当了县长。甘为了扩充县政府势力,要求全县大办民团,并企图借桂旅之势将各民团控制在自己手中。共产党员刘淠西凭其黄埔军校毕业生,曾在国民革命军第三十三军某团任团附及县党指委委员的资格,担任了全县最大的诸佛庵民团团总,朱体仁经舒传贤举荐,担任了舒家庙民团队长(后调任戴家河民团队长),胡祥仁担任了管驾渡民团队长。刘淠西还被选为诸(佛庵)石(家河)乡国民代表,刘仁辅当选为县议会议员。

这样,在霍山的党、政、军和教育界有相当一部分权力为共产党员所掌握。刘佐廷向蒋介石告状说:"自该委会(国民党县指委——引者注)成立,挂三民招牌,行共产策略。""将地方教育权及自卫权包揽净尽,遇事干涉,为所欲为。"⑰这种局面一直维持到1929年春。舒传贤说:"到了今年一月,霍山政治被蒋系派来县长抓去,但本党在那个时候有相当力量。"⑱刘佐廷向蒋介石汇报,称全县"一切工作,东北乡由舒传贤、杨蔚轩担任,西镇由徐轩骥、徐育三、魏衍彬、刘时佑、徐石麟(狩西)、潘少岳、刘仁辅等担任,南乡由高维琪、洪实、张有荫担任,西乡由张景琨、秦维纲等担任,党权在握,肆意横行,地方各机关悉被霸占,如首领黄子山任教育局长,洪实、张本国先后充任教育局文牍,徐轩骥充教育委员,高维琪、洪实、张景琨兼充三四高小教职员,徐石麟、伍淑和、汪廷礼充西镇初中教员,刘浔西充西镇(乡)自卫队长",他们"或为下级党部常委,或为县党部干事,或为农协会员,四处捣乱,鼓吹罢租"。⑲这其中虽有诬蔑之词,但却说明了到1929年初,共产党人和进步力量确实在霍山的党、政、军和教育界占相当优势的事实。

在打入国民党统治内部从事革命活动的策略中,舒传贤做了大量工作。他凭借多年从事革命活动的经验,尤其是第一次国共合作中的经验,有很强的社会活动能力,善于应变各种复杂情况,有雄辩口才,善于与统治阶级上层人士周旋,从而取得了预期的结果。打入国民党统治内部的策略,不仅使广大回乡党员暂时有了立足之地,取得了一定的职务,掌管了一部分权力,为秘密从事革命工作创造了有利条件,而且为党组织保存了力量,培养和锻炼了干部,积累了在白色恐怖形势下隐蔽工作的经验。这一点舒传贤以后在非苏区的工作中得到了很好的运用。

当然,面对日趋严峻的形势,为贯彻执行党的"八七"会议精神,舒传贤深知,打入国民党统治内部只是一种策略,只是立足点的暂时选择(这一选择是正确的、必要的)。革命的中心在农村,重点是深入发动群众,开展土地革命,而最重要的一点是创建农村共产党组织,形成领导核心。

第五章 开拓皖西革命新局面

从学术研究会到中共霍山县委

中共安徽省临委于 1927 年 8 月初从武汉迁回芜湖不久,由于情况紧急,舒传贤等一批共产党员便被迅速派往全省各地。省的"八七"紧急会议精神传达到安徽后,省临委立即进行了学习研究,认为要完成"八七"会议所提出的实行土地革命,推翻国民党的反动统治这一总任务,当务之急是要着手恢复和建立全省各级党的组织,并于 9 月 6 日及时制定了具体工作计划。10 月 26 日,省临委发表《为反对宁汉军阀战争告安徽民众书》,号召全省人民群众团结起来,"实行土地革命,实行武装暴动,夺取政权,建立苏维埃政府,完成彻底的民主革命和民族解放"。⑳省临委决定以六安、霍山、霍邱、英山、寿县为第一暴动区,成立中共皖中特别委员会,由周范文任书记。11 月,皖中特委在六安白浒圩召开党团会议,传达党的"八七"会议精神,贯彻省委关于在第一暴动区的任务。

1927 年秋,舒传贤在舒家庙老街上三和堂药店创办"学术研究会",传播马克思主义。

舒传贤传

　　舒传贤回乡后即与中共六安特别区委取得了联系,了解省临委工作计划,着手在霍山创建党的组织。他懂得,千百年来无数次农民运动都失败了,原因固然很多,其中最重要的原因就是没有一个代表人民利益的政党来领导。孙中山10次起义终归失败,原因亦在于此。当时由外地回乡的共产党员的活动尚处于自发状况,全县还没有统一的党组织。因此他深感建党任务的重要而迫切。

　　1927年冬,正是农闲季节。舒家庙附近有一批失学失业知识青年,他们都是农家子弟,家境贫苦,有的还是舒传贤的少年朋友、小学同学。他们升学无望,就业无门,思想苦闷,对黑暗社会都有强烈的不满情绪,但苦于不知路在何方。舒传贤了解他们的思想情绪,认为对这些青年最重要的是要将他们组织起来,通过学习马克思主义提高他们的思想觉悟,把他们引上革命之路。于是舒传贤便联络了戴克杰、朱体仁、朱雅清、吴泽民、余东平、张少清、刘海彬、广燕申、程贤德、倪大让、汪正发等10余人,组成了一个名为"学术研究会"的进步团体。他们对外宣传称学术研究会的宗旨是"交换知识,联络感情,砥砺学术,主张公道",表面上是为失学、失业青年补习文化,以帮助他们将来升学或就业,实际上是由舒传贤向他们讲解马列主义,宣传共产党的政治主张,提高他们的思想觉悟和阶级意识,培养其中的骨干分子加入中国共产党。舒传贤的目的是把学术研究会办成一所培养党员、训练革命骨干的学校。

　　舒传贤以其丰富的历史知识和斗争经历,对学员循循善诱、启发教育。他讲历史、讲现实,从陈胜吴广起义讲到孙中山领导的辛亥革命、袁世凯窃国、蒋介石叛变,从俄国十月革命讲到中国的"五四"运动、中国共产党成立。他经常联系实际,提出问题启发大家思考,如为什么历史上无数次农民起义最终都归于失败?孙中山发动的10余起起义为何没有成功?俄国的革命为什么会胜利?苏联是个什么样的国家?等等。他用无数历史事实启发大家得出这样一个结论:要革命,就要有一个真正代表人民利益的革命政党来领导,而当今中国,真正代表人民利益的唯一的革命政党只有中国共产党。

　　在舒传贤耐心的宣传教育下,最先加入学术研究会的十几位青年的思想觉悟都有了很大的提高,基本上懂得了团结起来,通过革命手段推翻国民党反动统治、人民当家作主的道理;知道了十月革命道路是一切被压迫人民和民族获得解放的唯一正确道路;中国共产党是为全中国人民谋利益的革命政党;当前的主要任务就是在中国共产党的领导下用暴力推翻国民党反动统治,实行土地革命,等等。很多学员都表示希望能加入中国共产党。舒传贤经过认真考察,吸收了吴泽民、朱体仁、舒圣仓、余东平、朱雅清、张少清等12人入党,成立了舒家庙党小组,舒传贤任组长。不久,舒传贤在豪珠岭宝珠寺召开了第一次党员会议,到会9人。舒传贤为便于党的活动,根据党员住地将原舒家庙党小组改为支部,舒传贤任支部书记,隶属六安特别区委。支部下辖三个党小组:舒家庙党小组,舒圣仓任组长;团墩党小组,广燕申任组长;水口寺党小组,余东平任组长。

舒传贤创建的舒家庙党支部是霍山县最早建立的党组织之一。与此同时,霍山西南山区还建立了两个党支部:漫水河党支部,徐育三任书记,下设6个党小组,有党员18人;燕子河党支部,刘仁辅任书记,有党员10余人。这两个党支部由于与舒家庙相距近百公里,山区交通不便,所以与舒家庙党支部暂无联系,而与毗连的鄂豫边党组织有联系。

中共舒家庙支部旧址(原舒家庙)

此外,刘湉西、赵婉媛、赵慧媛、郝修德、刘白驹、余孝思等共产党员在西乡,喻石泉、刘时佑、高维琪、胡祥仁、蔡世钊等共产党员在南乡,陈法汉、朱大林、孙光壁、吴兆瑾等共产党员在城关,都积极而慎重地进行党员的发展工作。到1927年冬,据不完全统计,全县已有党员40人。建立全县统一的党组织显得十分必要了。

1927年底,舒传贤与徐育三、刘仁辅、刘湉西、喻石泉等全县各地的党组织负责人协商,在舒家庙召集全县党员开会,统一全县党组织,成立了中共霍山县支部,舒传贤任书记,隶属中共六安特别区委,下辖东北乡、西镇、西乡、南乡、城关5个分支部:东北乡分支部,吴承先(化名端平)任书记,有党员12人;西镇分支部,刘仁辅任书记,有党员20余人;西乡分支部,郝修德任书记,有党员10余人;南乡分支部,胡祥仁任书记,有党员10余人;城关分支部,朱大林任书记,有党员数人。全县党员发展到50余人。中共霍山县支部的成立是霍山历史上的一件大事。自此,全县有了统一的党组织,形成了核心领导,它将肩负起领导霍山人民进行土地革命的历史重任。

1927年11月,第一次"左"倾盲动主义在中共中央领导机关内占据了统治地位,在此背景下,派尹宽(又名硕夫、王竞博)为中央巡视员,到安徽巡视并指导工作。尹宽抵皖时,安徽党务在以柯庆施为书记的省临委领导下发展很快。各级党组织积极贯彻"八七"会议精神,恢复和建立各地党组织,迅速扭转了国民党叛变后各地党务工作的停滞、倒退局面,同时将党的工作重点转到农村。而尹宽却在给党中央的书面和口头汇报中,全盘否定了安徽省临委的工作,据此,中共中央作出了"安徽省临委暂时解散"的决定,柯庆施被调离安徽。尹宽实际主持了安徽党务。1928年1月29日尹宽在六安南岳庙召开了六安、霍山、霍邱三县党的活动分子会议,舒传贤代表霍山党组织出席了会议。会议讨论了皖西的形势和任务,确定党的当前任务是健全党的组织,吸收优秀工人农民入党;发动工农运动,建立工会和农民协会;发动罢工、抗租、抗债等经济斗争,准备武装暴动。会议决定撤销中共皖中特别委员会,将六安、霍山、霍邱三县党组织合并,成立中共六霍县委(亦称六安县委),选王逸常为书记。不久,增补舒传贤为县委候补执行委员,参与三县党的领导工作,重点仍在霍山。

根据六霍县委的工作的决定,舒传贤于南岳庙会后,在豪珠岭召开了霍山党员代表会议。到会代表20余人,西镇代表徐育三、饶秀保,南乡代表刘时佑,城关代表毛开甲,西乡缺席。舒传贤传达了南岳庙会议精神,听取了各地代表的汇报,讨论了霍山县党的工作意见。其中一项主要议题是从优秀工人农民中发展党员,改变党员绝大多数是知识分子的状况。会议宣布将中共霍山县支部改为特别支部,书记由舒传贤兼任,组织干事由万子元担任,宣传干事由吴泽民(化名潘臣)担任,军事干事由朱体仁(化名张锐)担任,文化干事由舒圣仓(化名杨伯平)担任。舒传贤自此在党内用"夏唯宁"的化名。霍山特支隶属六霍县委,下辖5个分支部基本未动。

1928年3月,中共安徽省临委重新组建(习惯称第二届省临委),尹宽任书记。7月,省临委委员王步文(化名朱华)出席了六霍县委在霍山舒家庙召开的党的代表会议,舒传贤出席了会议。会议讨论了继续在工农运动中发展党员、抗租、反霸,争取群众,夺取敌人武装,建立皖西根据地等问题,并发表了《反"割民党"宣言》《反"割民党"宣传大纲》《C.P的政治主张》(C.P是"中国共产党"的英文缩写;"割民党"即"国民党"的谐音——引者注)等文稿。会议还对部分破产农民的绑票、摸瓜(暗杀)等行为要求通过农协加以纠正。这次王步文到霍山,住在舒传贤家。他俩是在安庆、东京长期并肩战斗的战友,这次在新的战场重逢,倍觉亲切。他俩曾于会议前后在长岩山洞中作彻夜长谈,详细讨论了六霍两县的工作。舒传贤用大别山区乡间的盐渍小菜和新收获的玉米粑粑招待王步文。[21]

舒家庙会后,舒传贤及时召开了霍山特支各分支负责人会议,贯彻了会议精神,根据六霍县委决定,将霍山特支改组为中共霍山县特别区委(亦称中共六安县委第五区区委),书记仍由舒传贤兼任。组织、宣传、军事、文化委员由原干事担任,下辖5个支部由原分支部改成,人员也基本未动。全县党员"50余人,农民占半数以上,在四五个月内发展较快"。[22]

中共霍山特别区委成立后,舒传贤带领全体党员在全县深入发动群众,组建农民协会和农民武装,领导农民群众开展经济政治斗争,霍山革命蓬勃发展。

随着革命形势的迅猛发展,党的队伍不断壮大,区委的组织形式已不能适应领导全县人民进行革命斗争的需要,霍山单独成立县委已提到了党的议事日程。

1929年1月,经中共安徽第二届省临委批准,舒传贤在舒家庙肖家冲舒圣仓(化名杨伯平)家召开了霍山县第一次党员代表大会。会议讨论了党的六大发布的反对帝国主义、封建主义,实行土地革命,建立工农专政的民主革命十大纲领,分析了皖西及霍山的革命形势,确定了霍山党组织在目前的中心任务是扩大群众斗争,肃清封建势力,推翻国民党新军阀统治,建立苏维埃政权。会议还对农民的"五抗"(抗租、抗税、抗捐、抗债、抗夫)斗争、"发展工农武装夺取政权"等问题作出了决议,选举产生了中共霍山县第一届委员会。舒传贤当选为书记,刘淠西、徐育三、高维琪、蔡世钊、胡祥仁、刘时佑、伍淑和、喻石泉、朱体仁、朱雅清11人为委员。县委设立了组织部、宣传部、农民运动委员会、职工委员会等工作机构。县委隶属中共安徽省第二届临委,下辖3个区委、2个特委:东北区区委,书记由吴承先(后改为万子元)担任,有7个支部,党员30余人;西镇区委,书记由刘仁辅担任,党员20余人;南乡区委,书记由高维琪担任,党员30余人;西乡特支,书记由郝修德担任,党员20余人;城关特支,书记由朱大林担任,党员10余人。此届县委成立时,全县党员120人。㉓县委成立后,党员发展迅速,到9月第二届县委产生时,全县党员已发展到293人。㉔区委、特支及支部的干部基本配备,党的领导核心力量和战斗力大为增强,各级党组织及全体党员斗争方向明确、计划指导得力,将霍山的革命斗争推向了新的阶段。

县委成立不久,省临委任命舒传贤为巡视员,负责巡视、指导六霍等县党的工作。他的工作范围扩大了,任务加重了。他经常奔波于崇山峻岭之中,风餐露宿。在巡视中他向各地党组织传达上级指示,指导工作;听取各地汇报,了解情况;研究部署工作,纠正出现的问题。他工作细致、脚踏实

第五章　开拓皖西革命新局面

地、不辞辛劳,走遍了六霍等县的山山水水,对各地情况了如指掌。这一切,对他不久后担任六安中心县委书记,指导全面工作有很大帮助。

霍山县第一次党代会旧址(舒家庙肖冲杨伯平家)

舒传贤在创建中共霍山县组织的过程中,做了大量艰苦细致的工作,倾注了大量的心血。舒传贤在建党伊始,就很注意党的思想建设,坚持马列主义教育干部和党员,注意保持无产阶级政党的纯洁性,保证党员的政治素质。他除用办学术研究会的形式培训党员外,平时还广泛宣传群众、教育群众,使共产党在人民群众中的政治影响日益扩大、加深。党的政治主张逐渐为劳苦大众所拥护。"在霍山一带都晓得有共产党,并且晓得他是代表穷人利益的"。㉕

1928年1月,中共霍山特支成立时,舒传贤根据六安、霍山、霍邱三县党的活动分子会议的决定,进行党组织整顿,实行党员重新登记。对极少数"对党不忠实者""不同意中央八七紧急会议决定之新政策,及在行动上有机会主义的倾向者""一月不为党作实际工作者",不许登记。㉖ 10月以后,霍山特别区委按照党的《农民同志训练大纲》,对党员和建党对象普遍进行轮训。

舒传贤还通过讲解《革命理论大纲》,㉗给农民义务学校讲课等方式,教育党员、宣传群众。通过学习、教育,使党员对马克思列宁主义的一些基本理论和中国新民主主义革命的性质、任务、革命对象、基本力量以及党在目前的斗争任务、政策、方法等都有了比较清楚的认识,并积极把经过教育和考验"确认为忠实有阶级觉悟及明白主义者"㉘吸收入党。除理论学习外,霍山党组织还十分注重实际斗争,要求党员"由斗争去实验党的理论,由斗争中去找工作方法,由斗争中去锻炼党的同志"。㉙严格党的纪律和组织生活,"支部本身要严密的组织,执行铁的纪律","各级党部常委都有支部生活",做到经常开支部会,至少每周一次。

正因为舒传贤在霍山建党过程中,十分注重党的思想、组织和作风等方面的建设,所以霍山的党组织和广大党员政治素质都比较高,"一般同志都有真[正]确的认识","在霍山的党,从县委到支部、小组,是比较有经常工作,纵的关系(即党组织系统的上下级关系——引者注)也甚联系的",㉚"党与群众的关系亦甚密切"。㉛很多党员经过斗争的锻炼和考验,在以后的斗争中,走上领导岗位,走出霍山,为革命作出了很大的贡献,有的为革命英勇献身。在霍山早期党员中,没有出现过叛变或自首的现象。据1929年安徽省委的统计,全省党的85名干部中,霍山籍干部就有舒传贤、朱雅清(化名鲍益三)、戴亢君(即戴克杰)、舒子杰(即舒圣仓)、鲍林森、陈法权、高维琪、姚文彬(即姚家华)、喻宁(即喻石泉)、赵慧媛、刘淠西、姜茂林、孙光璧、朱体仁、吴泽民、徐育三、徐轩骥、广存禄18人。他们当中除舒传贤后来担任六安中心县委书记、军委书记、鄂豫皖中央分局委员、组织部长外,刘淠西曾任怀宁(安庆)中心县委书记,戴亢君曾任红三十二师党代表,朱雅清曾任独山起义总指挥,喻石泉为霍山县委第二任书记,朱体仁曾任六安中心县委委员、军委主任,徐育三曾任红三十三师第一〇七团团长,吴泽民(潘臣)曾任六霍县委(非苏区)书记。所以,舒传贤在霍山建党的贡献,远远超出霍山革命斗争范围,也不是他个人业绩所能概括的,而是为党培养了一大批忠于革命、坚强勇敢的干部,他们是中国革命的中坚,是中华民族的精英。从这个意义上看,舒传贤在皖西建党中建立了显著的功绩。

第五章　开拓皖西革命新局面

发动"五抗"和春荒扒粮斗争

农民占中国人口的大多数,中国革命的主要问题是农民问题。如何把一盘散沙般的农民发动起来、组织起来,形成土地革命的基本力量,是摆在舒传贤面前的艰巨任务。舒传贤在做建党工作的同时,积极恢复和发展农民协会(简称"农协")组织,通过农协,发动农民斗争。

大革命期间,国民党霍山县党部(左派)曾经建立过县农会组织,戴亢君曾任常委。但乡村组织很不健全,有的地方根本就未组织起来。大革命失败后,霍山农会组织名存实亡,甚至为地主豪绅所利用,变成他们压迫农民的工具。

舒传贤在舒氏宗祠创办的农民夜校

1927年冬,舒传贤在创办学术研究会的同时,在舒家庙还办了一所农民义务学校,宗旨是培训农运骨干。舒传贤出身农家,了解农民苦难深重,有革命的要求,但又多目不识丁,"惟多散漫,不能成为集中统一的革命势力"。㉜要发动农民起来革命,首先要启迪他们觉悟。于是他仿照广州、武汉、长沙等地农民运动讲习所的方法,办起了这所农民义务学校,吸收六霍两县边境地区 90 多名贫苦农民入学。义校的大门上,贴了一副引人注目的对联:"枪毙小土豪,刀砍大劣绅"。舒传贤经常到校讲课,用通俗易懂的事例讲解革命道理。如穷人为什么穷?富人为什么富?人的贫富是不是命运注定?等等,很受学员欢迎。学术研究会的其他成员,轮流去义校讲课,由余东平任专职文化教员,教农民识字。舒传贤还要求学术研究会成员和刚刚入党的同志,以与农民交朋友、拜兄弟等方式,将义校中的进步分子秘密组织起来,建立起起初名称不一的农民团体,如"穷人会""互助会"等,后来逐渐发展,统一称之为"农民协会"。与此同时,西镇的徐育三(原任国民党省农会筹备委员)、刘仁辅,西乡的刘渼西、郝修德,南乡的喻石泉、刘时佑等多以办农民识字班、农民夜校等形式,秘密组织农协。

舒传贤在发展农民协会中,十分注重组织的纯洁性和战斗性。规定:凡自耕农、半自耕农、佃农、农村中手工业者,不论男女,年满 16 岁,要求加入农民协会者,须自愿申请,有会员 3 人介绍,经所在农协小组或乡农协执行委员会通过,方可成为会员。其他成分者入会,则须乡农协会员大会 3/4 通过。农民协会的组织形式是:一般以 5 至 9 人成立分会,3 个以上分会为 1 支会,3 个以上支会成立乡农协会,3 个以上乡农协会成立区农协会。农民协会的主要任务:一是宣传教育农民;二是出面向土豪劣绅派款、罚款、征收粮食;三是组织并带领群众清算保董公款公粮。随着斗争的发展,农协会还担任了在会员中组织赤卫队,建立农民武装;组织妇女会、儿童团等群众组织,没收并重新分配逃亡地主土地等任务,实际上起着农村政权的作用。

新组织的农民协会能真正代表贫苦农民的利益,深受广大农民群众的拥护和支持,农协组织发展很快。1928 年 10 月,霍山东北乡区农协成立,由共产党员戴亢君担任委员,会员近 1000 人。到 1929 年冬,"霍山东北乡成立了 3 个区农协会,会员 4000 人;西乡有会员 1400 人;西镇在暴动前有会员 500 人,暴动后成立了区农协会;南乡有会员 300 人,有 1 个区农协;城郊有会员 200 人。农协的组织在全县有 5 个区农协,共有 14000 名会员。其成分佃农占百分之六十,半自耕农占百分之二十,自耕农占有百分之十,雇农占百分之十"。"农协已成为农民革命的领导机关"。㉝区、乡农协的负责人多由共产党员担任。组织活动也由秘密到逐步公开。

在农协组织的带领下,农村中的赤卫队、儿童团、妇女会等组织也普遍建立起来,不仅成为农民与地主豪绅作斗争的主要力量,而且为武装暴动作了组织上的准备。

随着农民协会的建立和发展,舒传贤和霍山党组织从发动与群众切身利益密切相关的经济斗争入手,领导群众进行了大规模的抗租、抗税、抗捐、抗债、抗夫(简称"五抗")斗争和春荒扒粮斗争。

1928年,霍山旱灾严重,收成大减,平均只收六成。加之军阀混战,津浦路阻塞,霍山同山东、天津的茶商贸易中断,年产约200万元的茶叶销不出去,以蚌埠、正阳关为来源的食盐、布匹等生活日用品运不进来,农民生活极端困难,地主豪绅又乘机逼租逼债、加税增捐,全县上下,民怨沸腾。自10月开始,舒传贤和霍山特区委与各区农协研究,决定发动秋收斗争,并首先在产粮区的东、北两乡实行。其策略:"(1)对大地主实行抗租;(2)对小地主实行减租;(3)若大小地主不能接受我们的主张,即行全体具退庄字,如地主受退一致离庄,不许他人来种;(4)实行抗债利息[的规定]。结果大地主十租只收三租、二租,小地主只收四成租课。"㉞1928年秋,东北乡农会主席吴宏观还带领300多农民,拦截了六安县小皇冲地主储华峰从霍山复览山收的1万多斤租稻,分给贫苦农民。对农民所欠地主的债,一律免去利息或不偿还,提出"穷人不还富人钱"的口号,所欠税款也一律不交,杂捐一概不认。结果霍山北区"全区对于一切捐、税、债等,算完全抗了"。㉟全县其他地区也进行了不同形式的抗租、抗税、抗捐、抗债斗争,并取得了胜利。

由于1928年收成锐减,1929年春荒更显严重。舒传贤和霍山县委适时制定了春荒斗争计划,把借粮、分粮、抗租斗争上升到强行扒粮斗争。三尖铺、下符桥、大河厂、水口寺、团墩、舒家庙、山王河、棠树岗、洛阳河等地党组织和农协,根据县委部署组织侦探、扒粮、纠察等分队。首先对扒粮对象进行周密侦查,由纠察队秘密分布于地主庄园四周,隔绝内外联系。然后由几十人到三五百人组成的扒粮队到地主家开仓扒粮,东北乡一次就扒掉地主倪家炳和李鸿章"积善堂"稻子几百石。扒粮斗争延续两个多月,而且发展到闻家店、张家冲、横担岗、凤凰台等地。扒粮30多次,扒掉稻谷3000多石。在抗租扒粮斗争的同时,还进行了清账斗争,由农协召集群众大会责令保董交代经收账目,清算其侵吞公款。地主豪绅再也不敢随意收捐收税。一连串的经济斗争,均取得了胜利,极大地鼓舞了农民。他们为表达喜悦之情,自编了一首《扒粮歌》:

十八年,天大旱,地主豪绅粮满圈;
斗米价,四五块,我们穷人真可怜;
忍饥受饿去种田,去掉租子没工钱;
老婆哭,孩子吵,越想越思越可恼;
活着不如死了罢,饿死不如拼命吧!
团结起来把粮扒,颗颗粮食回老家。

农民在抗租、扒粮、抗捐、抗债、抗税斗争中获得了经济利益,从而进一步发展到更为强硬的抗夫斗争。1929年2月,军阀朱绍良的部队由六安经霍山开往湖北,向每保要200名民夫,北乡农民不堪其苦,决心起来斗争。舒传贤和霍山县委研究制定了灵活斗争策略:"如差役下乡,我们就置之不理;如军队下乡,我们事前先让,使他们一个也捉不着。"并组织武装自卫。县政府差役方子平到水口寺催夫,群众不理,方捆绑群众,被农协会员陈乐厚等痛打一顿。县政府又派自卫团数十团丁,由保董秦献之带到水口寺抓夫,虽然遭到农协会的伏击,仍强行抓走了13个农民。农协会忍无可忍,准备举行暴动。舒传贤和县委认为暴动条件不成熟,未予同意,遂发动13位被捕农民家属,向县政府提起申诉:"我们处土匪出没无常,我们的土枪是防匪的。你们到乡间来既不通知群众,又不通知地保,我们认为是土匪,是误打的。"并由在原县农会任常委的中共党员戴亢君召开全县11个公团会议,以"自卫团夜间撞门入宅,无异强盗""保董借要夫为名,故意推残农民"⑯等

第五章 开拓皖西革命新局面

理由向各界发出呼吁。在群众压力下,保董吴家红、秦献之被传讯,豪绅肖子瑜向群众认错,13位被捕农民被无条件释放,抗夫斗争获得全胜。

自1928年秋,霍山全县农村斗争风起云涌,仅东、北两区,大小斗争就有200多次,大都是舒传贤直接指挥。㉗不仅解决了农民的饥荒,使农民得到了一定的经济利益,打击了地主豪绅及国民党反动统治,而且使涣散的农民群众得到了锻炼和考验,懂得了组织起来的巨大作用,为大规模的农民武装斗争准备了力量、积累了经验。

组建农民革命武装

在党的"八七"紧急会议上,毛泽东提出了"枪杆子里面出政权"的精辟理论。舒传贤从大革命失败的历史经验及自身的革命经历中也深知,要推翻国民党反动统治,建立农工专政的苏维埃政权,没有革命的武装便无从谈起。所以他回乡后,在抓党的建设、组织农民协会的过程中,十分注意抓紧组建农民革命武装。

1927年冬,舒传贤从学术研究会和农民义务学校中挑选了邓海清、鲍传尧、黄敬初、郑世杰、李茂明、翁子福、舒传笏等9名机智勇敢的青年农民,组成了武装小分队,在偏僻的金背山邓海清家秘密进行军事训练。舒传贤还从六安请来了军事教员。小分队初成立时,只有1支长枪,6把大刀,其他装备一无所有。但队员们训练认真,不怕吃苦。经过了1个多月的苦练,基本上都能掌握操典要领。㉘这是霍山县第一支完全由农民组成的革命武装雏形。

武装小分队组建不久,在舒传贤的精心指导下,采取出其不意的夜间偷袭方式,除掉了距舒家庙不远的鲍家楼子民团小队,处决了小队长陈本道,夺了几支钢枪。贫苦农民拍手称快,地主豪绅却终日恐慌,他们称农民武装为"黑杀队""摸瓜队"。

从1928年夏开始,舒传贤和霍山党组织就在东北乡、西镇、西乡农协中挑选年富力强、忠实勇敢、革命坚决的农协会员、共产党员、共青团员建立起赤卫队、钢枪队、别动队、敢死队、游击队等名称不一的农民革命武装。舒传贤在东北乡赤卫队中组织"特别组织侦察队、纠察队",㊴公开出面向地主豪绅借粮、扒稻,防范地主的反抗。对那些危害最烈、民愤极大的地主劣绅及其他反革命分子进行秘密处决,俗称"摸瓜"。东北乡的赤卫队就曾先后用此方式,处决了杨家大圩子、吴保生堂、陈家门楼等处劣绅吴家宏、秦献之等反动分子数十人。这对打击反动分子的嚣张气焰、开辟斗争局面曾起过一定的作用。反动分子惶惶不可终日,担心脑袋不知何时会不翼而飞,以致怀揣烟土(鸦片),以备遇到赤卫队时服食烟土自杀。对霍山这一情况,当时上海的《字林西报》都做过报道,可知对反动派的震慑力之大。农民武装对一般地主则实行警告、绑票、罚款。在霍山,出现了大豪绅、大地主逃亡安庆、芜湖、南京等地,中地主逃到县城,而那些逃不了的小地主则向农协投降的现象。

这种初期的农民武装,"在大的斗争未开始时,解决反动分子多数是秘密的"。㊵在打击地主豪绅的过程中,一些地方也发生过打击面过宽的现象,加之反动派的造谣诬蔑,因而曾引起社会上的恐怖情绪。舒传贤发现后,立即加以纠正,并逐步把各种名称不一的秘密的农民武装改建为游击队。游击队里建有党的组织,队长多由党员担任,要求党员在游击队里发挥先锋模范作用,加强思想政治工作,禁止队长打骂队员,军事行动要经上级批准,要按照党的政策开展对敌斗争,尽量不使用"摸瓜"方式。经过不断整顿,使农民武装斗争逐步走上正轨,组织纪律性及战斗力都得以增强。在舒传贤的指导下,霍山最早组建的农民武装有东北乡游击队、西镇游击队、西乡游击队等,他们一般以本乡为活动基地,配合农协在"五抗"和春荒扒粮斗争中起了重要作用。

六霍县委在发动群众、组建革命武装时遇到了如何对待大刀会和河南李老末土匪的问题,如解决不好,无疑会阻碍革命的发展;如解决好了,将会化阻力为助力,壮大革命力量。

大刀会原是六霍一带由破产农民、失业的手工业者、流氓无产者为主体

第五章 开拓皖西革命新局面

组成的带有封建迷信色彩的自发的帮会性质的武装团体。以"打富济贫、各保身家"为口号,画符念咒,扬言刀枪不入。后来也有贫农、中农、小商人和少数知识分子参加,一度形成很大声势。1924年,六安、霍山两县大刀会曾攻克六安霍山两县县城,抄掉了县衙门,威胁统治当局。统治阶级虽多次对其清剿,但收效不大。国民党新军阀统治皖西后,对大刀会采取收买政策,六安大刀会首领夏云峰被委任为六安、霍山、霍邱三县自卫团团长;霍山大刀会头目秦华轩也被收买,当了霍山自卫团中队长。大刀会成了反动统治阶级的工具和帮凶,其性质完全蜕变。

对此,六霍县委于1928年4月进行了认真的分析,认为大刀会的广大会众与反动首领不同,其首领投靠反动统治阶级是为了升官发财,而会众却是为统治阶级卖命。而且会众多系贫苦群众,可以启发他们的阶级觉悟,争取他们脱离其首领,转入真正为贫苦农民谋利益的农民协会中来。同时,大刀会与国民党新军阀间也有矛盾,大刀会内部还有派系之争,我们可以利用矛盾,分化瓦解,打击少数头目,争取广大会众。此时,党中央也明确指出:"大刀会的领袖已成为地主豪绅军阀的工具","我们主要工作就是集中力量去发展农协组织与其斗争","大刀会以内的工作,应当注意下层群众与干部的获得,在土地革命口号之下,鼓动群众起来斗争,反对出卖农民利益的领袖,而脱离刀会组织,加入农协"。[41]因此,六霍县委"决定在大刀会的地方主要是发展农运,打入大刀会群众中去。首领的联络也不过是深入群众的一个手段"。[42]遵照党的指示,舒传贤要求党员和农协骨干,克服重重困难,利用各种关系深入到大刀会会众之中,与他们交朋友、拜兄弟,联络感情,宣传土地革命政策,讲清"天下穷人是一家""穷人不打穷人"的道理,动员他们脱离大刀会,参加农协。经过党员和农协骨干艰苦细致的工作,有的地方虽然出现了反复,但最终取得了良好的效果。霍山的会众"都能自动地反对他本来的团体,积极参加革命的战团"。[43]有的会众参加游击队后表现较勇敢。

六霍县委当时还面临另一个棘手问题,就是如何对待侵袭皖西的河南李老末土匪问题。盘踞在豫南的李老末巨匪,自称"建国军",匪众万余人,匪势猖獗。1928年4月,李匪袭击六安金家寨,窜入皖西,烧杀抢掠,无所不为,皖西人人恐惧,妨碍了正在发展的农民运动。对于李老末土匪,在农民协会和游击队内有两种意见:一种主张打,为民除害;一种主张利用其势态,乘机起义。六霍县委就此问题召开扩大会议,专门研究。舒传贤和霍山农协、游击队的部分负责人参加了会议。县委经过认真研究认为:"1. 李老末股匪是法西斯蒂式的股匪,专事残杀,没有阶级意识;2. 我们若是打土匪,等于替豪绅地主阶级帮忙(因为李匪抢掠财物,对豪绅地主威胁很大——引者注);3. 我们若是利用土匪的凶焰,响应暴动,就是趁火打劫的一刹那的投机。"县委决定的策略是:"1. 宣传土地革命政纲,使民众认识本党的主张;2. 反对军阀混战和豪绅阶级的剥削所造成的土匪骚扰;3. 在乡村把农协的旗帜揭出,号召农民自卫,取得大部分的农民群众;4. 同志尽可能地到匪的下层匪众去工作。"㊹

由于党的政策和策略的正确,使农民群众中的混乱思想很快得到澄清。农民协会和游击队以防匪为名,纷纷公开或半公开地发展起来。是年农历六月六日,舒传贤在霍山东北乡利用自治公所主任的职务和地主豪绅对李老末土匪的恐惧心理,组织了一次声势浩大的农民示威大游乡,俗称"浪团"。团墩、舒家庙、水口寺、黄檀树等村2000多农民扛着大刀、长矛,还抬着太平军留下的两尊土炮,敲锣打鼓,高呼"打倒帝国主义!""打倒军阀!""打倒贪官污吏、土豪劣绅!""实行减租减息,抵制苛捐杂税!""农友们团结起来,实行耕者有其田!"等口号,途经六霍边境7个乡。浩浩荡荡的队伍,激昂的口号声犹如阵阵春雷,震撼着大地,响彻云天。这次游行,表面上是反对李老末土匪,实际上演变成对地主豪绅、国民党新军阀的示威,显示了农民群众的威力,震慑了反动统治阶级,教育和锻炼了农民群众,使之看到农民团结起来的力量,也是舒传贤对群众发动情况的一次检验。

六霍两县的农民运动排除了大刀会和李老末土匪两大障碍后,发展更大更迅速。在农民武装方面,仅霍山县到1929年春,游击队就发展到1000

第五章 开拓皖西革命新局面

多人,其中较大的有:东北乡游击队300多人,西镇游击队200多人,桃源河游击队140多人,诸佛庵游击队100多人,大化坪游击队130多人,南乡游击队300多人。此外,还有一部分民团武装为共产党掌握,如诸佛庵、戴家河、舒家庙、管驾渡、黄栗杪等地民团。各地农民武装的普遍组建,为大规模的武装斗争准备了力量,正是这些装备极差、遍布六霍各地的拿枪农民,在党的领导下,成为推翻国民党反动统治的主力军,建立了不可磨灭的功勋。舒传贤在组建农民革命武装方面的功绩是卓著的。"山雨欲来风满楼",农民武装起义的狂飙即将在皖西大地上兴起,发动六霍总暴动已提到了党的议事日程。舒传贤是皖西最早接受"武装农民,推翻国民党反动统治,建立农村革命根据地"思想并积极贯彻执行的党组织领导人之一。他是自觉的革命者,他能根据党中央的指示精神及斗争的实际情况,迅速调整自己的思想,毫不犹豫地站到斗争的最前列,挑起了全面部署、领导大规模武装斗争的重担。

┃参考文献┃

① 中共五大文件:《土地问题决议案》,1927.4。

②③④⑤⑦㉙㉛㉝㉞㉟㊱㊴㊸《霍山县委关于经济、政治等情况的报告》(1930.4.17),载中央档案馆、安徽省档案馆编《鄂豫皖苏区革命历史文件汇集》第四册,第153页、153页、166页、154页、171页、161页、161页、162页、166页、169页、166页、170页、158页,1985年12月印。

⑥㉚《吴仲孚关于霍山党的情况给中央的报告》(1930.3.8),载中央档案馆、安徽省档案馆编《鄂豫皖苏区革命历史文件汇集》第四册,第84页、82页,1985年12月印。

⑧《江佩之回忆》,霍山党史调访资料,存霍山党史办。

⑨《万子元、赵文媛等人回忆》,霍山党史调访资料,存霍山党史办。

⑩⑪《纪宏儒、夏泉源回忆》,霍山党史调访资料,存霍山党史办。

⑫⑯⑰⑲《霍山刘佐廷等给蒋介石的报告》(1930.2.3),原件存南京第二历史档案馆,抄件存霍山县党史办。

⑬聂皖辉:《柏义蔚传略》;张雷:《柏文蔚年谱简编》(初搞),载北京超星图书馆《纪念柏文蔚先生》,第173页、188页,2007。

⑭辛亥革命后,霍山县分东北、南乡、西乡、西镇四个区,后划分为六个区,东北乡属第二区。

⑮《霍山西镇绅董孙树东等20人呈国民政府文》(1929.12.13)，原件存南京第二历史档案馆，抄件存霍山县党史办。

⑱《舒传贤关于六霍党务军事情形给中央的报告》(1929.9.2)，载中央档案馆、安徽省档案馆编《鄂豫皖苏区革命历史文件汇集》，第四册，第3页，1985年12月印。

⑳中央巡视员：《关于安徽工作给中央的报告》(1927.12.9)，原件存中央档案馆，抄件存霍山县党史办。

㉑方启坤：《王步文与舒传贤》，霍山县党史调访资料，存霍山党史办。

㉒《康荣生与王逸常谈话记录》(1928.12.19)，原件存中央档案馆，抄件存霍山县党史办。

㉓《省临委关于组织工作概况给中央的报告》(1929.1.23)，霍山党史调访资料，存霍山党史办。

㉔《舒传贤关于六霍党务、军事情形给中央的报告》(1929.9.2)。该报告中列举了各区委党员数字，总和为293人。霍山党史调访资料，存霍山党史办。

㉕《吴仲孚关于霍山党的情形给中央的报告》(1930.3.8)，载中央档案馆、安徽省档案馆编《鄂豫皖苏区革命历史文件汇集》，第四册，第82页，1985年12月印。

㉖㉘《安徽三个月工作计划纲要》(1927.9.6)，载中央档案馆、安徽省档案馆编《安徽革命历史文件汇集》，第二册，第10页、12页，1987印。

㉗《革命理论大纲》(手抄本)，1977年在舒传贤家乡被发现，系舒传贤遗物。霍山党史调访资料，存霍山党史办。

㉜"八七"会议文件：《告全党党员书》。

㉗《舒传贤为被处分给中央的报告第一号》(1931.4.27)，原件存中央党档案馆，抄件存霍山县党史办。

㊳《舒传筎回忆》(1984.6)，霍山党史调访资料，存霍山党史办。

㊵《巡视六安中心县委工作报告》(1930)，原件存中央档案馆，抄件存霍山县党史办。

㊶《中央给安徽省委指示信》(1928.6.5)，原件存中央档案馆，抄件存霍山县党史办。

㊷《硕夫关于巡视工作的报告》(1928.2.5)，原件存中央档案馆，抄件存霍山县党史办。

㊹《王逸常同志关于巡视皖北经寿县六安等地综合工作给中央报告》(1929.2.13)，原件存中央档案馆，抄件存霍山县党史办。

第六章
领导六霍起义

皖西党组织根据"八七"会议精神和中共六大决议的要求,经过两年艰苦细致的工作,壮大了党的队伍,建立了农民协会和农民武装,并发动群众进行了一系列经济斗争和政治斗争,群众普遍发动起来了,革命高潮在皖西逐渐形成。到1929年春,发动武装斗争的主客观条件已经具备,武装起义问题已提到党的议事日程,成为党的中心任务。他认识到,在现阶段,要取得革命胜利,只有武装工农,拿起枪杆子推翻国民党的反动政权,这是唯一的正确途径,舍此别无他途。他的思想随着斗争的深入发展,又出现了一次新的飞跃:发动群众开展武装斗争。他全力投入到武装起义的工作之中。自1929年11月开始,他作为六安中心县委书记(六安中心县委于10月初成立),领导了声势浩大的六(安)霍(山)等县农民武装起义,史称"六霍起义",创建了鄂豫皖边区第三支主力红军——中国工农红军第十一军第三十三师,建立了各级苏维埃政权。到1930年春,皖西革命根据地已初步形成,并逐步与鄂豫边、豫东南根据地连成一片,成为全国第二大根据地——鄂豫皖根据地的重要组成部分。

六(安)霍(山)起义是鄂豫皖边区继黄(安)麻(城)、商(城)南起义后第三次大规模农民武装起义,在中国革命史上占有重要位置,是安徽土地革命战争时期最威武雄壮的革命篇章。舒传贤作为起义的主要领导人,从起义的精心准备、统一部署、全面发动乃至直接指挥战斗、创建主力红军,倾注了大量心血,发挥了重要作用,建立了卓著的功勋。

成立六霍军委会

正当皖西党组织积极准备发动武装起义之际,1929年5月6日(农历立夏节),与六安县第六区毗连的河南省商城县南部的和区、乐区(今为安徽省金寨县南溪、斑竹园一带),在当地党组织的领导下,爆发了丁家埠民团起义,创建了中国工农红军第十一军第三十二师(师长周维炯),开辟了豫东南根据地。商南起义极大地鼓舞了皖西人民,加速了六霍起义的爆发。

自1929年初,蒋介石新军阀势力进一步深入皖西,六安、霍山等县政权完全由蒋系势力的县政府从新旧豪绅手中夺去。春末,军阀陈调元的第五十六师桂正远旅进驻六霍等县,加强对皖西的军事控制。刚到任不久的霍山反动县长甘达用为了扩充新军阀统治权力,欲借桂旅力量,企图收缴被刘淠西掌握的诸佛庵民团枪支。此时群众已发动起来,正积极准备武装暴动,但苦于缺乏枪支。于是舒传贤及时指导霍山县委,因势利导,发动了诸佛庵民团

诸佛庵革命烈士纪念碑

起义,习惯称之为"诸佛庵兵变"。自此揭开了六霍起义的序幕。

霍山县诸佛庵镇在县城西40华里处,故又称西乡。该镇位于淠河上游,周围群山环抱,盛产木竹、茶叶等农副产品,是霍山县主要的商品集散地之一,其贸易规模仅次于县城。由于商品经济较发达,该镇的商家、绅士为了保护其商品、财产,维持贸易,免遭土匪抢掠,自1924年起,由商会出面,商绅富户集资购枪,招募团丁,组织民团局(又称自卫团)。不久,民团被大

刀会击散。1928年,为防河南李老末土匪侵扰,民团再度组建,刘淠西担任了诸佛庵民团团总。1929年春,诸佛庵民团扩充了力量,有枪30多支,成为全县最大的民团武装。任中共霍山县委委员的刘淠西根据舒传贤及霍山县委的布置,积极在团丁中做发动工作,准备相机发动兵变。为协助刘淠西举行兵变,舒传贤又将另一名霍山县委委员、原东北乡民团队长朱体仁安排到诸佛庵附近的戴家河民团当队长。

5月初,霍山县县长甘达用欲借桂旅势力将诸佛庵民团枪支收缴归县政府掌管,而桂旅"亦觊觎六霍两县各民团总共约一千三百多支枪"。[①]诸佛庵民团枪支当然也是桂旅猎获对象之一。此时,刚刚组建的商南红三十二师正向皖西边境游击,革命与反革命的武装冲突势在必发,迅速夺取民团枪支,避免被反动势力抢去就越发显得迫切。

适此时,六安县红枪会(习惯称"红学")头目陈乾士带着30多人(有快枪4支、盒子枪1支,其余都是大刀、钢锥)到诸佛庵附近的新店河设香堂收学生,扩充势力,也觊觎诸佛庵民团的枪支。在此紧急情况下,舒传贤决定立即发动诸佛庵民团起义。

舒传贤、刘淠西的策略是:利用诸佛庵绅商富户拥枪自保的心理,以"防止民团枪支被红学夺去"为借口,将民团30多支枪全部"秘密藏起",[②]对外说是为保枪支,实际上是防止被县政府或桂旅夺去,先保住这批枪支,用以武装赤卫队。刘淠西派朱体仁带一班人到新店河以师生关系拜会陈乾士并相机将陈处决。舒传贤调东北乡游击队数十人火速奔赴诸佛庵,朱体仁率戴家河民团一举将陈乾士徒众缴械,并逐出霍山县境后,亦火速赶到诸佛庵,协助刘淠西举事。

县长甘达用得知朱体仁打死陈乾士并缴了其徒众的枪械消息后,便派胡月斋、戴启明等3人带县自卫队一个班来到诸佛庵,以调查为名,准备借机夺取民团兵权,拿办刘淠西、朱体仁。城内党组织立即将此情况通知了刘淠西,刘一面设宴与胡、戴周旋,一面令朱体仁配合东北乡游击队控制了县自卫队一班人。当晚,刘淠西宣布民团起义,缴了县自卫队的枪,胡、戴连夜逃回县城。

驻县城的桂旅闻讯后,迅速扑向诸佛庵,敌大军压境,刚刚起义的民团无法与之抗衡,携快枪 40 多支迅速转移,为建立革命武装奠定了基础,这在当时确是不小的胜利。③

5月中旬,红三十二师已游击到金家寨、黄石河一带,舒传贤为加强党对革命武装的领导,便以中共安徽省临委巡视员名义,成立了中共六(安)霍(山)军事委员会,他兼任书记。军委会设组织部、训练部、枪械部、交通部及士兵运动委员会、游民无产阶级运动委员会。同时还成立了军委特务队,共 32 名队员,有长枪 30 多支、短枪 10 支。④特务队的枪支,大多是诸佛庵民团起义中所获得的。六霍军委会的成立及武装特务队的组建,标志着舒传贤已把革命武装置于党组织的直接领导之下,他已将党务工作的重心转移到军事工作方面,"党指挥枪"的思想十分明确。在中共六安中心县委尚在筹建阶段,六霍军委会实际上承担了六安、霍山等县准备发动武装起义的领导责任,其意义和作用是不可低估的。军委直接指挥的特务队是当时皖西地区成立最早、装备最好的一支新型的革命武装,也是今后创建主力红军的基础。舒传贤凭借这支革命武装,在六霍等县各处游击,由小到大,由弱到强,逐渐发展,终于燃起了六霍起义的熊熊烈火,成为起义的主力军。

诸佛庵兵变发生地(原诸佛庵镇老街)

第六章　领导六霍起义

诸佛庵兵变不久,5月17日,六安县西北区委又领导了武陟山农民暴动,两三千农民围攻五个地主圩子,打死了周启炳等恶霸地主,缴了20多支枪和1门土炮,分了地主的财产。5月19日,六安县委委员桂伯炎、袁继安又发动了南庄畈六保联络自卫团起义,将30多名起义人员组成了六区游击队,并于次日配合红三十二师首次攻克金家寨,击溃守敌汪东阁民团,活捉了从牛食畈逃来的民团头子杨晋阶。这三次局部起义的举行,标志着皖西地区的革命开始由日常的经济斗争、政治斗争发展到武装斗争的新阶段。成立六安中心县委,统一领导各县党组织,开展全面的武装斗争日益成为皖西革命的新任务。

担任中共六安中心县委书记

1929年5月,霍山县委、六安县委先后收到中共安徽省临委(驻芜湖)来信,催促成立六安中心县委,并指定舒传贤、吴宝才为中心县委委员,负责筹建工作。6月底,舒传贤在六安县委会议上提议请中央派巡视员来皖西指导工作,并派桂伯炎到上海找中央,抄回3月间周恩来主持召开的安徽扩大会议决议案,⑤以便按决议案精神开展工作。不久,中央派方英(化名高中林)为巡视员到达皖西。8月5日,方英在豪珠岭召开了六安、霍山、霍邱、寿县、英山、合肥6县党的联席会议(霍邱代表12日才与舒传贤等人见面),方英传达了中央指示精神,舒传贤汇报了六安中心县委筹备情况,会议提出了六安中心县委成员名单,报请中央批准。会议集中讨论了在六霍发动武装起义问题。会议决定:(一)各地的群众斗争应立即由经济斗争转为政治斗争;(二)积极组织赤卫队,加紧军事训练,准备武装暴动;(三)相机夺取反动民团的枪支,壮大革命力量,组织暴动;(四)在群众基础较好、群众发动较充分的中心区域,如六安县的独山、金家寨,霍山县的西镇、诸佛庵等地举行秋收大暴动。⑥会后,为贯彻大会决议,舒传贤等人到六霍两县中心区域加紧武装起义的准备工作。

9月,中共霍山县委在东北乡枣树井召开了第二次党员代表大会,舒传贤在会上传达了6县联席会议精神,着重部署了武装起义工作,并确定首先在西镇一带发动武装暴动,要求县委积极准备。由于舒传贤即将调任六安中心县委书记,不能继续担任霍山县委书记,会议对县委进行了改选,选举喻石泉(原名喻本立,化名喻宁)接任县委书记,吴仲孚(化名芦舒)等15人为县委委员。自此,舒传贤便全力抓紧筹建六安中心县委,部署各地武装暴动。在中央未正式批准成立六安中心县委之前,舒传贤已负皖西党组织的实际责任。

豪珠岭会议旧址

10月初,经过舒传贤、吴宝才的积极筹备,在六安县郝家集老母猪岭召开了上述6县党的代表会议,宣布了党中央8月17日关于同意成立中共六安中心县委的批示,选举舒传贤、周狷之、吴宝才、余道江、桂伯炎、许怡亨、范在中、翁翠华(女)、吴才干、朱体仁、谢为法、袁继安12人为委员,刘熙如等3人为候补委员。舒传贤担任书记,并由舒传贤、周狷之(组织部长)、桂伯炎(宣传部长)、吴宝才(工委主任)、余道江(农委主任)、许怡亨6人组成常委会。中心县委设秘书处、组织部、宣传部、工委、农委、妇委、共青团等机构,配备了负责人。中共六安中心县委正式成立是皖西地区革命史上的一件大事,自此,皖西各县党组织有了统一领导机构,党的领导核心形成。舒传贤肩上的担子更重了。

会议传达了党的六大会议决议及二中全会关于目前革命阶段新任务的指示,认真分析了皖西的形势,检查了全面发动武装起义的各项准备情况。舒传贤等中心县委成员认为,在六霍等县发动秋收起义的条件已经具备。从客观上看:"(1)因秋收不好,引起六安经济恐慌;(2)因财政困难,统治阶级的压迫力量薄弱;(3)因军阀混战,客军以少数军队守城,无暇顾及摧残;(4)红军(河南)已到金家寨,有信来要求到麻埠游击;(5)因六安西方多山,天然环境适于游击"。从主观上看:"(1)六霍两县已产生军委会,特务队有长短枪40多支;群众中有快枪百余支,与大刀会组织一块可组织3000人的赤卫队;(2)有干部40多人,在军事政治方面可以指挥"。⑦会议研究决定,首先在六安河口区(三区)举行武装暴动。因为"河口区工作很好,群众对党很有相当的认识,群众组织有2000多人",⑧这里离六安、霍山县城都较远,是偏僻山区,敌人武装力量不强。暴动时间大体定在11月中旬。

郝家集六安中心县委旧址

会后,舒传贤及全体中心县委成员立即分赴六霍各地,投入全面发动武装暴动的紧张工作。舒传贤作为中心县委书记,承担了领导武装暴动的全盘工作。11月16日,中心县委委员、军委主任朱体仁在郝家集壮烈牺牲,军委主任一职因无适合人选,一直未配备,"军委一切工作目前仍由书记计划去做"。⑨他既要部署全局工作,运筹策划,又要深入各地检查指导工作,还要

舒传贤传

抓好刚刚建立的中心县委机关各部门工作，真是千头万绪，十分繁忙。况且是在敌人严密侦察监视的恶劣环境之下工作。中心县委在给中央的第三号报告（1930年1月）中说："尤其是县委书记夏唯宁（舒传贤）在六霍工作太久，又曾被国民政府及省政府几次通缉"，"统治阶级对他极端注意，时时刻刻都在想法逮捕他，所以唯宁任书记工作非常危险"。他随时都有被捕遇害之危险，但他毫不畏惧，白天出门一定要化装，他经常夜间摸黑跋山涉水，奔波于崎岖的山间小道，忍饥挨饿、风餐露宿是常有的事，他以其坚强的意志克服了常人难以想象的艰难困苦。但他精神振奋、情绪高昂，因为他深知共产党人所从事的事业是为千百万人民谋利益的伟大事业，他对即将爆发的革命风暴充满了胜利的信心。

舒传贤关于六安中心县委工作情况给中央的报告

第六章　领导六霍起义

领导六霍总暴动

自1929年11月8日六安独山暴动爆发至翌年春,以舒传贤为首的六安中心县委在六安、霍山、霍邱等县发动了数十起农民武装暴动和民团兵变,史称"六霍起义"。并在起义胜利的基础上建立了各级苏维埃政权,开辟了皖西根据地。其中有的起义是舒传贤直接指挥的。

一、独山暴动

11月7日晚,六安县三区(河口)二乡农协常委兼秘书何寿全等3人因唱苏俄歌曲被独山自卫团魏祝三部拘捕。何身上带有农协会员名单,区委决定由区农协出面保释,但魏部勒要5000元和5支盒子枪才肯交保放人,激起群众愤怒。当时在该区巡视工作的中心县委委员吴干才、朱体仁与三区区委书记许希孟等紧急磋商,认为农协会名单不能落入敌手,何寿全等3人必须救回,决定以群众示威方式前往营救,同时写信将情况及意见火速报告中心县委。舒传贤、周狷之等人获悉后,决定立即暴动,于是原定于11月中旬的暴动计划提前行动。

8日晨,全区15个乡数千名农协会员按区委通知,手持大刀、长矛、钢锥、土枪,从四面八方涌向独山镇。中心县委成员和区委当即在清水塘召开了紧急会议,根据舒传贤等人指示,规定了暴动口令,研究了暴动方法。下午,数千名群众押着几个豪绅在前,土枪、大刀在后,将魏部驻地马氏祠团团围住,并缴了卫兵的2支枪。敌人慑于群众的强大声威,释放了何寿全等人,但愤怒的群众一发不可止,冲进马氏祠,又缴了十几支枪,并要敌全部缴械投降。敌人登上房顶,负隅顽抗,双方对峙到深夜。南岳庙民团百余人闻枪声赶来援敌,群众奋起抗击,激战1个多小时,毙敌4人,群众死伤10余人,"但群众情绪并不消沉",且愈战愈勇,把整个独山镇包围起来,"敌人胆怯遂放火逃走",⑩起义群众占领了独山镇。

9日,舒传贤、周狷之赶到独山,主持召开了中心县委、三区区委、区农协紧急联席会议。为了扩大这一斗争成果,当日发出通知,要求六安县各区和邻近各县立即举行暴动,独山附近的两河口、龙门冲、郝家集等地农民迅速揭竿而起,响应独山暴动。12日上午,舒传贤在独山镇主持召开了有2万多人参加的群众大会,追悼死难群众,号召大家继续战斗。"当有同志及农协会员相继登(台)演说时,他们指出了军阀混战加予人民的惨祸,豪绅地主对农民野蛮的剥削和榨取以及惨无人道的屠杀,群众皆为感动,齐呼为死难同志报仇,打倒豪绅地主资产阶级统治,反对军阀混战等口号。上午九时开会至下午二时散会,群众毫不倦容,复整队游行,沿途高呼口号,声振山岳"。⑪这次大会成了战斗再动员的誓师大会。

舒传贤为巩固独山暴动成果,指导成立了六安县三区革命委员会,推选出委员15人,内设政治部、参谋部、财政部、总指挥部,⑫鲍益三(朱雅清)任总指挥部指挥,黎本益、朱体仁(化名张锐)任副总指挥,方英任党代表,把起义武装编为6个游击队,每队12支枪。又从农协会员中挑选出2300人组成赤卫队,并确定了攻打麻埠的军事计划。17日下午,起义部队分三路攻打麻埠,由于敌人已固守未克。19日转为攻打龙门冲张汉卿家,中心县委机关亦随之设在龙门冲福兴寺内,"将张家粮食分发附近一带贫民",⑬并派人与游击队到流波䃥一带的红三十二师相约再攻麻埠,但由于六安城内陈耀汉旅大部队来麻援敌,游击队初建,屡战不胜,麻埠未克且被迫退出河口、独山,向霍山西南山区转移。

六霍两县各地党组织接到中心县委9日紧急通知后,纷纷举事响应。11月16日,六安六区区委发动古牌冲、南庄畈、七邻湾一带农民暴动,以区游击队为主力,又一次击溃汪东阁民团,缴枪40多支,成立了游击大队和行使政权的六区农民协会。霍山县委和东北乡区委发动农民扒地主稻谷700石、米商大米100多石,准备运往独山做军粮。六霍等县都在各地紧张准备暴动。

二、西镇暴动

舒传贤在独山布置工作后,立即赶到霍山与县委研究决定发动西镇暴动。

西镇是霍山县西部山区的统称。包括现在仍属霍山县的漫水河区、大化坪区一部分、原属霍山现属金寨县的燕子河、闻家店一带,纵横100余里。

因西镇位于大别山腹地,与湖北、河南接壤,是沟通鄂、豫、皖三省的交通要道,所以战略地位十分重要。

革命委员会旧址

西镇在暴动前,被刘佐廷为首的刘、郑、孙、王四大姓豪绅所把持。"豪绅势力比全霍任何地方豪绅都要稳固,他们在政治方面有西镇事务所,在军事方面有西镇自卫团,在经济方面有西镇经济维持会"。他们横行乡里,左右县府,俨然是一个"山高皇帝远"的独立王国,对人民实行极端残酷的统治。经过西镇党组织和党员的长期艰苦的工作,人民反压迫、反剥削的要求日益增长,并成立了一支游击队,发展农协会员500余人,为西镇暴动打下了基础。

独山暴动后,舒传贤和霍山县委书记喻石泉、县委委员吴仲孚等人到燕子河,与早在西镇工作的共产党员伍淑和等人开会具体研究布置西镇武装暴动问题。会议认为,党在西镇举行武装暴动的时机已经成熟。在客观条件方面:(1)六安的碑古、七邻湾农民起义成功,极大地鼓舞着西镇人民;(2)秋收大减引起人民群众经济恐慌;(3)财政困难,造成统治阶级实力空虚;(4)军阀混战,敌人内部矛盾激化;(5)商南红军三十二师已到金家寨有信要求游击西镇;(6)西镇一带都是大山,自然环境适合于游击。在主观条件方面:(1)西镇游击队有枪100余支(内有快枪10余支),加上一、三区的游击队及各地的赤卫队,有较强的力量;(2)党在西镇已建立区委,党员30余人,还有一个团支部和农协会员500多人,党完全有力量领导西镇暴动。会后,进入紧张的起义准备工作。舒传贤吸取了独山暴动教训,认为暴动要得到红军三十二师支持,否则游击队力量太弱,难以取胜。县委"曾派高起同志前往接洽",后又"派高起同志及少数同志担任红三十二师的响[向]导",⑭来西镇配合暴动。

正当西镇暴动处于一触即发之际,国民党西镇事务所秘密开会,决定对革命分子实行总逮捕,被列入反动派的黑名单、认为"可杀"的就有190多人。消息传出,群情激愤,区委根据县委指示精神,当机立断,决定先发制人,立即举行暴动。

11月19日,红三十二师师长周维炯带领红军80人,星夜赶到十区闻家店,配合当地的农民赤卫队200余人,一举将驻在闻家店的"十区民团包围劫械,陈队长先觉被擒,并分别包围余、刘、郑、陈、吴诸众"。⑮俘官兵20多人,缴获步枪32支。接着又打掉楼房湾豪绅地主余良池的反动武装,得钢枪20多支。捉住在长山冲周家院子吃"同心酒"的西镇地区反动的乡保长和团总王多宏等5名反动分子。起义队伍乘胜进军八区防地太子庙、良善铺、新铺沟、歇马台,最后进到西镇地区政治、经济中心——漫水河。"念二日,八区团械被劫,纪队长大畏住宅被焚",⑯自卫团官兵70多人被俘,西镇事务所、经济维持会等反动机构被捣毁。随后,又一鼓作气进入九区回头岭、上土市到黄栗杪、深沟铺、太平畈、何家坊。"念三日,九区民团失守……夏前团总槐清住宅被焚,长子被掳"。⑰西镇暴动获得全胜。红三十二师回师丁家埠,途中又"捎带打了三个保安团"。起义队伍深得民心,所到之处,贫苦农民无不箪食壶浆、热烈欢迎。于是起义农民"长驱直入,沿门开册,节至节添,愈演愈烈。"⑱暴动范围由闻家店、燕子河扩大到深沟鱼铺(现名古佛堂)、黄栗杪、上土市、杨家河、包家河、高山铺、太平畈、道士冲、新铺沟、烂泥坳等地,方圆百余里完全被农民武装占领,各乡都建立了苏维埃政权。赤卫队所到之处,豪绅地主纷纷逃到县城。反动派绝望嚎叫:"西镇、南乡数十保竟陷入共产党势力范围之中"。⑲"霍西半壁,变为赤区"。⑳

西镇革命委员会旧址全国红色旅游"1231工程"100个经典景区之一

西镇暴动的胜利,沉重地打击了反动势力,人民扬眉吐气。霍山民间歌手创作了这样一首革命歌谣,群众到处传唱:

> 河南老红军,来到我西镇。
> 钢枪打前提,后跟赤卫军。
> 先打闻家店,后打楼房湾。
> 回头捎带打了三个保安团,
> 打土豪,杀劣绅,
> 团总、反动消灭净。

由于西镇战略地位的重要,所以六安中心县委十分重视巩固西镇暴动的胜利,把西镇作为皖西根据地的中心来建设。暴动后,为"统一西镇起见,又组织一个革命委员会,暂时执行一切政治"。"在军事上,把所有武装完全集中西镇,一方面牵制敌人对西镇的进攻;一方面扩大西镇军事力量,准备在西镇建立根据地"。㉑不久在漫水河成立了霍山县第五区苏维埃政府,在闻家店成立了霍山县第六区苏维埃政府。统一了军事指挥,把游击队扩充到360人,分为60个小分队,由徐育三任总指挥。"并派多数同志担任群众组织和宣传工作"。㉒西镇革命政权的形成和军事力量的增加对反动派威胁极大。"当时独立旅因兵力薄弱未敢深入,后西镇残余自卫团勾结英山自卫团,侵霍边境三次都被打退,而城内自卫团进驻道士冲,吃酒打牌毫不戒备,遂被我军打败。彼方死8人,伤7人,而我得长枪17支,衣服用具多件,且彼方总指挥秦华轩亦受伤败回城内"。㉓

五区苏维埃政府旧址(原道士冲乡医院,现已拆毁)

西镇暴动胜利后,1930年1月,中共六安中心县委机关和六霍县委由六安龙门冲迁驻闻家店附近的灵岩寺。西镇成为皖西地区的革命中心区域和一块巩固的根据地。

三、桃源河暴动

独山、西镇暴动后,六安中心县委为了打通独山与西镇的障碍,使赤区连成一片,决定发动桃源河暴动。

桃源河是刘淠西的家乡,到 1929 年冬,已发展了 1000 多名农协会员,组织有 100 余人的赤卫队。

1929 年 12 月 16 日,徐育三带领西镇游击队一部 100 余人游击到桃源河,共产党员程学禄立即在程家老屋开会发动农协会员和赤卫队员与西镇游击队一起行动,开始暴动。当晚在蔡家山打了熊家大土豪,捉住劣绅熊士灿,没收 9 支快枪和一些子弹,武装了赤卫队 40 余人。次日,便将桃源河一带的枪支(快枪 30 多支)、弹药、刀矛等武器全部集中起来,武装了 300 多名赤卫队员。接着又打了刘长义、刘少林、刘长舫、程为之、程为贤、程理伦、程理福、程理纯等 8 个豪绅,将其财产全部没收,处死了罪大恶极的土顽杨老八、汪学华。

斗争持续了一个多月,这支农民武装西进赶跑了小堰口的民团,向东击溃了盘踞诸佛庵的国民党常备队,向南协助徐育三的"扁担队"打了落儿岭的盐店。将独山与西镇连接起来,使淠河以西的霍山境内成为赤区。

桃源河暴动一打响,诸佛庵共产党员陈德宏、张景惠、田兴文等人领导100 多名赤卫队员首先响应,赶走了王瑞芝的民团。新店河的共产党员郝修德、刘伯驹、胡开业等人将名为团练实为赤卫队的 300 多人集中起来,参加了六安三区负责人程跃亭领导的龙门冲暴动。打了土豪张家浩、俞德成、王德宝、王德为等家,并将劣绅王均丰当众处死。

经过以桃源河为代表的西乡一连串暴动,北到独山、东临淠河、南抵下符桥、西到西镇均成为赤区。霍山七区苏维埃政府随之成立,刘伯驹任主席,张景惠任赤卫队长。桃源河、新店河、戴家河、黑石渡、落儿岭等乡苏维埃政府或农民协会公开掌权,将赤区逐步扩大到县城边缘。

经过西镇、桃源河两起大暴动,霍山全县出现了连锁反应,爆发了一系列农民暴动,遍及全县东、西、南、北,形成了燎原之势。

四、白塔畈农民暴动,徐集江店民团起义

霍邱党组织根据六安中心县委部署,1929 年 12 月 20 日,在白塔畈发动了农民暴动。300多武装农民进攻大地主庄园王家老楼,缴枪50多支和18箱子弹。接着又打开七八个地主庄园,并在秋家楼打败民团,缴获了一批武器。在暴动胜利的基础上,白塔畈一带又组建了农民游击队。

在农民暴动的风暴中,一些为我党控制的民团相继起义。12月25日,六安徐集民团在中心县委常委周狷之及民团队长、共产党员毛正初的领导下,里应外合,起义成功。当夜,起义队伍西进,配合江店民团队长、共产党员李野樵发动的江店民团起义。两支民团起义队伍合编为六安县四区游击大队,毛正初任大队长,在南岳庙、真人庙、王氏祠堂一带游击,开辟了以王桥子为中心的游击区,并成立了六安县第四区革命委员会。

在领导六霍起义紧张战斗的日日夜夜,六安中心县委书记舒传贤作为武装起义总负责人,废寝忘食,备尝辛劳,终于积劳成疾。当年与舒传贤一起工作的储鸣谷(任六霍总暴动指挥部秘书)回忆说:"为了粉碎敌军的进犯,巩固和扩大皖西革命根据地,舒传贤同志经常夜以继日地工作,终于积劳成疾。他的身体更加瘦弱了,而且还患了当时很难治好的肺病。给我印象特别深的是:有一次,他在前方指挥战斗时,吐血不止,被从前方抬回六安中心县委所在地闻家店。他下了担架,一面吐血,一面仍坚持工作。同志们劝他到医院治疗,他说,形势如此紧张,工作如此繁忙,我怎么能去治病啊!他的心里想的是工作,唯独没有自己。这是多么崇高的革命情操!现在回想起来,仍然为之感动。"㉔

舒传贤除经常深入各地部署、指挥起义外,作为发动全面起义的主要领导人,他特别注意起义经验和教训的总结,注意纠正起义中右倾和"左"倾错误,使整个起义沿着正确的方向,健康地向前发展。独山暴动后紧接着攻打麻埠失利,在敌人压迫加剧的情况下,舒传贤在龙门冲及时召开了中心县委全体常委、三区区委、革命委员会总指挥部及党代表联席会议,"检查这次斗争中的错误及所得的经验与教训,并计划将来工作的方针","会议结果认为:这次斗争发动——由独山斗争到麻埠暴动,是接受并完全适合中央最近所指示的由日常斗争联系到政治斗争并联系到武装冲突,实行建立苏维埃,

第六章 领导六霍起义

以达到反军阀战争和武装拥护苏联的总的政治路线,无疑的是有广大的和正确的意义",同时,又认真检查了军事力量准备不足、军事训练缺乏、指挥系统不健全、交通联系不灵敏、与红军没有取得联系、缺乏战斗经验、轻敌等15条战略、战术方面的缺点和错误。尤其着重检查和纠正了党的领导思想、路线方面的错误。会议还研究决定了今后的工作路线:"(1)恢复和加强各级党部的经常工作。(2)扩大政治宣传,并且要注意和加紧对党员及群众宣传这次暴动的意义及所得的经验和教训。(3)扩大武装组织,改组游(击)队。(4)武装农民与党员。(5)训练干部。(6)洗刷党内的游移分子。(7)发起经济斗争。(8)肃清反动派的实力。(9)注意洗刷农协会内的游荡分子。(10)吸收工农干部分子入党。(11)注意秘密工作。(12)打破恐怖心理。(13)注意在无产阶级(中)建立党的基础。(14)肃清党内取消观念和右倾的思想。(15)建立党的统一指导机关。"对河口区委于攻麻埠失败后指导上的右倾错误进行了严肃的批评。"河口区委通知各支(部)及农协:(1)红色同志赶紧秘密起来,灰色同志暂停活动;(2)各乡所有赤卫队解散,另组侦察队(每乡十人),负责侦探敌人消息;(3)倘有白色军队来了,各乡仍旧送粮送草"。舒传贤等人指出:河口区委这样做"一面致游击队形成孤立,一面暴露取消观念和无抵抗主义,致使农民发生极大的恐慌并促白军更速的来到","还有一般同志和群众怀疑到发动这次斗争的意义,认为是盲动的无计划的"。㉕针对河口区委思想上及行动上的错误,中心县委决定立即派常委、组织部长吴干才和中心县委委员、军委主任朱体仁会同区委书记许希孟到郝家集按下列内容进行整顿:"(1)不缴清乡费;(2)农协会员及党同志一律不具出会押;(3)红色同志由家属说走了,上册不上册没有什么关系;(4)反对武装清乡;(5)反对士兵下乡乱掳;(6)做小标语普遍的粘贴;(7)反对借清乡名义敲诈钱财;(8)反对仇杀陷害;(9)回到区应召集活动分子会;(10)连环保用同志保同志,同时指示在白色恐怖下的秘密工作方法。"㉖11月16日,吴干才、朱体仁、许希孟等6人在郝家集被敌逮捕,壮烈牺牲,残暴的敌人将吴、朱、许3人首级割下"游街示众,群众闻之均悲切失声"。㉗舒传贤更是为

舒传贤传

失去党的好干部、自己的好战友悲痛不已。中心县委对强攻麻埠不克,造成不小牺牲进行认真的检查,认识到这是只凭群众勇敢激烈的情绪、冒险硬攻的"左"倾思想所支配。

舒传贤等中心县委成员正是及时总结了独山暴动的经验和教训,故在指导西镇暴动时注意了与红三十二师的联系,取得主力红军的有力支援,加之其他方面准备较充分,故一举取胜,损失很小。但他并没有被胜利冲昏头脑,对暴动后西镇曾一度出现的"无政府状况,遂派黎如同志来西镇整理群众工作及军事指导"。㉘经过血与火的锻炼,舒传贤的无产阶级立场更加坚定,领导水平也大大提高,能针对瞬息万变的形势制定正确的政策和策略,并对干部群众的革命斗争加以正确的指导。

创建红三十三师

六霍等县农民暴动和民团起义的连续爆发与胜利,引起了反动统治阶级的恐慌。各县反动政府与地主豪绅纷纷向南京政府和蒋介石告急。"这时恰值蒋介石的河南战争吃紧,接二连三的[地]电调驻六霍一带的陈[耀汉]独立旅集中郑州,六安城内的资产阶级更加恐慌起来,一面联电蒋政府挽留陈旅,并请增加援军,说:六安一带共产党起来,城池危急等语(每日3次电报,电话费花去三四千元),一面在城门及街口上设香案跪求陈旅,拦着士兵,不让开出"。㉙霍山豪绅更是"抢天呼地"㉚联名向蒋介石、省政府告急。在此情势下,蒋介石改变了从皖西抽调军队去鄂豫作战的计划,以陈耀汉独立旅为主力,集中近千名反动武装于1929年12月中旬向六霍苏区反扑。敌人仅在独山一地就杀害了共产党员和革命群众200多人,中心县委及各地领导干部亦有多人英勇牺牲。

面对这一严峻形势,舒传贤等中心县委成员认识到"在严厉的白色恐怖下,除了武装抵抗外,别无出路",㉛而且残酷的斗争实践说明,只有群众性的半脱产的赤卫队、游击队武装,已不能对付强大的、装备完好的敌人正规部队,要保卫并发展暴动成果、扩大苏区,必须在群众武装的基础上,像豫东南根据地一样,建立一支主力红军。舒传贤认识到建立主力红军是农村武装割据的必不可少的先决条件,皖西根据地是靠枪杆子开创的,而保卫根据地也必须用枪杆子。面对敌人疯狂进攻,建立主力红军益显迫切。

中共六安中心县委驻地(燕子河的灵岩寺)

1930年1月6日,舒传贤在六安县横旦岗九里冲召开了中心县委第二次全体委员会议,讨论了军事组织原则,并向合肥特别区委要一位懂军事的同志来皖西负责军事工作。不久,合肥特别区委派特区委委员徐百川(化名张开泰)来到皖西,参与六安中心县委筹建主力红军。紧接着,六安中心县委第十次常委会决定把西镇游击队编为安徽省游击队第二纵队,徐育三任纵队长;把中心县委直接指挥的独山起义武装编为安徽省游击队第一纵队,冯晓山任纵队长,并确定在流波䃥、麻埠一带建立军事中心,着手组建正式红军。

1月20日,中心县委研究决定,将第一、第二两支游击纵队集中到流波䃥,中心县委在此又召开了常委会与游击纵队党团会议,"遂决议改纵队为三十三师,推定[中心]县委书记夏唯宁改编各部队"。②舒传贤立即主持召开了游击纵队、游击大队党团负责人联席会议,将西镇、独山及金家寨等地游击队合编,取消原安徽省游击纵队番号,宣布成立中国工农红军第十一军第三十三师,创建了鄂豫皖边区继红三十一、三十二师之后的第三支主力红军。徐百川任红三十三师师长、张健民任政治部主任(数日后改由姜镜堂担任)。师部设政治部、军务处、军需处、参谋处、副官处及直属特务队。全师辖2个团:原第一游击纵队和六安六区游击大队(即金家寨游击队)编为一○六团,冯晓山任团长,余爱民为党代表,高廷栋为副团长;原第二游击纵队编为一○七团,徐育三任团长,孙能武(原名汪维裕)为党代表,李锡三为副团长。全师共200多人,内有党员40多人,建立了师党委。全师有长枪139支,短枪6支。每团设3个中队,中队下设小队。

舒传贤在霍山的流波䃥组建了皖西第一支正规红军——中国工农红军第11军第33师

红三十三师的组建,使皖西根据地有了正规主力红军。舒传贤在建军伊始,就很注意加强党对红军的领导。红三十三师直接归中心县委指挥,师部成立党委,每团都配备了党代表,中队建有党支部,党组织负责部队的政治思想工作。同时,他还十分注意红军战士的素质,建军不久,就"先后经过了两次淘汰",③从政治思想、组织纪律、勇敢精神等方面对红军战士从严要

第六章 领导六霍起义

求,使红三十三师真正成为对革命忠诚勇敢、特别能战斗的人民军队。该师的建立不仅对巩固和扩大皖西根据地起了重大作用,而且与三十一、三十二师形成掎角之势,互相配合,对保卫和巩固鄂豫皖根据地起了很大的作用。因此,它的创建者舒传贤的功勋永著青史。

"自三十三师成立后,因为想予统治阶级一个重大打击,树立红军的声威,同时也可以扩大我们的武装",㉞舒传贤根据霍山县委报告,建议三十三师将统治阶级武力比较薄弱的霍山县城作为首攻目标。1930年1月30日(农历正月初一)凌晨,红三十三师向霍山县城西门发起进攻,霍山县委集中游击队、赤卫队协同红军作战。舒传贤命令东北3个赤卫大队计2300余人埋伏于六霍通道"检查来往不轨的行人和准备敌人退却后缴械","又把三尖铺以北(六霍必经于此——引者注)的电线杆折断二根",㉟切断了六安与霍山的电话联系。当时霍山城内敌人的部署是:县自卫大队一中队60多人守西门,二中队由秦华轩率40多人守北门,三中队由王瑞芝率70多人守东门和南门。当日午前,红三十三师由西门强攻入城,在城内与敌激战于北门,赤卫队围攻东门。红军英勇激战至下午4时,敌军败退。红军打开监狱,放出在押犯50多人。但由于东门碉堡未能攻下,对红军构成威胁,加之红军初建,战斗展开后一时难于集中。为避免牺牲、保存实力,红三十三师便主动撤出霍山县城。一〇六团回师流波䃥整训,一〇七团开赴西镇肃清后方民团残部。是役,红军被俘3人,阵亡1人,伤2人。刚刚组建的红三十三师首战告捷"虽无大利,但政治影响扩大了,威吓统治阶级实在不小",㊱显示了红军的战斗威力。霍山县县长甘达用仓皇出逃,急电安徽省长:"霍城失守,请速派兵来援",㊲地主豪绅一片哀鸣。

指挥红军攻克霍山县城

六霍起义全面爆发,六霍等县基层苏维埃政权相继建立,必然受到反动统治阶级的疯狂报复。舒传贤的家先后6次被查抄,最后被放火烧为灰烬。哥哥传泗和妻子陈春如毅然参加革命,年迈的舒母带着孙儿(传贤之子)避难于霍山西乡。各地的共产党员、农协会员和基层干部经常被反动派捕杀。

舒传贤与中心县委成员面对目前形势,研究决定:一方面要扩大红三十三师的军事力量,并与红三十二师合作,锻炼三十三师的战斗力,打退敌人的军事进攻与经济封锁,保卫以流波䃮、麻埠、闻家店、燕子河为中心的赤区(长140余里、宽60余里),恢复被敌侵占的郝家集、独山之中心区域;另一方面要继续发动武装暴动,扩大六霍起义成果,壮大地方革命武装,普遍建立苏维埃政权。

舒传贤根据这一精神,又发动了霍山东南乡和东北乡农民暴动。

一、舞旗河、大化坪暴动

1930年2月28日(农历二月初一),红三十三师游击到霍山南乡舞旗河一带,舒传贤和霍山县委通知大化坪党组织,配合红军游击,举行暴动。大化坪党支部书记程玉清和党员江茂林率130多人、47支枪的赤卫队,迎接红三十三师,并立即暴动。活动在舞旗河、芦柴湾一带的共产党员解宗涛等人也率领农协会员起而响应。当日,红军和赤卫队击溃舞旗河镇自卫团数十人,处决自卫团队长黎元炳和反动地主李华俊,缴枪13支,占领了舞旗河镇,并乘胜进占大化坪镇,暴动取得胜利。中共霍山南区区委负责人胡祥仁、王发德在程氏宗祠主持召开群众大会,宣布成立霍山县第三区苏维埃政府,万世忠任主席,江茂林等人为委员。下辖良善铺、王家畈、留驾园、大化坪、俞家畈5个乡,各乡苏维埃政府也相继成立。

与此同时,共产党员方小五、金学未、吴成信等人发动了管驾渡、汪家冲暴动。由是,霍山南乡成为苏区,并与西镇联结起来。

二、东北乡大暴动

霍山东北乡是舒传贤的故乡,群众基础好,但处于六安、霍山县城之间,距两县县城都不甚远,且地属丘陵地带,无高山密林的自然屏障,故屡遭敌人摧残。成立最早的东北乡赤卫队归县委直接指挥,多在县境内游击作战。4月6日,六安县民团队长罗子和率自卫队到霍山东北乡下符桥一带搜捕农协会员,杨甲三率自卫队进剿舒家庙。民团刚到,就被农协会员数千人围住,东北乡赤卫队亦迅速从西镇回师东北乡,与民团激战数小时,双方成对

第六章 领导六霍起义

峙局面。六安中心县委常委会紧急开会研究决定,由舒传贤赶到东北乡亲自指挥。舒传贤星夜从闻家店赶到东北乡,与霍山县委、东北区区委研究决定:(1)由区委动员全区人民实行总暴动,由县委通知二、三、七区立即响应;(2)舒传贤写信立即派人到闻家店,速调红三十三师、三十二师火速来援;(3)在红军来到之前,立即发动舒家庙等地暴动。自7日开始,赤卫队与自卫团成胶着状况,舒家庙、团墩、但家庙等地相继暴动,二、三、七区有四五万群众纷纷赶来援助。

六安中心县委接舒传贤信后,立即调三十三师、西镇游击队日夜兼程,向霍山东北乡进发。此时,潜山独立师因请水寨暴动后受敌重兵压迫,已于3月转到霍山境内,后又转到闻家店与三十三师会合。红三十二师也在皖西游击。4月6日,红三十三师、西镇游击队、潜山独立师应英山县委要求,到英山游击。4月8日,三支部队会攻英山县城,激战数小时,占领了英山县城,缴枪16支、迫击炮1门及其他武器弹药。9日,红三十三师等部接到中心县委通知,主动撤出英山县城,三支部队立即返回西镇,与刚刚到达西镇的红三十二师会合,急速向霍山东北乡进发。

英山县城

4月11日,在红一军(1930年3月由原红十一军改编)军长许继慎、三十二师师长周维炯、红三十三师师长徐百川、潜山独立师师长王效亭等率领下,抵达霍山县城西20里的黑石渡和城南30里的管驾渡,与守敌激战,击溃两地阻敌,直逼霍山城下。此时,六安自卫团已在东北乡被赤卫队围困4天。红军抵达县城后,东北乡赤卫队亦迅速分兵一部,赶到县城东门外,配合红军攻城。

4月12日上午6时,红军首先从西门发起猛攻,守敌被击毙数人,遂紧闭城门逃入城内。红军缘梯登上城墙,烧毁城楼,打开城门,大部队潮水般地涌入城内。与此同时,南门亦被红军攻破,东门、北门继之。霍山城内仅有自卫队200余人枪,县长甘达用知县城难保,已于城破之先派员前往六安求援并商借子弹,无奈六安驻敌无法往援,子弹亦难接济。红军入城后,遂与敌展开肉搏巷战,尤其是城之北门,得而复失,失而复得,反复争夺,战斗十分激烈。由于红军英勇顽强,且得到赤卫队的支持,敌兵力薄弱,子弹不支,激战至中午12时,敌溃退出城。县长甘达用所率溃敌在向六安苏家埠逃窜途中,在下符桥、三尖铺、青山一带又遇东北乡赤卫队堵击,敌溃散甚多。甘逃至苏家埠,后又逃至六安城内,虽屡向上司求援而不得。县自卫团第二中队长兼县政府第一科长秦华轩被红军击伤后,逃至城东门外盛家湾被红军活捉,于南门外处决,副队长桑世炳亦在战斗中被红军砍杀。是役,红军计击毙敌100多人,缴获钢枪80多支。[38]"县府人员多不及走,鉴印员已阵亡,县印、省密、私章均失,库款存洋四千余元也失"。[39]红军打开监狱,没收县政府及富商财产。愤怒的群众还烧了隐藏反动分子的天主教堂,处决了两名助敌反共的西班牙籍神甫。

红军克城后,乘胜进兵下符桥、三尖铺、舒家庙,全歼被赤卫队围困的六安两队民团。至此,霍山东北乡暴动获得全胜。霍山县第一区(东北区)苏维埃政府即在团墩成立,主席朱祥太。下符桥、大河厂、但家庙、舒家庙、三尖铺等9个乡苏维埃政府相继成立,霍山东北部全成为苏区。霍山县第二区(城区)苏维埃政府同时在城关成立,主席王燮。

红军攻占霍山县城,群众一片欢腾,杀猪宰羊犒劳红军。舒传贤于当日下午,在数万人参加的群众庆祝大会上,宣布了霍山县苏维埃政府成立。这是皖西地区以及安徽省的第一个县级苏维埃政府,机关设于西大街。县委机关也迁入城内。六安中心县委大部分成员、红一军、三十三师、三十二师、潜山独立师领导干部均集于霍山县城内。中心县委与上述各部举行了联席会议,总结了东北乡大暴动及攻占霍山县城的经验,研究了下一步行动计划。根据联席会议布置,红三十二师仍回商南,红三十三师配合潜山独立师向霍山东南游击,协助潜山建立苏区。于是又发动了霍山东南乡的农民暴动。

东北乡农民大暴动及红军首次攻克霍山县城,是在舒传贤直接指挥下的一次大胜利。舒传贤不仅是优秀的党务工作者,而且是卓越的军事指挥者。

三、胡家河、黄尾河、头陀河暴动

胡家河、黄尾河、头陀河位于霍山东南,全是深山区,与潜山、舒城等县接壤,是霍山至安庆的通道。1930年1月,舒传贤指示霍山县委要积极同潜山党组织建立横向关系。为此,霍山县委邀潜山县委委员、衙前区委书记王效亭来黄尾河与霍山南区区委负责人胡祥仁、蔡世钊、党员方小五及舒城沈家桥党员朱廷阶等人在胡祥仁家秘密开会,讨论霍山、潜山、舒城三县边区发动武装暴动问题。会后,王效亭到潜山北部的石关、方小五到霍山东流河,胡祥仁到头陀河(当时属霍山县,现属岳西县),蔡世钊到胡家河,朱廷阶到舒城沈家桥等地分头发动,并以头陀河为中心成立了100多人枪的赤卫大队,积极准备暴动。2月4日,潜山请水寨暴动爆发,组建了以王效亭为师长的潜山独立师。3月,潜山独立师受三路敌人压迫,王效亭率部转入霍山境内(因为潜山北部驻有敌人重兵)。3月下旬,头陀河地主胡锡文、胡锡佑与东面的六安县东西溪联防队、南面的潜山马家畈团防队及西边的霍山五区自卫团勾结起来,成立了头陀河团防总队,阴谋扼杀即将兴起的农民暴动。霍山县委与舒传贤研究决定:先发制人,趁敌团防总队兵力尚未集结之

舒传贤传

际,立即发动暴动。

4月1日晚,胡祥仁率赤卫队偷袭头陀河,处决了反动分子胡锡文、胡锡佑等3人。次日在石盆召开群众大会,宣布暴动,赤卫队迅速发展到300多人,暴动区域扩展到周围十几个乡。25日,潜山独立师与红三十三师一部根据舒传贤的部署,从霍山县城挥师南进,与胡祥仁、蔡世钊的赤卫队会合,共1000多人,一举攻克青天畈,击溃敌自卫队700多人,俘敌50多人,缴枪40多支,夺粮两三万斤。28日,各路大军汇集头陀河,宣布成立了霍山县第四区苏维埃政府,徐坤任主席。赤卫队发展到3个大队,有400多人。四区所辖10个乡苏维埃政府相继成立。霍山东南部纵横百里尽成赤区,且与潜山北部苏区连成一片。至此,霍山县全境赤化,成为土地革命战争时期安徽省唯一的赤化县。

《中共安徽省委给中共中央的报告第一号》确定"红色区域以霍山作中心"

霍山县地处皖西中心,是六安、舒城、潜山、英山、商城等县的结合部。舒传贤亲自指挥的东北乡等地大规模的武装暴动,实现了全县赤化,建立了县、区、乡苏维埃政府,使霍山成为全省"红色区域中心",⑩对周围地区产生

第六章　领导六霍起义

巨大影响。六安中心县委明确指示:"霍山西镇区应向英山、罗田两县境内发展;霍山东区应向六安老观嘴、东西溪一带发展;霍山南区应向舒城境内发展;霍山孙家店(畈)近郊应向潜山境内发展。"⑪霍山东北乡暴动,带动了近邻的六安县毛坦厂、南官亭、嵩嶚岩、东河口、凤凰台及至舒城县局部地区的农民相继暴动(习惯称之为"六安南山暴动")。1930年4月,六安县三区赤卫队再次摧毁了在郝家集、西河口等地建立的反动统治,建立起一支200多人的游击队。西镇暴动直接支援英山,推动了英山东乡暴动。南乡暴动后,潜山独立师再克水吼岭。这样,皖西根据地已初具规模。红三十三师组建前的农民暴动、民团起义为皖西根据地的开辟阶段,其后掀起以霍山东北乡为代表的大规模武装暴动则是皖西根据地的形成阶段。到1930年4月,在六安、霍山、霍邱、英山、潜山5县毗邻地区,初步形成了东抵淠河,西接商南,南至金家铺、水吼岭,北至白塔畈、丁家集,东西100多里、南北200多里,人口40余万的皖西革命根据地,并逐步与鄂豫边、豫东南根据地连成一片,成为鄂豫皖根据地的重要组成部分。

皖西革命根据地的创建是千百万人民群众英勇奋战、流血牺牲的成果,是六安中心县委及各级党组织正确决策、正确领导的成果。这其中,作为中心县委书记的舒传贤出力最多、贡献最大,他是当之无愧的皖西根据地的创建人。他在指挥军事的同时,又挑起了巩固苏区、建设苏区的革命重担。

▎参考文献 ▎

①《民岩报》各县新闻·霍山(1930.4.22),原件存南京第二历史档案馆,抄件存霍山县党史办。

②③④⑤⑧《舒传贤关于六霍党务军事情形给中央的报告》(1929.9.2),载中央档案馆、安徽省档案馆编《鄂豫皖苏区革命历史文件汇集》,第四册,第2页、2页、4页、5页、1页,1985年12月印。

⑥储鸣谷:《决定全面发动六霍起义的两次重要会议》,载《六霍起义》,第219页,中共党史资料出版社,1989。

⑦⑩《巡视六安中心县委报告——关于经济、政治、党的组织和群众斗争的情况(1930)》,载中央档案馆、安徽省档案馆编《鄂豫皖苏区革命历史文件汇集》,第四册,第67~68页、68页,1985年12月印。

⑨《六安县委报告第五号——关于最近工作情况》(1930.4.17)，载中央档案馆、安徽省档案馆编《鄂豫皖苏区革命历史文件汇集》，第四册，第141页，1985年12月印。

⑪⑫⑬㉕㉙《六安中心县委报告——独山暴动后六安的政治、军事情形》(1929.12.4)，载中央档案馆、安徽省档案馆编《鄂豫皖苏区革命历史文件汇集》，第四册，第6页、8页、10页、11页、7页，1985年12月印。

⑭㉒㉓㉘㉞㉟㊲《霍山县委关于经济、政治等情况的报告》(1930.4.17)，载中央档案馆、安徽省档案馆编《鄂豫皖苏区革命历史文件汇集》，第四册，第173页、173页、174页、173页、168页、168页、163页，1985年12月印。

⑮⑯⑰⑱⑳《霍山西镇绅董孙树东等20人呈国民政府文》(1929.12.13)，原件存南京第二历史档案馆，抄件存霍山县党史办。

⑲㉚《霍山刘佐廷等给蒋介石的报告》(1930.2.3)，原件存南京第二历史档案馆，抄件存霍山县党史办。

㉑㉛㉜㉝㊱《六安县委军事报告第一号》(1930.2.20)，载中央档案馆、安徽省档案馆编《鄂豫皖苏区革命历史文件汇集》，第四册，第52页、53页、53页、54页、55页，1985年12月印。

㉔储鸣谷：《皖西英华》，《星火燎原》第四辑，1981.5。

㉖《六安县委报告第四号——关于政治、经济情况》(1930.2.18)，载中央档案馆、安徽省档案馆编《鄂豫皖苏区革命历史文件汇集》，第四册，第25页，1985年12月印。

㉗《六安县委报告第三号——关于最近的政治情形》(1930.1)，载中央档案馆、安徽省档案馆编《鄂豫皖苏区革命历史文件汇集》第四册，第19页，1985年12月印。

㊳《民岩报》(1930.4.22)载："自卫队损失枪160支"，原件存南京第二历史档案馆，抄件存霍山县党史办。

㊴《霍山县长甘用达致中央国民政府电报》(1930.4.14)，原件存南京第二历史档案馆，抄件存霍山县党史办。

㊵《安徽省委给中央的报告第一号》(1931.2.23)，载中央档案馆、安徽省档案馆编《安徽革命历史文件汇集》第二册，第403页，1987年1月印。

㊶《六安中心县委关于六霍六县目前工作计划的决议案》(1930.4.1)，载中央档案馆、安徽省档案馆编《鄂豫皖苏区革命历史文件汇集》，第四册，第123页，1985年12月印。

第七章
尽职尽责　建设苏区

鄂豫边、豫东南、皖西三块革命根据地及三支主力红军的创建和发展，为建立鄂豫皖根据地奠定了基础。1930年3月，中共中央决定将三省边区19个县(后增至22个县)划为鄂豫皖特别区，成立中共鄂豫皖特别区委，郭述申任书记。六安中心县委归鄂豫皖特别区委领导。同时将红三十一、三十二、三十三师合编为中国工农红军第一军，由中央军委指挥，军长许继慎。5月23日，红三十三师改编为第一军第三师，师长周维炯，下辖一〇六、一〇七团，共300多人，主要在皖西活动。

皖西根据地形成后，摆在舒传贤及六安中心县委面前的任务是如何巩固苏区、建设苏区。开创苏区艰难，但保卫苏区、建设苏区、开展土地革命，则更为艰巨复杂。若单凭军事力量来巩固、建设苏区，是不能实现土地革命的最终目标。舒传贤带领六安中心县委一班人在领导武装斗争的同时，不失时机地加紧了苏区的党、政权、武装、经济、文化等方面的建设，全面开展了土地分配工作。到1931年1月中共皖西分特临委成立、六安中心县委撤销时，皖西苏区已基本巩固，各项建设已初见规模，并且在工作实践中创造了很多具有皖西特色的经验，丰富了土地革命的内容。

主持七邻湾会议和六区苏维埃会议

在六霍起义后，舒传贤对前面的工作经验作了总结，同时，提出新的战斗任务,主张把武装斗争、苏区建设和土地革命紧密结合起来,使三者同步发展。1930年3月21日至25日在六安县七邻湾召开了中心县委及所辖六县、红三十三师党的联席会议。会后,舒传贤又指导六安县六区区委于4月13日到17日召开了区苏维埃代表大会。这两次会议对指导皖西苏区建设、开展土地革命起了很大的推动作用。

六县联席会议旧址(七邻湾关帝庙)

舒传贤听取了七邻湾联席会议的工作报告,并"依照中央最近的通告及六县的经济政治和群众的革命形势"[①]总结"过去的一切斗争经验",提出了"动员六县全党同志""推进六县的革命高潮"[②]的总任务。对皖西苏区各方面工作,会议分别作出了9项决议案:(1)接受中央反对机会主义反对派之决议的决议;(2)政治任务决议案;(3)六县工作计划决议案;(4)群众工作决议案;(5)军事问题决议案;(6)宣传教育工作决议案;(7)纪律问题决议案;(8)秘密问题决议案;(9)对六县CY工作决议案(CY是英文"中国共青团"的缩写)。这些决议案,规定了党在各方面工作的具体任务。

第七章 尽职尽责 建设苏区

党在政治上的任务是：坚决反对帝国主义瓜分中国和国内的军阀混战，推翻豪绅地主买办资本家的统治，建立工农兵代表会议（即苏维埃）政权；坚决反对机会主义与托洛茨基反对派；加紧领导群众开展武装斗争，进行土地革命，扩大苏维埃区域，壮大红军的力量；扩大党的政治宣传，争取广大的无组织群众围绕在党周围。

党在组织上的任务是：加强党的无产阶级意识，克服小资产阶级和农民意识；扩大党的无产阶级基础，吸收工农同志参加党的指导机关，实行干部工人化、党员军事化；切实训练工农干部，提高党员政治水平；加强组织生活，切实执行党的纪律，纠正党内右倾和"左"倾思想。

党在工人运动中的任务是：加强各城市产业工人运动，鼓动工人反对黄色工会，注意在合肥城、三河镇、六安城、寿县城、正阳关等处工人群众中建立赤色工会组织；发动工人开展斗争，争取工会公开的活动；建立农村中雇农工会的组织，并加强对农民的领导；注意城市工人与乡村农会的联系工作。

党在农民运动中的任务是：加强农会中雇农、贫农的领导权；加紧组织农民武装，领导农民群众开展日常斗争，以走向大的政治斗争直至武装起义；苏维埃区域应采用各种方式鼓动农民群众起来执行目前一切革命任务。

党在游击战争与红军中的任务是：扩大红军的武装，红军军事行动应注意与邻县及附近地区斗争相配合；扩大游击战争的范围及赤色区域；游击战争必须与城市工人斗争相联系，从游击战争中训练士兵，扩大党与群众的组织；在游击战争中要加强党的领导，坚持完成土地革命的任务。

此外，会议还规定了党在兵运、农运、妇运等方面的任务。

为了克服过去六县党在工作中的缺点，完成当前的革命任务，会议还规定了各县开展工作的中心区域。会后，六安中心县委向中央建议成立中共皖西北特委，除领导原辖六县外，还应领导潜山、舒城、凤台、阜阳、颍上5个县，协调统一各县更好地开展工作。

七邻湾六县联席会议所作出的各项决议案在当时的条件下不可能十分

完善,甚至提出"加紧反对国民党各派及第三党""执行中央最近指示反富农的策略"③的错误主张。总的说,其他各项任务的提出是正确的,经过努力是可以实现的;决议中规定的工作方法、斗争形式也是正确的,舒传贤等人的功绩仍应予肯定。

六霍起义后,皖西苏区的苏维埃运动出现高潮,各级苏维埃政府如雨后春笋,普遍而迅速地建立起来。苏维埃运动是新生事物,如何正确地指导这一运动,舒传贤认为必须先在基础好的地方进行试点,以便总结经验,指导全面。因此,舒传贤指导召开的六安六区苏维埃代表会议,实际上是中心县委建立苏维埃政权的示范会议。六安六区(金家寨)群众基础较好,是皖西中心区域之一。1929年区农协就进行过减租斗争,皖西根据地形成后区委即着手筹备苏维埃政府。舒传贤对此很重视,指导成立了由区农协、雇农工会及各乡农协执委组成的筹备委员会,自3月15日起,开过3次筹委会,印发了《建设苏维埃政府宣传大纲》,规定了苏维埃代表按选区由选民公开推举的选举办法,制定了《土地政纲实施细则》《森林办法》《债务办法》《雇农工资办法》《手工业工人办法》等政策性文件,供代表们讨论通过。4月13日大会正式开幕,到会代表132人(其中工人36人,农民42人,妇女36人,兵士6人,小学教员5人,区农会代表6人,筹备委员代表2人),"开幕典礼计群众参加者共有3万人",④是一次经过充分发动、精心准备的盛会。会议选举成立了六区苏维埃政府,对上述政策性文件作出了决议案,并由中心县委上报中央;同时下发各县参照执行。决议案中尤其是《土地政纲实施细则》和《森林办法》结合皖西多山的实际情况,对指导各地开展土地分配起了很大的作用。这是两份有皖西特色的区域性政策法规,凝聚了舒传贤等人的集体智慧,反映了他们的政策水平。据考证,《森林办法》是土地革命战争时期仅迟于中央苏区的第二部有关林业的政策法规。会议所通过的《雇农工资办法》《手工业工人办法》由于过高地提高工人工资而苏区缺乏物质基础,故基本没有施行。

第七章　尽职尽责　建设苏区

加强党的建设

舒传贤回皖西后,始终把党的建设放在重要位置,有关他在建党初期加强党的建设方面的情况,本书第五章已有记述。这里着重介绍他在任六安中心县委书记期间,加强党建方面的情况。

加强中心县委自身建设。1929年10月初,经党中央批准,六安中心县委正式成立(机关设在六安郝家集)时,所选的12名委员和3名候补委员都是政治可靠、立场坚定、有实践工作经验、经受过斗争锻炼和考验的皖西革命中坚分子,这由中心县委给中央的报告中所介绍的各人成分、简历、任职分工等情况可见其大概。中心县委设秘书处、组织部、宣传部、工委、农委、兵委、妇委及共青团等职能机构,且配备了干部,各司其职、各负其责。舒传贤等中心县委成员从斗争实践中认识到,"健全六霍党的(自县委到支部)组织基础,加强其领导力量,是决定六霍革命胜利一切的先决条件"。⑤党组织注重制度建立,规定"全县代表大会六月一次,积极分子会议三月一次,全委(会)一月一次,各部联席会半月一次,如此组织经济[验]上告诉我们,能使各部工作与上下机关很密的联合起来"。⑥为了解下情,更好地根据实际情况指导各地工作,中心县委还制定了巡视、汇报制度:"中心县委每三个月到各县巡视一次,县委每月到各区巡视一次,支部书记与干事每周须参加小组会议","各级党部应按期对党员群众报告自己的工作","小组每周向支部报告工作一次,支部每周向区委报告工作一次,区委每半月向县委报告工作一次,县委每月向中心县委做详细报告一次。由中心县委转报中央"。⑦这种认识和建立健全各项制度的做法,在当时战争环境下是十分不易的,且对今天仍有借鉴意义。

独山暴动后,由于敌人反扑,六安中心县委机关被迫从郝家集迁出,一度没有固定场所,随时转移,但与各区仍有一个交通机关经常联系。攻打麻埠失利后,六安中心县委机关暂时迁到六霍边界的龙门冲。11月16日,中心县委常委、组织部长吴干才和委员、军委主任朱体仁在郝家集壮烈牺牲,中心县委常委、宣传部长桂伯炎因工作需要留在六安六区工作。舒传贤及时对领导班子进行了充实调整，由周狷之担任宣传部长、田守仁（化名荣恒）担任组织部长。军委主任一职因一时无适合人选，暂未配备，其工作由舒传贤直接负责。1930年9月，周狷之被捕牺牲，舒传贤又及时对中心县委常委进行了调整，增补杨季昌为常委兼组织部长，增设青年部，由江承新任部长。西镇暴动胜利后霍山六区和六安六区成为一块比较巩固的根据地，中心县委机关遂迁到霍山六区闻家店办公，工作环境相对稳定、安全，并在此一直坚持到1930年9月初。

闻家店位于大别山腹地，距六安、霍山县城均在百里以上，西北与河南丁家埠邻近，西边与湖北黄安、麻城遥相呼应。这里万山重叠、树大林密，一条山溪穿过闻家店小街蜿蜒而下。中心县委机关就设在小溪源头的狮子岩下的灵岩寺内，由灵岩寺缘溪而下约百米处的罗家桥是共青团机关。距罗家桥3华里的余家院子（原是地主余良远的庄园）是中心县委机关对外联络站，也是进出中心县委机关的检查哨所。与余家院子相距50米的闻氏祠堂，是中心县委开办的六霍干部学校。与闻氏祠相望的小山上有座东岳庙，以后成立的六霍暴动总指挥部就设在这里。闻家店，这个昔日偏僻寂静的小山村，自中心县委机关迁来后，变得十分热闹，参加各种会议的，汇报请示工作的，人来人往，络绎不绝。

六安中心县委机关在闻家店这一相对安全的稳定地点办公，舒传贤进一步抓紧党的建设。对所辖各县都恢复或建立健全了党的各级组织，配齐了领导干部，设置了办事机构，实行党员"分工集体化"，即党委集体领导、委员分工负责制，各项制度也大都得到了施行，各级党组织都有明确的任务和责任。据现有文献统计，在舒传贤担任中心县委书记一年多的时间里，计召开常委会29次，临时常委会6次，全委会3次，各种联席会5次，且都有详细记录，通过了一系列决议案，对指导皖西各县工作起了很大的作用。在战争频仍的环境下，仍能坚持党的民主集中制是很难能可贵的。

加强党的组织建设，很重要的一条就是积极慎重地发展党员。这是关

第七章 尽职尽责 建设苏区

系到党组织的纯洁和政治素质问题,这一思想在舒传贤创建党组织之初就有所表现,中心县委成立后,则更为完备。中心县委规定吸收党员的标准是:"甲,过去无反动言论者;乙,能吃苦耐劳者;丙,有阶级觉悟者;丁,现在积极参加工作者;戊,能服从组织者",还规定:"注意在业的手工业工人及雇农、店员"中发展党员,对知识分子入党从严要求;⑧把在斗争中涌现出的有阶级觉悟、工作积极、遵守纪律的先进分子吸收入党,增加党的新鲜血液。到1931年1月皖西分特临委成立时,虽经国民党反动派的残酷屠杀,中心县委所辖各县党员仍有较大发展,共有党员2400多人,⑨是中心县委刚成立时党员总数的3倍。支部是党的最基层组织,是战斗的前沿阵地。舒传贤对支部建设很重视,规定了支部的任务、目标、具体工作内容,如定期开会,缴纳党费,贯彻执行上级指示,学习文件,发展新党员,发动群众、宣传群众,调查研究,定期汇报,选好支部书记等等。在工厂、农村、学校、机关、群众团体及红军、游击队中普遍建立了党支部,把党的领导落实到最基层。纪律是执行路线的保证,中心县委强调各级党组织"执行铁的纪律",对违纪党员处理很严格,领导干部也不例外。

在思想建设方面,舒传贤对党的性质有十分明确的认识:"我们的党是无产阶级先锋队。"⑩党的宗旨是为人民群众谋利益。为了保持无产阶级政党的先进性和纯洁性,中心县委要求"各级党组织坚持不懈地用马克思列宁主义教育党员和干部",要"加强干部的教育工作,运用一切机会和方式训练工农干部"。⑪举办各种类型的干部训练班。中心县委在战事十分频繁的情况下,举办过高级干部训练班2期、初级干部训练班4期,⑫向学员们讲授政治、工运、农运、妇运、青运等内容,结合工作实际,学习《中央通告》《红旗》及有关方针政策,以提高干部的理论水平和工作能力。中心县委还十分重视宣传工作,各级党委都设立了宣传部,部长一律由常委兼任。连基层党支部也配备有宣传干事,"专负计划、执行、督促、调查等宣传工作之责",⑬如翻印和发行中央和上级各种文件、党报、党刊及宣传材料;根据各个不同时期的形势、任务和群众要求,制定适当的宣传鼓动口号,"继续不断地出宣言、壁

127

报、画报、标语,以扩大深入党的政治影响"。⑭举办各种"运动周、讲演会、新剧团",在闻家店等中心区域曾演出《混战》《独山暴动》《夺取政权》《新生活》等自编剧目,⑮写当地人,演当地戏,深受群众欢迎。

此外,六安中心县委还要求各级党组织"不要包办苏维埃"及不要"以党代农〔协〕"、不准强迫命令群众,也就是加强党的作风建设,要发挥政权、农协的职能作用,党要管党。

总之,舒传贤在任六安中心县委书记期间,在党员教育、干部培训、健全各级组织、建立各项制度、严格党的纪律、要求党的干部和全体党员在斗争中发挥先锋模范作用等方面做了大量建设性的工作,为皖西党建工作总结了集体智慧,积累了丰富的经验,这一优良传统,我们今天仍应继承。

深入进行苏维埃政权建设

土地革命战争的中心任务是武装推翻国民党反动政权,建立工农专政的苏维埃政权。舒传贤及皖西各级党组织对这一中心任务十分明确。六霍起义中,六安中心县委就及时指出:"现在我们暴动,打土豪,杀劣绅,不仅是把富人打倒就算事,我们还要把富人用来杀穷人的一把刀夺过来,拿在穷人手里,这样才能永远不受富人欺。苏维埃政权也就是从富人手中夺过来的一把刀。"⑯在这一思想指导下,各级党组织在准备发动武装暴动中,一般都秘密筹建了相应级别的苏维埃政府或革命委员会,暴动一胜利,立即向群众公布,并行使政府职权。这也是皖西苏维埃政权建设的一个显著特点。独山暴动后,立即建立了六安县三区革命委员会;西镇暴动胜利后,马上宣布西镇革命委员会成立,不久就在燕子河建立了霍山县六区苏维埃政府,在漫水河建立了霍山县五区苏维埃政府,"行一切政治"。⑰到1930年春,在皖西各县,凡举行武装暴动并取得胜利的区、乡基本上都建立了相应级别的苏维埃政府,或先建立临时行使政权职能的革命委员会(或办事处),随后便通过选举正式建立苏维埃政府。区苏维埃政府一般选举执行委员13人至15人,其中常委5至10人,每区辖9至15个乡不等,大部分乡成立了苏维埃政

第七章　尽职尽责　建设苏区

府,有少数乡仍由农协组织行使政权。村一级政权一般仍保留农协支会,由农协支会行使政权。

1930年4月12日,红军攻克霍山县城,赶跑了国民党反动县长甘达用,立即宣布成立霍山县苏维埃政府。这是土地革命战争时期安徽省最早成立的县级工农政权,其组织者就是舒传贤。早在1930年2月(农历正月),红军第一次攻克霍山县城后,在革命形势迅猛发展、县境西部已经建立了三个区级苏维埃政权的条件下,舒传贤准备建立县级苏维埃政权。于是在闻家店与霍山县委一起着手筹建霍山县苏维埃,在燕子河主持召开了霍山县各区、乡干部和积极分子会议,选举产生了霍山县第一届苏维埃政

霍山县首届县苏维埃政府旧址

府委员会。所以在4月12日下午,即红军攻克县城、肃清守敌后,即召开了有数万军民参加的县苏维埃政府成立大会,设政府机关于城内西大街。主席曹品三(原名汪正发),政府委员会执行委员21人,候补委员5人。并从执委中选出曹品三、高维琪等9人组成常委会。县苏维埃政府设立土地、经济、裁判兼肃反、粮食、武装、财政、文化、交通、赤卫等委员会,分管全县各项行政。下辖一区(舒家庙)、二区(城关)、三区(管驾渡)、四区(杨家河)、五区(漫水河)、六区(燕子河)、七区(诸佛庵)区苏维埃政府、70多个乡苏维埃政府(或农协)。区、乡苏维埃政府机构设置大体与县相同。霍山全县近20万人民群众获得翻身解放。全县上下,一片欢腾,各地军民都召开了庆祝苏维埃政府成立大会,用大会讲演、发《告同胞书》等方式宣传苏维埃政权的性质和任务,鼓励群众进一步组织起来,为保卫新生的苏维埃政权而与反动政府继续战斗。县苏维埃政府大门上贴着红彤彤的对联:"霹雳一声打破六霍黑

暗,毗邻两县现出灿烂红光。"县文化委员会还印发了歌颂红军、歌颂暴动的歌词、歌曲、标语、口号,在全县各地张贴,"连山冲小道也贴得花花绿绿"。⑱

舒传贤和六安中心县委认识到,新生的苏维埃政权在本质上不同于历史上任何剥削阶级的政权,它"是工农民主专政的政权,是彻底替工农兵谋解放的政权,与地主资产阶级国民党政权完全对立,它的组织原则是立法行政合一,完全运用民主集中制"。⑲人民群众破天荒地当家作主,享有充分的民主权利,首先是选举权和被选举权。舒传贤会同中心县委成员根据皖西实际情况,制定了《苏维埃选举权和选举法》,规定苏维埃代表由工农群众和其他劳动者选举产生,凡年满16岁的工人、"手工业者及体力劳动者"、不以剥削为目的而自己劳动的农民"(包括雇农、佃农、贫农、中农)、小学教师、学生、店员、医生以及其他自由职业者""过去努力无产阶级、努力革命者""不论种族、男女、居住之久暂","均有苏维埃选举权及被选举权"。而"土豪劣绅地主反动派",当过统治阶级警察、宪兵、马弁,有反革命行为者,皆剥夺其选举权和被选举权。⑳这就从根本上确定了劳动人民的政治地位和民主权利,而剥夺了一切反动阶级的政治权利。

舒传贤指导制定的苏维埃选举法规定:"区苏维埃政府确定五百农民选举代表一人,工人和士兵皆五十人之中选举代表一人,并由区苏维埃政府划定若干选区,开群众选举大会,以到会人数多寡来决定产生代表若干人,由会场群众提出人选,再由主席团提交大会,以得票(举手)最多者为当选。区苏维埃政府代表大会产生执委的办法,由代表大会共同提出若干人,经主席团审查后,再交大会付表决。乡苏维埃政府产生执委与区苏维埃相同。"县苏维埃政府选举时,则决定每区出席县代表大会一定代表人数,并限定"中农贫农要占十分之六,工人要占十分之二(雇农、店员、职工),革命知识分子要占十分之二,但党员要占全数之半",各级执委中"劳动妇女要占十分之三"。㉑这种用民主选举产生代表的方法,使苏维埃政权具有广泛的代表性,不仅确保了无产阶级在苏维埃政府中的领导地位和工农联盟的坚实基础,而且充分体现了苏维埃政权的工农民主专政的实质。

第七章 尽职尽责 建设苏区

苏维埃政权组织严密,有一套组织系统。苏维埃代表大会是最高权力机关,在大会休会期间由选举出的执行委员会行使权力。对苏维埃政府机关要求"须具诚朴敏捷的精神,坚决的防止官僚主义之发生",因此,要求"谨慎地选择自己的工作人员","选举最忠实可靠的领袖充当"。并实行苏维埃工作人员定期参加劳动的制度,对脱产人员数额严格控制,工作人员的报酬也很微薄。在这种严密的组织程序和严格的组织纪律的指导下,各级政府工作人员大都能做到努力工作、廉洁奉公、作风正派、接受人民的监督,表现不好的可以通过组织程序予以撤换。

舒传贤始终注意加强党对苏维埃政府的领导,经常检查指导苏维埃政府的工作,政府的重大决定必须通过相应的党组织,但党组织不包办苏维埃。这样,既坚持了党的领导,又发挥了苏维埃政府的职能作用。

苏维埃政权一方面对人民群众实行真正的民主,另一方面对剥削阶级和一切反动派实行强有力的专政。为了保护工农已得到的利益,巩固苏维埃政权,苏维埃政府规定:凡曾捕捉或杀害革命民众及其家属者,引导或勾结反革命军人捕捉或杀害革命民众及其家属者,凡向反动机关、团体报告革命民众之行为踪迹者,凡告密破坏革命情节重大者,或作有系统反宣传者,一律处以死刑。对于苏区外部敌人的渗透和破坏活动,苏维埃政府进行严密的防范。每村都成立有巡查队,设流动哨,盘查行人,对可疑分子拘留审查。正是在对敌斗争中,皖西各级苏维埃政府逐渐学会了运用法制实行对敌专政。

皖西各级苏维埃政权在组织发动群众进行武装斗争,支援红军作战,开展土地革命,从事经济建设,发展生产,兴办文化教育事业,改善人民群众生活等方面,都做了大量工作,取得了丰硕成果,因而,得到广大人民群众的热忱赞扬、衷心拥护,并不惜以鲜血和生命保卫苏维埃政权。

1930年3月,与霍山六区毗连的英山县党组织准备发动群众武装暴动,六安中心县委决定由舒传贤前去指导,并调三十三师一○七团配合三十二师、英山游击队会攻县城。4月8日攻占县城,因红军奉调攻打霍山县城,英

舒传贤传

山团匪又与太湖团匪联合反攻,红军主动撤出英山县城。英山游击队退至英霍边境,舒传贤即指示在该地建立了英霍边区苏维埃政府,其辖区长约70余里、宽约50余里,人口有2万左右。区苏维埃之下,有7个乡农民协会。㉔这是舒传贤为适应形势,选择反动统治力量薄弱的边界山区建立的一个跨县苏维埃政权,他不囿于地域限制,适时建立苏维埃政权,表现了舒传贤的革命灵活性。6月初,红一军挺进英山,与敌韩杰部激战,英山游击队配合红军,扰乱敌后方,并乘势缴获长枪百余支,手提机枪一挺。韩部败退后,英山县革命委员会成立,下辖3个区农协。为加强党对群众的领导,舒传贤与六安中心县委研究"即从霍山调去下级干部二十余人到英山工作"。㉕

舒传贤在抓苏维埃政权建设的过程中,还建立和发展了各种群众团体,作为苏维埃政权的辅助力量,完成各项工作任务。

一、共产主义青年团(后简称"少共")组织

六霍起义前,六安只有团区委组织,共12个支部,88名团员,霍山有一个特区委,3个支部,30多名团员。团员全是中学学生。1929年11月,团组织遭敌破坏。1930年2月,少共组织恢复,成立了六安特区临时委员会,书记薛英(即窦克难),下辖5个支部,有团员90多人。3月下旬,六安中心县委在6县联席会上作出了《对六县CY工作决议案》抓紧团组织建设,到五六月间,团组织有了较大的发展,仅霍山县六区团员就发展到300人。立三"左"倾冒险主义错误推行到皖西时,党、团、工会等组织合并,团的活动随之停止。9月,纠正立三"左"倾错误后,各县团组织相继恢复。

团组织是党的得力助手,是最有朝气的青年组织。广大团员、青年无论在参加红军及地方武装与敌作战方面,还是在后方参加苏维埃各种建设方面,都发挥了很大作用。在共青团的领导下,皖西苏区普遍建立儿童团(又称"劳动童子团")组织,凡8岁至15岁的劳动者子弟均可加入,1930年,仅六安县六区童子团就有6000多人,这是苏区一支朝气蓬勃的、遍及苏区各地的少年儿童组织。他们在站岗放哨、盘查行人、传递公文、侦察敌情、拥军优属、禁吸鸦片烟、破除迷信等方面,做了很多工作。

二、农民协会

这是皖西各县建立最早的群众组织,在发动群众、组织农民武装等方面发挥过很大作用,在苏维埃政权建立之前,起着政权作用;苏维埃政权建立后,仍有相当一部分乡,由农协会行使政权,所有的村全由农协分会行使政权。农协的主要任务是发展生产,供应红军的粮食,组织运输队、担架队支援前线,有的直接参加暴动。农协会员带头贯彻执行苏维埃政府的各项政策、法令、保护贫雇农的基本利益、团结中农。

工会。六霍起义前,六安县由一些区"赤色小组"发展为县总工会,其他县只有区工会。雇农和手工业工人一般就近加入农协组织。六霍起义后,依照全国总工会颁布的《苏区工会组织法》逐步建立健全了工会组织。工会在同级党委、苏维埃政府以及上级工会组织的领导下,积极输送优秀工人参军、参政,领导工人、雇农参加土地革命,发展手工业生产,支援革命战争。有的地方工会还开办训练班、工人夜校、工人俱乐部,提高工人的思想觉悟和文化水平,领导工人维护自身合法权益,改善工人生活等。

舒传贤早年曾创建安庆青年团,领导工人运动,回皖西后又首先组织农协,因而在发展群众组织方面有丰富的经验,而这些经验在皖西群众组织的建设中发挥了很大的指导作用。

三、妇女组织

六霍起义后,各级妇女组织迅速建立健全起来。"在未暴动以前,在残酷的白色恐怖以下,妇女任交通侦察等工作,并参加武装斗争,夺取敌人的武器,英勇异常"。㉖苏维埃政权建立后,各级妇女会组织积极发动广大劳动妇女参加土地革命、打土豪分田地;成立妇女赤卫队,和儿童团一起站岗放哨;动员妇女支持亲人参军参战;组织洗衣队、做鞋队、慰问队、看护队、交通队、侦察队、代耕队等支援前线,拥军优属;组织妇女学文化,参加宣传活动和社会工作;提倡男女平等,婚姻自主,争取妇女解放。舒传贤赞扬说,"六霍两县的妇女对革命认识非常之坚决","妇女对革命热诚和努力较男子强之"。㉗

舒传贤传

四、革命互济会

六霍起义后,在皖西各地普遍建立互济会,主要任务是慰问红军、伤病员,抚恤死难军人家属,"凡是同情革命的而愿加入者,都是会员"。1930年7月,省革命互助总会派洪汉卓来六霍发展组织,霍山县城立了县总会,六安六区建立了区总会。㉘

皖西苏区的各级党组织通过上述群众组织,把广大人民群众紧紧地团结在自己周围,充分发挥这些群众组织的作用,协助苏维埃政府工作,万众一心,开展武装斗争,进行土地革命,建设根据地,使苏区出现了一派欣欣向荣的景象。

全面开展土地革命

中国民主革命的基本问题是农民问题,而农民问题的核心是土地问题。在农村开展土地革命是党的"八七"会议确定的总方针,也是党的六大决议的基本精神。皖西与全国各地一样,在封建土地制度下,长期以来,土地大部分为地主、豪绅、官僚、军阀所占有,而占农村人口80%以上的农民无地或少地,广大农民遭受土地占有者残酷的地租、劳役、高利贷等重重剥削,终年辛勤劳动而忍饥受冻。六安县西南和西乡一带,佃农平均每年收入须缴纳三分之二给地主,㉙雇农工资很低。农民苦不堪言,饿死、冻死、逃荒、要饭成了皖西农民的普遍现象。广大农民强烈要求推翻封建土地制度,因而土地革命深受农民的欢迎和拥护。

舒传贤对皖西苏区的土地革命高度重视,他认识到进行土地制度的彻底变革,是一场深刻的革命,不仅为肃清封建势力,动摇统治阶级根基,铲除封建土地所有制的重要手段,而且是发动群众进行武装斗争,发展和巩固苏维埃政权的基本武器。只建立苏维埃政权而不进行土地革命(分配土地),党和红军就得不到广大农民的持续支持,苏维埃政权也不能持久,根据地也会很快丧失。

皖西苏区的土地革命是随着革命形势的发展而逐渐深入的。在六霍起

第七章 尽职尽责 建设苏区

义过程中,广大农民的革命热情像火山一样迸发出来,各地抗租、分浮财、减租减息如火如荼地开展起来。1929年冬,六安六区对大小地主的抗租采取了这样的办法:"地主有田四十石以下者,其原租地主得十分之五,佃农得十分之五;地主有田在四十石以上八十石以下者,其原租佃户得十分之五,农会得十分之一,地主得十分之四;地主有田八十石以上一百二十石以下者,其原租佃户得十分之五,农会得十分之二,地主得十分之三;百二十石以上百六十石以下者,其原租佃户得十分之五,农会得十分之三,地主得十分之二;百六十石以上二

第三次土改时设立的红军公田碑
(国家一级文物)

百石以下者,其原租佃户得十分之五,农会得十分之五;祠堂庙宇之租,佃户得五成,农会得五成",并决定"次年再实行没收一切土地"。㉚霍山自西镇"暴动以后,一般豪绅都跑在外面。豪绅的家产,有的被革命委员会没收,有的被农民瓜分了"。㉛这反映了农民对土地革命的渴望,是应该肯定的革命行动,但还没有发展到没收地主豪绅的土地分配给无地或少地农民的阶段,封建土地所有制还没有彻底变更,农民还没有取得对土地的占有权和产品的分配权,所以这些斗争还只是土地革命的前奏。

舒传贤认识到,土地革命,其内容是没收地主豪绅及一切剥削阶级的土地,分配给无地、少地的贫苦农民耕种,其方式是暴力的,是在党的领导下的有纲领、有计划、有组织、有具体政策规定和实施办法的一场革命,必定要有政权机关和武装力量的保证。一是武装斗争,二是建立苏维埃政权,这是开展土地革命必不可少的先决条件和根本保证。所以在皖西苏区初步形成之后,1930年3月下旬,舒传贤和六安中心县委在所辖6县与红三十三师联席会上,就适时地提出了"彻底执行土地政纲的任务",争取"农民组织于我们

口号之下"。㉜将土地分配正式提上了党的议事日程。并选择了群众基础好的六安六区作为苏维埃建设和土地革命的试点区。

经过积极筹备,4月13日六安六区召开了苏维埃代表大会,通过了《土地政纲实施细则》《森林办法》等6个地方法规。自此,土地分配工作在皖西各苏维埃区域普遍展开。

《土地政纲实施细则》对土地革命各项政策作了具体规定,共16条,主要内容有:

一、规定了没收土地的范围:"凡豪绅地主所有之土地","经革命政府肃反委员会宣布没收财产之反革命分子之土地","富农剩余之土地","祠堂、庙宇、祖积、公积之土地及一切公产官地",均"一律没收"。这样就严格控制了没收土地范围,而不是简单的"没收一切土地"。这是符合党的六大所确定的土地没收原则的。

二、规定了土地分配的对象:"凡没收之土地"得分配给"无地之农民,少地之农民""愿耕种之工人""革命职业家""红军的官兵""退伍的兵士""愿耕种之小贩及其他职业家"。即所有革命者、劳动者都可分得土地。《土地政纲实施细则》又规定"凡豪绅反动派已经解决者之家属确经当地革命团体证明无反动嫌疑者"也可分得土地。对反革命家属根据政治表现情况,可以他们生活上的出路。

三、规定了对待中农的政策:因为"中农在民权革命中是一个革命的力量",对中农要团结,不能反对,若"反对中农就是使中农依附到反革命的方面去"。㉝因此,《土地政纲实施细则》严格规定不得侵犯中农的利益,"中农在别乡之土地交给别乡分配,本乡以同量之土地分给中农,如无土地调换,则别乡不能分配"。这对稳定中农情绪,团结联合中农,壮大革命力量,起到了明显的作用。

四、规定了对待富农的政策:只没收富农"剩余"之土地,而对其自耕和雇工耕种的土地允许保留。并规定"愿耕种之富农"也可以分给土地。这是符合民主革命阶段限制富农政策的。

第七章 尽职尽责 建设苏区

五、规定了分配土地的标准:"分配土地之多少以粮食需要(全家人口需要多少粮食吃)为主要条件","分配土地不可以面积为标准,要以出产为标准",并规定"分配土地男女有同样的权利"。这实际上是按人口平均分配土地。因为当时"农民对平均分配较愿意,故采取平均分配为原则"。㉞不这样做,就会失去群众;"假如失掉了群众,纵然发展了生产也是空的"。㉟

六、《土地政纲实施细则》对鳏寡孤独残和其他劳动者也作了规定:"凡鳏、寡、孤、独、残废及无力耕种者,由当地苏维埃酌量分配土地,其耕种办法得由雇人耕或由当地负责办理和代耕。""分配土地尽先分给革命死难家属。""每家所得之土地以配在同冲、同畈为好,不可将面积广大的田分零碎了。""工人小贩及其他职业者,如愿耕种土地,要估量他原有的职业收入,再酌量以分给土地。""毗连之乡土地宽裕者,须斟酌情形拨给部分土地与缺少之乡。""池塘养鱼归附近农民公共管理,水路仍得照旧使用"。这些规定,既合情合理,又细致周到,因而受到群众的拥护。

六安六区《土地政纲实施细则》是舒传贤及六安中心县委依据党的六大所通过的《土地问题决议案》精神,参照 1930 年初的《鄂豫边革命委员会土地政纲实施细则》结合皖西实际情况制定的,其政策精神是基本正确的。它彻底摧毁了千年封建土地所有制,其意义是极其深远的。当然,也存在一些缺点:一是没有区别富农对革命的态度而采取不同的政策;二是分配土地的对象范围过宽,"革命职业家"及"其他职业家"分得土地后,要农民代耕,这就增加了农民的负担;三是规定了"农民对于土地只有使用权无所有权""农民对于土地如有保护不力,耕种培植不良者,由苏维埃政府立即收回,再分配给其他农民"。这些规定"使农民感觉(土地)不是他自己的,自己没有权支配,因此不安心耕种"。㊱土地革命是新事物,缺乏经验,这些缺点在所难免,舒传贤以后在工作实践中都逐一加以改进和克服。

皖西苏区山多田少,变革森林、山场的所有制,乃是土地革命的重要方面。为此,除了在《土地政纲实施细则》中规定"凡没收之柴山、竹园","得照田分配"外,还制定了《森林办法》,对森林、山场的分配政策作了完整的具体的规定。

一、指明了保护森林资源的重大意义,指出"森林除供给人生使用外,有保护雨量之益,各民众都负有保护之责任"。这是制定《森林办法》的指导思想,这一思想对今天保护森林资源、维护生态平衡仍有借鉴意义。

二、规定了没收山林的范围:"凡值百元以上之森林,一概没收由当地乡苏维埃政府管理",而农民所有的零星山场不予没收,仍归农民管理,并鼓励农民尽量在"屋拐、田头、路旁、河下、荒山""栽插树木",鼓励农民造林绿化。

三、规定了山林的使用权和管理办法:"凡没收后的森林、竹、茶、桑、油、漆、果等树分给农民,只许看管使用,不许毁坏或转卖。""柴山不问没收不没收",砍柴时一律"不许砍树苗"。"凡无山场之居民欲使用他处竹木时,须报告当地乡苏维埃,经许可后始得通知某处使用,并不得伤害森林或自由强伐"。"长成之森林山场分给农民后,只许提棵(即间林——引者注)变卖,或(培植)茯苓,不得乱砍"。"凡护守及路旁树木一律不准砍伐或转卖,并有培植义务"。这些规定都强调了管好用好森林,禁止乱砍滥伐。

《森林办法》是迄今为止我们所见到的仅后于江西中央苏区的一部完整的有关林业管理的地方法规,它不仅废除了旧有的森林、山场所有权,而且规定了山林的使用和管理办法,提出了发动群众植树造林、保护环境、绿化大地等富有战略远见的规定和要求。这对保护森林、发展林业生产起了积极的作用。从《森林办法》中,我们也可以看出舒传贤等人的政策水平和战略眼光,这在20世纪30年代初的战争年代是十分难能可贵的。

总之,六安六区《土地政纲实施细则》和《森林办法》是两份指导皖西土地分配的重要政策法规,这里凝聚着舒传贤和中心县委的集体智慧,既符合六大的《土地问题决议案》精神,又具有皖西特色。六安中心县委立即转发所属各县,用以指导各地的土地分配。六安、霍山两县还编印了《土地问答》小册子,连同《土地政纲实施细则》《森林办法》一并向广大群众宣传。

各县委、县苏维埃政府(革命委员会)依据这两份文件,干部分工到各区乡帮助发动群众,开展土地革命。各级苏维埃政府都设立了专门机构——土地委员会(村设土地委员),具体实施田地和山林的没收与分配。土地委

第七章 尽职尽责 建设苏区

员会由农民推举忠于革命、出身成分好、办事公道的贫雇农组成,一般5至7人,内设没收、征收、斗争、监察等委员。

开展土地革命的方法,一般采取了这样几个步骤:

首先划分农村阶级,凡自己没有土地,帮人家打长工、短工的为雇农;自己只有少量土地、出卖劳动力或兼做小贩,一年收入不够吃穿用的为贫农;自己没有土地,租种他人的土地的为佃农;自己的田地自己耕种,不剥削别人,一年收入够全家生活的为中农;自己土地自己耕种,时常请短工或终年雇人放牛,一年收入略有节余的为富裕中农;自己有多余土地出租或雇人代耕,剥削雇农和佃农,或自己耕种土地兼营作坊、商店,需要雇人劳动,或放高利贷的,一年收入有较多剩余的为富农;占有大量土地,自己不劳动,专靠出租土地剥削他人为生的为地主。当然这只是大致的标准,在实际经济生活中是比较复杂的,但当地群众对各户经济状况都比较清楚。在深入调查的基础上,由苏维埃政府主持土地委员会和农民协会共同研究,初步定出各户成分,交群众评议,最后报上级苏维埃政府批准决定。

第二步:打击地方豪绅。召开群众大会,公审和处决罪大恶极的地主豪绅,当场烧毁田契、债约,并宣布没收其土地。

第三步:进行田地、山林和人口的统计,根据当地实际情况,确定土地、山林分配标准。大多数是由土地委员会会同老农对田地、山林实行估产(以常年产量计算),根据收获量确定田地等级。人口是按户登记,确定各户一年所需粮食数量。

最后是分配土地和山林。田地一般照顾原种者,抽多补少,好坏搭配。尽量就近分配土地,以便于耕种。逐田逐地插上署有所得者姓名的木牌,有的地方还发有《土地使用证》,注明所得田地、山场的疆界范围。

到1930年7月,六安县的三、六、七区,霍山县的一区、二区、三区、五区、六区、七区及四区的一部分,以及霍邱、英山的部分苏区都进行了土地分配,约有32万多贫苦农民和手工业工人分得了土地、山林。在农村分配土地是一个十分复杂细致的工作,有的地方,如霍山六区就先后调整了4次。

舒传贤传

  正当皖西土地革命运动全面开展之际,1930年六七月间,李立三"左"倾冒险主义错误推行到皖西,指责皖西执行的是"代表富农利益的路线",提出要"反富农"。舒传贤对此有疑虑:"在霍山县苏维埃开代表大会时,适中央军委巡视员朱瑞来六[安],我们提出没收富农的土地,是如何没收,他说是没收富农的一切土地,我们再三叮问,他说他能负责,是不错的,所以我们草案改了。"㊿以至于出现了霍山三区苏维埃政府"打倒富农,没收富农的财产,把富农赶上山头去开垦,且认为有剩余的即是富农"的"左"的认识和做法。舒传贤发现这一现象后,在7月召开的四县联席会议上,"才将此错误纠正"。㊿由此可见,立三"左"倾错误在皖西影响时间短,前后不到3个月,加之舒传贤等中心县委开始就对立三"左"倾错误有疑虑,发现问题,迅速纠正,所以其危害不大。

  1930年八九月间,皖西苏区几乎全被敌占,豪绅地主疯狂反攻倒算,土地革命成果丢失殆尽。是年冬,皖西苏区第一次反围攻胜利,收复失地,重建苏维埃政权,接着又普遍掀起了分配土地的热潮。

  舒传贤认真总结了皖西1930年春土地分配中的经验与教训,肯定了成绩,但也指出了"反富农的路线不正确",单纯按人口平均分配土地是迁就了农民的平均主义意识,革命职业家、小商贩、工人都分了田,扩大了分配范围,他们因无力耕种,都需农民代耕,加重了农民负担。所以在1931年春,皖西苏区第二次大规模土地分配中便修正了有关政策,如给地主、富农分配一定的土地,让他们自食其力;改单纯按人口平均分配土地为按人口和劳动力为标准分配土地;缩小了分田范围,无力耕种的小商贩、手工业工人、革命职业家只分1/2的标准田或不分田;严格控制了代耕范围,规定除了红军士兵及为革命而残废的人以外,任何人也不能要农民代耕,减轻了农民负担。这些新的规定使土地分配政策更完善,也更受广大群众的欢迎,土地革命运动迅速发展。

  皖西苏区土地革命的全面开展,摧毁了几千年的封建土地制度。广大农民在政治上、经济上翻了身,农村生产力得到了解放,农民生活得到了明

第七章 尽职尽责 建设苏区

显改善,他们把自己的命运与共产党、红军和苏维埃紧紧地联系起来,到处都出现拥护红军、踊跃参军的动人情景。1930年6月初,"一师编制委员会招收补充一师的新兵二百人",刚刚分配土地的六安三区"少纵队一批送来五百,而一师已不能容纳,故令彼三百人仍回少先队,但他们以为没有入上红军引为憾事,有的人急的流泪"。⑬充分表明土地革命极大地调动了农民的革命和生产积极性,使党获得了雄厚的群众基础,为红军的壮大和革命根据地的巩固创造了有利的条件。

土地革命是一场前所未有的伟大革命,作为皖西苏区党的主要领导者的舒传贤的主要功绩在于:一是集中集体智慧制定正确的政策,他所指导制定的六安六区《土地政纲实施细则》《森林办法》既符合党中央的《土地问题决议案》精神,又符合皖西实际情况,因而深受群众欢迎,发挥了巨大的威力,取得了显著的成绩;二是在实践中不断总结经验,发现问题及时纠正,使政策更加完善,更加符合实际情况,因而能更好地指导土地革命运动健康发展。

注重苏区经济、文化建设

皖西交通闭塞,经济落后,加之国民党反动统治、残酷剥削、水旱之灾、兵匪之乱,经济全面崩溃,人民生活十分困苦。各地苏维埃政权建立后,国民党反动派在军事"围剿"的同时,对苏区实行严密的经济封锁,粮食、食盐、布匹、药品等一些生活必需品严重匮乏。针对这一严重的经济形势,舒传贤和六安县委采取了一系列鼓励生产、鼓励贸易的经济政策。

首先,舒传贤带领苏区人民开展经济斗争。1930年3月下旬六安中心县委在召开的六县联席会议上,针对"现在军阀战争已经大规模的爆发起来,工农群众的生活必然愈加恶化"的形势,作出了《关于春荒斗争的策略路线》决议案,要求各县各级党组织组织"斗争委员会",领导群众进行经济斗争,具体内容有:在城市,反对店主辞退工人;反对店主或雇主减工价;反对地主及米商抬高米价;要求增加米贴等。在农村,主要是发动强行分粮、抗捐、抗税、抗债斗争,并列举了23条斗争策略。

其次,"在六霍都是规定了实行单一累进税",⑩废除了国民党的多如牛毛的苛捐杂税。具体规定是:"每10石田收税6斗,15石田收税1担,20石田收税1担5斗,田越多收税越多。"5斗田以下的贫农免税,"牺牲的红色战士家属完全免税",农民遇自然灾害及耕牛、农具缺乏者减税或免税,"并由苏维埃政府帮助解决农具、种子等问题"。⑪这样就将税收的大部分加在田地较多者身上,减轻了农民的负担,有利于农民发展生产。对债务,提出了"穷人不还富人钱"的口号,并规定"凡贫人欠富人的钱,本利一律不还,并且该借约无效;富人欠贫人的钱,应本利一律照还"。⑫

第三,鼓励贸易。为打破敌人的经济封锁,舒传贤和中心县委于1930年3月将过去"保护中小商人的利益"政策,改为"中小商人营业自由"。⑬在苏区,"只对米规定了价格",即实行限价(这对保障人民生活、社会安定是十分必要的),对其他商品不限价,"对于较大的盐商令其捐大洋若干,如该盐商是反动派即行没收。对茶商,苏维埃政府特别的不抽他捐税,好让他们到赤卫区来购买,以销售苏维埃区域的农产品,免受敌人经济封锁"。⑭允许山区的纸棚、铁厂、锅棚由个人经营。此外,苏区还利用没收地主豪绅的物资或群众集资办经济合作社,在燕子河、道士冲、青铺沟等地都有区、乡经济合作社,通过各种渠道与非苏区商人做生意,曾先后到济南、安庆推销茶叶,购回米、盐、布和药品,解决了一些物资困难,并为苏维埃政府积累了资金。为便于流通,六安中心县委在尚无条件发行货币的情况下,规定在苏区除不用国民党中央银行发行的钞票外,"交通银行和中国银行的票子可以通用"。⑮由于这一系列的鼓励贸易的政策和措施的实行,使得皖西苏区大量积存的木、竹、茶等得以售出,苏区急需的米、盐、布、药品等得以通过各种渠道和方式输入。在诸佛庵、麻埠、漫水河、燕子河、闻家店等中心区域的市场上,挤满了从四乡来的农民、外埠商人,成为当时皖西苏区最热闹的集市。此外,大量的、经常的贸易则是在赤白交界的地区,如霍山新店河、霍邱的叶家集等地,通过各种渠道和各种关系进行秘密贸易。这对解决苏区经济困难、打

第七章　尽职尽责　建设苏区

破敌人经济封锁起了很大的作用。

道士冲经济合作社旧址

皖西苏区的劳动人民在政治上、经济上翻了身,对学文化受教育的要求更加迫切。当时的革命运动也需要一大批有一定文化水平的干部。因此,舒传贤和六安中心县委十分重视苏区文化教育事业的发展,各级苏维埃政府都设立了文化教育委员会(乡、村设专职文化教育委员),专司文教之责。1930年3月下旬,在七邻湾六县联席会议上,专门作出了《宣传教育工作决议案》,强调发展文化教育事业,提出"扩大识字运动","加紧文化运动","依据无产阶级教育原则普及农村小学的教育"等任务。

舒传贤、周狷之、桂伯炎等中心县委主要成员都直接参与组织教学活动,有的兼任校长,有的为学校(或训练班)编写教材,甚至亲自讲课。在他们的努力下,"在每个乡苏维埃之都,设立农村小学三四所,学校的学生在七八十至一百二十人之多,有些乡村小学还附设有夜校,专收成年男女来校读书(在七邻湾夜校还有四十余岁农妇来读书)。六区曾办过师资训练所及女子识字速成班各一所。[霍山]县苏维埃政府也办过师资训练所和女子识字速成所各一所,但学校所用的教本完全是新编的,不用统治阶级的旧课本。其外,各级苏维埃政府还设立政治理论讨论会一所"。㊻苏维埃政府还规定:工农子女优先入学,除笔、墨、纸、砚由学生自备外,不收学杂费,实行免费义务教育。对守法的地主、富农子女也准其入学,但要收学杂费。贫苦农民子女的入学率很高,几乎普及。这是皖西山区从未出现过的现象。

随着群众文化程度的提高,破除迷信、废除封建礼教也越来越多地成为苏区群众的自觉行动。六安中心县委于1930年初制定了《妇女条例》,规定"凡未结婚的婚约一律作废,听凭男女自由,并在'三·八'大会通过男女结婚、离婚绝对自由的原则。但在目前要经过苏维埃政府手续,在苏维埃执行的方面是采取双方同意(残废者例外),并严厉禁止买卖妇女和虐待童养媳等"。㊼这一条例废除了自古以来的包办买卖婚姻,深受青年男女欢迎。苏区政府提倡妇女放足、剪发、同等分配土地,这都大大提高了妇女地位,激发了广大劳动妇女的革命热情,舒传贤赞扬他们:"妇女对革命热诚和努力较男子强之"。㊽

群众的文化娱乐活动也蓬勃开展起来,各乡苏维埃政府都建有俱乐部,唱歌、读报、演戏、组织讲演会和政治讨论会等活动十分普遍。在六霍苏区,无论男女老少,几乎没有不会唱红色歌谣的。这些歌谣,一般是就地取材,采用群众喜闻乐见的曲调,反映工农群众在反动统治下的悲惨生活,反映广大人民要求翻身解放的革命热情和斗争胜利后的喜悦心情,歌颂共产党,歌颂红军和苏维埃,易学好记,深切感人,有还流传至今。

为解决红军军需,六安中心县委在闻家店还办了一个被服厂,在石家河办了一所红军医院,在道士冲还办了一所"赤光药社",主要是为红军伤病员服务,也为当地贫苦农民看病。

舒传贤和六安中心县委在国民党反动派不断进行军事"围剿"的恶劣环境中,在物资匮乏的艰苦条件下,紧紧依靠人民群众,发挥集体智慧,为巩固新生的苏维埃政权,贯彻了一系列代表工农利益的政策法令,进行经济、文化等方面的建设,做了大量工作,取得了卓著的成绩,对巩固和发展皖西根据地，支援红军作战，改善苏区人民生活等都起了巨大的作用。当然，由于处在战争环境，苏区又处于初创阶段，有的经济政策还有待于皖西北特委进一步完善，但舒传贤等人的工作为今后的建设奠定了基础，开创者功不可没。

组建三十五师和独立一师

皖西的苏维埃政权是用枪杆子打出来的。巩固政权、开展土地革命及从事各项建设同样需要革命武装的保卫。舒传贤对革命武装建设始终高度重视。

在皖西革命向前发展，革命武装逐渐扩大之际，如何对待土匪乃“成为六安党的政治上的严重问题”。[49]舒传贤认为，皖西产生土匪的根源是统治阶级残酷的压迫和剥削，匪众大多为破产的农民，他们没有阶级意识，其抢掠行为不仅会引起人民群众的恐惧，而且对革命的发展也是一个障碍。在革命武装初建时，“收编吗，他不遵守红军条例；消灭吗，力量不够；宣传教育吗，不生效力”。[50]只有革命力量发展壮大了，有了坚强后盾，再加之以政治宣传，启发他们的阶级意识，才可以将土匪改造成为革命武装。基于这种认识，所以在3月下旬召开的六安中心县委及所辖六县、红三十三师联席会议上确定了收编土匪的策略和条件是：对“愿接受红军改编”，“与统治阶级没有勾结”、“不是失掉阶级性的老土匪”可以进行收编。[51]方法是主动派人去做土匪的工作，积极争取土匪接受改编。

六安中心县委对盘踞于六安龙穴山，活动于寿县三觉寺、六安东南乡和舒城晓天一带的权广义股匪，作了认真的分析，认为出身农民的权广义于1929年春因不满豪绅地主的压迫，被逼为匪。他劫富济贫，处决了同宗大地主权少堂；攻打驻三觉寺的商团，连攻三日未克，怒而火烧三觉寺庙宇；转移到六安东乡，枪杀了大地主史野琴。权广义“历来与我们表示很好。他个人对红军尤表示坚决信仰，统治阶级几次收编他，他几次不接受。他的成分又系半农半匪”，[52]因此，舒传贤及六安中心县委研究决定对权广义土匪进行收编。1930年4月中旬,中心县委即派余干臣、汤衡等3人,前往六安东乡的高庙冲、月牙塘一带找到权广义部,商谈改编事宜。权"表示非常欢喜,并向白军取攻势",⑭在孙家岗与国民党军队激战。中心县委遂以中国工农红军第十一军东路指挥部的名义,收编权的部队为工农革命军第三十五师,委权广义为师长,全师千余人枪。不久,权率部第一次攻打国民党重兵把守的六安县城,与敌激战于城北十五里墩到二十铺一线,很多人在战斗中英勇牺牲。

1930年4月12日红军攻克霍山县城后,红三十二师稍经休息即回师商南,潜山独立师也回攻潜山。红三十三师在霍山县城休整后,于5月2日由徐育三、冯晓山两团长率两个中队收复河口,由于山洪陡涨,"四周白军一闻枪声,马上来援,结果两团长渡河淹死,牺牲士兵七人,得枪失枪相抵"。⑮舒传贤、余道江参加了师委检查这次作战的会议,认为该师指挥上有责任,"应改组三十三师并分别处分"。⑯师长徐百川降为副师长,原政治部主任姜镜堂任师长,并给徐百川等3人留党察看半年的处分。从这件事上,可以看出舒传贤从严治军的思想。

5月23日,红一军军部召集六安中心县委和红三十三师师委开会,改编三十三师,舒传贤参加了改编工作。会议决定从三十二师抽调一〇一、一〇三团(有枪计105支)与三十三师合编为中国工农红军第一军第三师,师长周维炯,政治委员兼政治部主任姜镜堂。该师自此为红一军建制,改编后开往豫南。

6月中旬,红一军军长许继慎率第二、三两师进军六霍西部,先后收复流波䃥、麻埠、独山、两河口等地,第三次攻占霍山县城,歼敌地方武装约千人。驻六安之敌潘善斋新编第五旅两个团反扑,红军予以迎头痛击,毙俘敌副旅长以下700多人,缴获迫击炮1门、重机枪1挺。7月12日,红一军与英山游击队在霍山燕子河会合,进击英山,全歼敌韩杰部一个团,英山县革命委员会成立。红一军在皖西作战胜利,一方面是由于抓住了军阀混战、皖西驻敌大部调出的有利时机,另一方面也是与六安中心县委发动人民踊跃参军

第七章　尽职尽责　建设苏区

参战,大力支持有关。六安、霍山都成立了"扩大红军委员会",使二、三两师由原来的900多人发展到1800多人。同时,各地还捐献了大批慰劳品,组织起救护队、运输队、侦探队、交通队、洗衣队、做鞋队及筹集大批粮秣支援红军。当二、三两师在两河口、郝家集活动时,六安中心县委还召开了5000多人的大会,庆祝红一军东征的胜利。所有这些组织发动工作,都是在舒传贤的领导和指挥下进行的。

红三十三师改编归红一军指挥后,舒传贤为加强皖西防御力量,又着手组建了中央独立第一师,作为皖西地方武装的主力。6月,舒传贤代表六安中心县委与中央军委巡视员朱瑞、红一军前委在霍山县城举行联席会议,成立了编制委员会,决定以红三师编余的一个大队和皖西地方武装组建中央独立第一师,师长徐百川,政治委员王文生(即梁仲明),全师辖5个团,共3000多人、500多支枪,归六安中心县委指挥。不久,朱瑞又改该师与中心县委为横的关系,但实际上该师还是全靠皖西苏区供给,其活动范围也仍在六霍等县。㊼

舒传贤在组建工农革命军第三十五师和中央独立第一师的同时,还指导皖西各地大力发展赤卫队、游击队、少年先锋队等群众性的地方革命武装,分别由各地党组织和苏维埃政府指挥。

赤卫队分常备队、预备队两种。常备队(有的地方叫"战斗营")是脱离生产的,其给养由苏维埃政府提供,其成分全是贫苦的劳动群众,组织也较严密,配有步枪等武器,在本地战斗力较强,每区有常备队员500人以上。常备队以本乡本区防卫为主要任务,一般不出所属范围活动。预备队平时不脱离生产,在军事紧张时参加作战,或担任防务等,武器主要是土枪、刀、矛等,每区约有预备队员1万人左右。凡年满16岁到45岁、身体健壮的工人、农民均可参加赤卫队,其主要任务是保护本地革命组织,肃清反动派,维护治安,帮助红军、游击队作战等。

游击队是从赤卫队中挑选出来的,武器较赤卫队多些,年龄一般在25岁以下。游击队的活动不限于本区本乡,由县苏维埃(或革命委员会)赤卫委员会统一指挥,在全县或毗连外县边境地区游击敌人。

少年先锋队是青年群众半军事性的组织,分纵队、大队、中队、分队,一般每乡都有一个大队(约 90 人)。少先队员的年龄一般在 16 岁到 23 岁(一度定为 15 岁到 18 岁),其任务是守界放哨、当向导、送信等,军事紧张时,也配合红军作战。

霍山县苏维埃政府赤卫委员会印鉴

六安县六区 13 个乡共 63000 人中,有 1 个游击大队,60 人(内有钢枪 26 支);常备队员 6500 多人,预备队员 2 万人左右,少先队员有 1700 人。霍山全县有赤卫队员近 10 万人(其中常备队员 5000 多人,预备队员 9 万多人)少先队员 5000 多人。这一庞大的群众性军事组织对巩固皖西苏区起了很大的作用。

在立三"左"倾冒险主义贯彻到皖西时,一度将赤卫队、少先队的建制打乱,混合编为红色补充军和守备队,原有的枪支也全部集中到红军中去攻打武汉,地方战斗力大大削弱。直到纠正立三"左"倾错误之后,才分别恢复了原来的建制。根据斗争的需要,通过整编将地方武装上升为主力红军,源源不断地向红军输送兵源;同时又继续组建地方革命武装。组织一批,向红军输送一批;再组织一批,再向红军输送一批,这样"地方游击队、赤卫队不断地以一部编入红军,而党马上又组织新的游击队,以坚持地方工作,保卫边区并与反动派作斗争"。因此,皖西的地方革命武装建设其作用和意义不只局限于皖西苏区,而是对整个中国革命战争做出了重大的贡献,这也是皖西地方武装建设的一大特点。

1930 年 9 月初,由于推行立三"左"倾冒险主义错误,将皖西主力红军全部及地方武装大部西调去执行"攻打武汉"的军事冒险计划,皖西空虚,敌潘善斋旅大举进犯皖西,以配合夏斗寅在鄂豫边区的"会剿",皖西苏区大部被敌占。舒传贤遂率六安中心县委机关及六霍军民万余人被迫转移到商南苏区,开始了他与"左"倾错误路线的英勇斗争。

第七章　尽职尽责　建设苏区

▎**参考文献**▎

①《六安中心县委关于六县联席会议情况给中央的报告》(1930.4.13)，载中央档案馆、安徽省档案馆编《鄂豫皖苏区革命历史文件汇集》，第四册，第127页，1985年12月印。

②③㉛《六霍六县联席会议关于政治任务的决议案》(1930.4.1)，载中央档案馆、安徽省档案馆编《鄂豫皖苏区革命历史文件汇集》，第四册，第95页、97页、97页，1985年12月印。

④⑧《六安县委报告第五号——关于最近工作情况》(1930.4.17)，载中央档案馆、安徽省档案馆编《鄂豫皖苏区革命历史文件汇集》，第四册，第145页、142页，1985年12月印。

⑤㉚《六安县委工作报告第四号》(1930.2.18)，载中央档案馆、安徽省档案馆编《鄂豫皖苏区革命历史文件汇集》，第四册，第43页、98页，1985年12月印。

⑥《巡视六安中心县委报告——关于经济、政治、党的组织和群众斗争的情况》(1930)，载中央档案馆、安徽省档案馆编《鄂豫皖苏区革命历史文件汇集》第四册，第59页，1985年12月印。

⑦《六安中心县委关于六霍等六县目前工作的决议案》(1930.4.17)，原件存中央档案馆，抄件存霍山县党史办。

⑨《皖西北特委组织工作决议案》(1931.5.7)，载中央档案馆、安徽省档案馆编《鄂豫皖苏区革命历史文件汇集》，第四册，第308页，1985年12月印。

⑩㊾㊿《六安县委工作报告第四号——关于政治经济情况》(1930.2.18)，载中央档案馆、安徽省档案馆编《鄂豫皖苏区革命历史文件汇集》，第四册，第45页、23页、23页，1985年12月印。

⑪⑬⑭㉒㉜《六安中心县委关于六霍六县目前工作计划的决议案》(1930.4.1)，载中央档案馆、安徽省档案馆编《鄂豫皖苏区革命历史文件汇集》，第四册，第109页、111页、111页、117页、113页，1985年12月印。

⑫⑮⑱㉑㉔㉕㉖㉗㉘㉞㊲㊴㊵㊶㊷㊸㊹㊺㊻㊼㊽《舒传贤关于六安中心县委工作情况给中央的报告》(1930.12.10)，载中央档案馆、安徽省档案馆编《鄂豫皖苏区革命历史文件汇集》，第四册，第248页、248页、231页、224页、234页、234页、250页、250页、229页、225页、251页、251页、233页、229页、229页、228页、228页、228页、231页、228页、250页，1985年12月印。

⑯六安六区苏维埃筹备处印发《建设苏维埃政府宣传大纲》(1930.3)，霍山县党史调访资料，存霍山县党史办。

⑰㉛《霍山县委关于经济、政治等情况的报告》(1930.4.17)，载中央档案馆、安徽省档案馆编《鄂豫皖苏区革命历史文件汇集》，第四册，第174页、155页，1985年12月印。

⑲《鄂豫皖区苏维埃临时组织大纲》(1931.7)，原件存中央档案馆，抄件存霍山县党史办。

⑳《六安第六区苏维埃条件》(1930.5)，原件存中央档案馆，抄件存霍山县党史办。

㉓《中共中央给鄂豫皖边特委关于党务、政治、军事的综合指导》(1930.10)，原件存中央档案馆，抄件存霍山县党史办。

㉙《六安报告》(1929.8.8)，原件存中央档案馆，抄件存霍山县党史办。

149

㉝中国社会科学院经济研究所中国现代经济史组编:《第一、二次国内革命战争时期土地斗争史料选编》,第578页,人民出版社,1981。

㉟㊱《土地革命纪事》(1927～1937),第151页、21页,原件存中央档案馆,抄件存霍山县党史办。

㊶《六霍六县联席会议关于春荒斗争的策略路线》(1930.4),载中央档案馆、安徽省档案馆编《鄂豫皖苏区革命历史文件汇集》,第四册,第132页,1985年12月印。

㊾㊿○54○55《六安中心县委报告第六号——关于政治、军事、组织等情况》(1930.6.6),载中央档案馆、安徽省档案馆编《鄂豫皖苏区革命历史文件汇集》,第四册,第207页、207页、206页、206页,1985年12月印。

○56《六安县委关于皖西红军情况给中央的报告》(1930.8.9),载中央档案馆、安徽省档案馆编《鄂豫皖苏区革命历史文件汇集》,第四册,第217页,1985年12月印

第八章
与"左"倾错误路线坚决斗争

正当皖西革命根据地苏维埃政权逐渐巩固、革命武装日益壮大、经济文化建设普遍开展之际,中共中央在共产国际错误指导下却出现了一股"左"倾潮流。1930年6月11日,李立三主持中央政治局会议通过了《新的革命高潮与一省或数省的首先胜利》决议案,对全国革命形势作出了错误的估计。当时由于国民党新军阀之间的矛盾日益尖锐,蒋介石与冯玉祥、阎锡山之间正在进行大规模的中原之战,围攻革命根据地的兵力多被调出参战,暂时对苏区采取守势,客观上对革命发展有利。但这只是暂时现象。而李立三等人却认为"中国新的革命高潮已经逼进我们的前面了","在全国革命高潮之下,革命可以在一省或几个重要省区首先胜利",并且主观地确认目前"以武汉为中心的附近省区客观条件更加成熟"。根据决议案精神,李立三还制定了一个"以武汉为中心的组织全国中心城市武装起义和集中全国红军进攻中心城市"的冒险计划,要求鄂豫皖的红一军帮助鄂中及平汉铁路沿线的地方

六英霍总暴动指挥部旧址

暴动,切断平汉线以进逼武汉。强调一切服从武装暴动,将党、团、工会等各种组织合并成立长江行动委员会,进行统一指挥。

6月下旬,中共中央军委巡视员来皖西贯彻立三"左"倾冒险错误计划。舒传贤一开始对这一计划就有疑虑。在执行中他很快就发现这一计划的错误和危害,毅然进行了坚决的抵制。

1931年1月,在党的六届四中全会上,王明在共产国际代表、东方部副部长米夫的支持下,取得了在党中央的领导权,开始了长达4年的"左"倾机会主义路线统治。他打着"反对立三路线""反对三中全会调和路线"的幌子,以更加"左"的面目出现。4月,张国焘等人被派往鄂豫皖革命根据地组建中共中央鄂豫皖分局,推行极"左"路线,以"肃反"为名打击迫害苏区的党、政、军及各群众团体各级领导干部,导演了中共历史上最惨痛的"大肃反"悲剧。舒传贤挺身而出,与张国焘展开了针锋相对的殊死搏斗,最后被张国焘迫害致死,为捍卫党的正确路线写下了他一生中最后的悲壮篇章。

抵制"左"倾盲动主义和冒险主义错误

大革命失败不久,党内曾出现第一次"左"倾盲动主义。1927年11月,中央决定暂时解散安徽省临委,派尹宽(又名硕夫、王竟博)为中央巡视员来皖指导工作。此时舒传贤刚回皖西。1928年3月,重建安徽省临委(习惯称为"第二届省临委"),尹宽任书记,仍继续推行"左"倾盲动主义的错误路线,热衷于"城市中心论",指示刚刚成立的六霍县委立即举行农民暴动。包括舒传贤在内的县委经过认真分析,认为武器严重缺乏,农民武装没有经过严格训练,马上就举行暴动条件不成熟,需要继续开展抗租反霸、争取群众,做好武装暴动准备,如果立即暴动不仅没有成功的希望,而且会造成很大的牺牲,故对省临委的指示进行了坚决的抵制,因而遭到尹宽的严厉批评,对县委意见斥之为"改良主义"。但包括舒传贤在内的六霍县委仍坚持原则,反对盲动。舒传贤与刘启元、李乐天、王步文等皖西北各地党组织负责人将皖西情况及反对盲目暴动的意见联名写信给党中央,分析批评了尹宽的错误。①县委和省临委的分歧越来越尖锐,最后经中共中央政治局常委周恩来

第八章 与"左"倾路线坚决斗争

处理,周恩来在听取了各方面汇报后指出:六霍一带立即暴动的条件不成熟,要积极创造条件,准备武装起义。并指出,抗租反霸、争取群众是符合六大决议精神的,不能说是"改良主义"。党中央用会议形式解决问题,使六霍县委抵制尹宽"左"倾盲动主义的斗争取得了胜利,避免了不应有的损失。②

1930年6月下旬,朱瑞作为中央军委巡视员来皖西,在霍山县城召开了六安中心县委和红一军前委联席会议。主要议题是贯彻执行立三"左"倾冒险计划,讨论攻打武汉问题。在"左"倾思潮的鼓动下,当时在皖西有人提出"饮马长江,会师武汉""打到武汉过中秋"等动听口号,说什么"加强主观力量,少顾客观形势,毕其功于一役",要求"一支枪也要集中到红军中去,凡有党员的地方都要发动武装暴动",很多人被"左"倾浪潮鼓动得头脑发热,好像武汉唾手可得,全国革命马上就会胜利。与此同时,鄂豫皖边区特委也作出了同一精神的决议。

舒传贤对攻打武汉计划是有疑虑的:红一军刚刚经过整编,还处于初创阶段;独立一师更是组建尚未就绪。人多枪少,子弹缺乏,几乎没有经过训练。以这样的部队能去攻打国民党重兵把守的武汉吗?况且皖西距武汉数百公里,沿途皆有敌军防守,能击溃阻敌打到武汉吗?所有的武装都集中去打武汉,苏区又如何保卫呢?但当时咄咄逼人的"左"倾气氛,容不得他提出任何不同意见。他又是一位组织性很强的领导干部,对中央的决议、上级的指示,只能无条件服从。

7月初,六安中心县委在豪珠岭召开了六安、霍山两县党的联席会议,讨论了中央和鄂豫皖边区特委的决议,成立了六霍总暴动指挥部,负责统一指挥皖西各县军事行动;制定了六霍总暴动计划。舒传贤被推选担任六霍总暴动指挥部总指挥,急促准备去攻打武汉。会后,按照上级要求,把各县、区的游击队全部编入独立一师,把工人纠察队、农民赤卫队和少年先锋队合并成红色补充军。六安中心县委又以六安三区游击队为基础,集中六安、霍山赤卫队编余部分和零散枪支,组成六霍赤卫师,有四五千人,师长车厚桥(又名车东平),政治部主任吴岱新,总指挥柴维德。六霍赤卫师归六安中心县委领导,作为攻打武汉的后续部队。

7月16日至18日,六安中心县委及所辖的六安、霍山、英山、霍邱4县举行了联席会议,进一步落实六霍总暴动计划。先此,红一军为执行立三"左"倾计划,已开赴豫南作战,虽然先后在攻击广水、信阳两车站和袭击光山、罗山等战役中歼灭了一些敌人,但自身牺牲也很大。这不仅无法完成切断平汉线的任务,而且使红军作战与巩固、发展根据地相脱节,军需给养出现了困难,同时使皖西苏区空虚,给敌人以可乘之机。六安驻敌潘善斋的新编第五旅,纠集六安、霍山自卫团600多人,并在颍上、寿县、合肥网罗红枪会、黄缨会匪徒5000多人,大举向皖西苏区侵犯。

7月上旬,敌潘旅围攻霍山县城,激战一天,县城被敌占。县委和县苏维埃政府被迫西撤,先后转移到诸佛庵、太子庙、道士冲。8月底,县委转移到六安中心县委所在地闻家店。9月,县苏维埃政府机关随独立一师一部转移到太平畈的杨氏祠,不久,转移到潜山境内(今岳西县境)。

7月27日,敌围攻英山,六霍总暴动指挥部派霍山独立二团200余人驰援,激战一日,团长张祖荫牺牲,英山县城失守。

8月初,敌潘旅继续西犯霍山大化坪,三区赤卫队配合县独立团一部英勇奋战,终因敌众我寡,大化坪失守,赤卫队退至头陀河。

此时,刚刚组建的中央独立一师、六霍赤卫师在麻埠、流波䃥、抱儿岭等地苦战月余,终因武器低劣、子弹缺乏,组建后又未经训练,没有作战经验,战斗力不强等原因,屡次失利,在皖西不能立足,后被迫转移到商南苏区。皖西苏区大部遂被敌占,基层党政组织被破坏殆尽,村庄尽成废墟,大批干部群众被敌屠杀。仅六霍两县就被敌杀害干部500多人、群众19600多人,被卖妇女1690多人。革命中心区域的舒家庙、团墩、三尖铺、匡黄冲、郝家集、白衣庵、西河口、新店河、大化坪、千笠寺、漫水河、独山、七邻湾、金家寨等地,变成了无人区。霍山东北区有500家、六安三区有100多家被敌杀绝,残杀惨状,不忍卒书。③到10月初,皖西苏区"几乎完全塌台,军事只留很少部分"。④

面对敌人步步进逼,根据地一天天缩小,舒传贤心急如焚,恨不得火速将远征平汉线的红一军调回,以解皖西之危。但此时红一军已不受六安中

第八章 与"左"倾路线坚决斗争

心县委指挥了。舒传贤向鄂豫皖边区特委请求援助,而特委正在发动黄安南部、黄冈北部、光山殷区和罗山周区等地暴动,无暇顾及皖西,况且也因没有得到主力红军的支援,都遭敌镇压而失败。

然而就在此屡战失利、皖西苏区丧失殆尽的危急形势下,上级还一再催促舒传贤率地方武装立即西征,去会攻武汉。8月中旬,六安中心县委调集了17000名赤卫队员(仅有300支枪,多数不能用,因好枪大都集中到红一军、独立一师中去了),并将中心县委机关、各群众团体的干部及工作人员编队随征,加之随军行动的六霍两县的干部、避难群众近万人,由六霍总暴动指挥部总指挥舒传贤率领,军民混杂,浩浩荡荡,从闻家店、燕子河、漫水河等地出发,经道士冲、烂泥坳、落儿岭,计划夺回霍山县城,与东北区游击队接应,以壮大力量,再西征会攻武汉。抵达落儿岭时,遇敌潘旅某连拦阻,激战数小时,敌退至离县城20里的黑石渡死守。霍山县城之敌亦闻讯派兵援敌。赤卫队进攻黑石渡苦战数日不克,伤亡很大,被迫退回土地岭以西,敌又乘势追击,将万余军民压迫于闻家店、燕子河一带狭窄山冲之中。五保团匪亦趁机向闻家店进攻。真可谓内无粮秣、外无援兵,大有被敌聚而歼灭之虞,情势万分危急。

在革命紧急关头,舒传贤进一步看清了"左"倾军事冒险给革命事业带来的严重损失。他认识到,如果再执行中央决议案,四面出击,疲于奔命,部队得不到休整,武器弹药得不到补充,粮食给养也毫无着落,以此疲惫困厄之师与武器装备精良的国民党正规军硬拼,最终将会导致革命武装全军覆没的危险,数年艰辛开辟的皖西根据地将会完全丧失,数十万人民群众将会遭到更残酷的屠杀。想到共产党的根本宗旨,想到土地革命的最终目的,舒传贤更加坚信攻打武汉是军事冒险,中央的决议案不符合实际,是错误的。于是,他不顾个人的政治风险,毅然于9月3日在闻家店将六霍总暴动指挥部解散,停止了会攻武汉的军事冒险行动。为了保存革命力量,避免更大牺牲,他果断决定暂时撤离皖西,退避商南。9月4、5日两天,舒传贤对撤退作了周密的布置,6日,舒传贤率六安中心县委、六霍两县部分干部、赤卫队、少先队3000余人及避难群众万余人,经金家寨,向商南苏区转移。这一决定,只是暂时退出皖西,避免与敌硬拼,保存力量,积极准备反攻,再夺回皖西,而不是后来"左"倾思想严重的人所说的"带群众跑反"。

舒传贤在决定革命生死存亡的紧急关头,果断停止执行会攻武汉的军事计划,挽救了皖西革命群众和革命武装,无论从理论上还是实际上都是十分正确的,是有功之举。在极"左"思潮甚嚣尘上的当时,敢于违抗中央决议精神是要冒杀头之险的,没有对革命的赤胆忠心,没有无私无畏的英雄胆略是绝对不敢作出如此决定的。幸亏9月党的六届三中全会在瞿秋白、周恩来主持下,基本结束了立三"左"倾冒险主义错误在党中央的统治地位,10月18日,党中央向鄂豫皖边区特委发出指示,说明目前全国还没有"直接武装暴动的形势",指出根据地党组织的中心任务是"巩固根据地的发展","加强红军,巩固红军",进一步建设苏维埃政权,深入土地革命。指示中还对红军的发展方向、统一各根据地领导和统一整编红军的问题作了具体规定,纠正了红一军直属中央指挥的决定,改为"一切直接集中于特委指挥之下"。⑤党中央派曾中生来鄂豫皖加强领导,贯彻三中全会精神,及时纠正了"左"倾错误,舒传贤才暂时免遭打击。

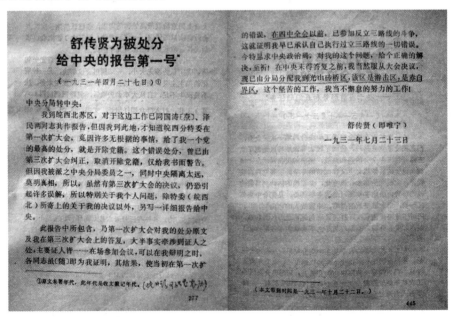

舒传贤为被处分给中共中央的报告第一号

第八章 与"左"倾路线坚决斗争

舒传贤不仅在行动上抵制了"攻打武汉"的"左"倾军事冒险,而且结合皖西巨大损失和血的教训,从理论上剖析了立三"左"倾路线的错误。集中表现在他于1930年12月10日给党中央的报告中。他在报告中单独列了"六英霍的苏维埃区坍台的原因和工作上的错误"一节,详细分析了皖西苏区贯彻"左"倾错误指示的21种具体表现及其造成的恶果,概括起来有以下几方面:

一、为执行"攻打武汉"的军事冒险计划,皖西的红三十三师(即改编后的红一军第三师)全部西调,舒传贤指出:"三十三师调走后,六英霍的武装非常之单薄,敌人一天天的进迫,所以六英霍的苏维埃只有一天天的缩小,群众感觉没有武装来与敌人对抗,因之起了恐慌,以至赤区动摇,如该师不调走,即是[使]皖西赤区的坍台,亦不得如此之快,六霍的干部亦不至牺牲四百七十余人,群众的牺牲亦不能有如此之多"。"过去赤区军事人才(斗争中的干部)统统由三师带去了,所以缺乏军事人才"。"忽视购买子弹,到了军事吃紧时,需要子弹时,三元一排尚且不容易购得"。⑥明确指出红一军三师执行长江行动委员会西调去攻打武汉的命令,是导致皖西苏区坍台的主要原因。

二、"反富农的路线不正确"。舒传贤指出:"在反富农时同时没有把中农和富农的经济地位的界线划分清楚,因此妨碍了中农利益,使中农动摇。在霍山县苏维埃开代表大会时(1930年6月——引者注),适中央军委巡视员朱瑞来六[安],我们就提出没收富农的土地,是如何没收,他说是没收富农的一切土地,我们再三叮问,他说他能负责任,是不错的,所以我们草案改了"(六安中心县委原来的土地分配草案是"没收富农剩余的土地"——引者注)。结果出现六安六区、霍山三区苏维埃政府"反对富民的路线不真[正]确,他们变成打倒富农,没收富农的财产,把富农赶上山头去开垦,且认为有剩余的即是富农。因此妨害了中农的利益,以至于动摇了中农"。他指出反富农是"中农动摇和恐慌的原因"。在皖西农村中占相当数量的中农之动摇和恐慌,对苏维埃政权的巩固产生了很大的不良影响,成为苏区坍台的重要原因之一。

三、土地分配政策不正确。舒传贤指出:"分配土地以人口计算,结果贫雇农得不着利益。如贫农若夫妻两人共分得六斗田,哪能够上种里[呢]?雇农他一人弄三斗田地,要专来耕这三斗田不如帮人。富农因他家人口多,确实得了利益。"另外,对1930年六七月间苏区粮食异常恐慌,红军、赤卫队及苏维埃政府工作人员早已以南瓜充饥,但在群众中多少还有一点粮食的情况下,决定对农民实行"对于多余粮食,即行没收,以致使农[民]动摇"。三师留守处还发生过不通过苏维埃政府"直接下群众的捐款条子,致惹群众自尽,群众恐慌";独立一师也发生过"随便查抄人家财物,没收群众的粮食致使群众反党"等违反政策的错误,舒传贤也提出了尖锐的批评。他在革命实践中清楚地认识到:政策是党的生命,苏维埃、红军和赤卫队之所以得到苏区群众的拥护,就是因为执行了党的正确政策。违反政策,就会失去群众的拥护和支持,动摇苏区的根基。舒传贤不单纯从军事失利,而是从政策高度去分析苏区坍台原因,说明他有很高的政策水平。

四、对"没有建立巩固苏维埃政府,坚强苏维埃政权",而"只注意军事忽视了群众的政治训练","苏区的工作和非苏区的工作没有配合和联系",以及"宣传工作缺乏","党的领导力量薄弱"等方面,舒传贤都提出了中肯的批评和精辟的分析,有的问题他还承担了责任。

必须指出,舒传贤写这份报告时,虽然中央已结束了立三"左"倾路线的领导,但六届三中全会精神,从文中看尚未贯彻到皖西。关于这一点,甚至连对他作出错误处分决定的皖西北特委也说,"他到上海以后,在反立三路线斗争正式开始以前",就"很坚决地与立三路线作斗争"。⑦说明了他与错误路线不妥协的斗争精神和高度的政治觉悟。

<h3 style="text-align:center">巡视非苏区　向党中央汇报</h3>

舒传贤率众转移到商南时,商南亦很吃紧,不几日,南溪被敌占。舒传贤原计划在商南暂时立足,准备3天后反攻闻家店。但现实是严峻的,一是

第八章 与"左"倾路线坚决斗争

子弹奇缺,独立一师、第一军独立旅(驻商南)"每条枪只有两三粒子弹,官长士兵都失了战斗争[力]"。⑧二是粮食奇缺。商南是深山区,本来粮食就缺乏,陡增六霍转移去的万余军民,粮食问题无法解决,"六霍群众都要饭,尤独立师没有粥吃"。部队没有子弹,万余军民没有饭吃,敌人的围攻有增无减。严酷的事实摆在舒传贤面前。下一步怎么办?

9月底,商城县委和一军独立旅委召开联席会议,邀请舒传贤参加。在讨论独立一师和六霍干群的出路时,有人主张继续西退,退到黄安,退到金刚山,不主张收复皖西。舒传贤对这一主张"极力反对",他说:"我们的六霍有六七万群众,商城有十几万群众,把这些群众难道把[给]敌人杀吗?共产党到底替什么人谋利益?"在他的一再力争下,"大会才一致主张不退却,反攻"。会后,他"率领六安赤卫队反攻金家寨,恢复六区地面"。⑨独立一师"虽经数次血战反攻,结果总是失败"。⑩形势仍很危急。

舒传贤为解除危局,曾多次请求商城县委帮助,无奈商城县委无力解决;又要求鄂豫皖边区特委解决困难,但特委复信说:"今后我们只发[生]横的关系,特委名称改为鄂豫特委,所要求的问题一概不能解决"。在此情况下,唯一的办法"我们只有要求中央"。⑪10月中旬,舒传贤在商城以六安中心县委名义,主持召集了由霍山县委、独立一师师委和六安青年团县委联席会议。最后,舒传贤宣布讨论结果:"(一)建立和加强白色区域工作;1. 恢复霍邱县委工作;2. 恢复霍山工作;3. 巡视寿县、舒城、合肥等工作;4. 加紧六安一区、二区、四区、八区工作,恢复三、七区工作。(二)在白区组织游击队骚扰敌人后方,解除商城东区之围。(三)筹款买子弹接济独立师。(四)派人到一军和十五军去要求派队来解除商城之围和帮助恢复六霍赤区。(五)霍山、英山、潜山边界赤区应派人去帮助工作和联系。(六)六安中心县委直属问题(原属鄂豫皖边区特委领导,但由于交通被敌阻隔,联系不密切。当时的特委改为鄂豫特委,且来信称与六安中心县委只发生横的关系,所以六安中心县委的归属问题急待解决——引者注)。(七)独立师的指挥问题及师长师政治委员问题。根据以上问题,遂决定唯宁去执行,派唯宁到白区建立工作及往中央,并负责与Y中央(即团中央——引者注)商量解决六安Y组织上直属的问题,与霍山、合肥、寿县、霍邱、英山等县关系。⑫联席会议又决定:(一)在唯宁未走以前,由唯宁负责管理独立师。(二)所有干部尽量参加独立师工作。(三)所有赤卫队由唯宁负责从行[重新]编制,凡是苏维埃的工作人员,一律参加赤卫队工作,同时又派得力干部去领导并组织总指挥部。(四)六安跑[反]的群众虽有组织,恐有其他派别及不好分子混入:1.举行群众总登记。2.把六霍群众被[避]难团改为六霍革命群众被压委员会,系统划为乡支分的组织。3.派得力的同志到委员会工作。我把三条任务完成后,中委本身也开了一次常委会(系三十八次),后又召集第二次联席会"。⑬会后,舒传贤、杨季昌、施醒民等8人便离开商城,前往非苏区巡视。他们到了商城五区,得知这里的同志大多牺牲,舒传贤便遣四五人回后方办事处工作,他与杨、施3人冒险冲过赤白交界的40里敌人封锁,抵达霍邱县境,开始了对霍邱、六安四区八区、寿县、合肥等非苏维埃区域的巡视指导。

在霍邱。11月初,舒传贤一行3人到达霍邱,县委已于数月前被敌破坏。11月5日,舒传贤找到县委的任怀俊、徐先如二位同志及白塔畈区、河口集区委负责同志了解情况。11日,舒传贤召集了县委扩大会议,"将该县委变成行委的组织,通过了全县工作计划"。县委下辖3个区委、2个特支,有党员200余人,有组织的群众5000多人。县委扩大会后,舒传贤等人配合县委成员,即分头到白塔畈、叶家集、河口集、洪家集等地做恢复工作。舒传贤在河口集协助区委召集了河口区党员代表大会,"并亲自指导河[口]区佃农向地主斗争——地主无理以收庄,佃户说水冰草枯要求再耕种一年,地主勾结当地自卫团把佃农家壮丁抓去二人监禁起来,迫令其退出庄家"。区农协主张"合法斗争",舒传贤没有同意,而是"首先召集区农协扩大会,通过建立斗争委员会,号召农妇六七十人向自卫团把人夺回来。自卫团见群众来哄,携械逃跑,被捕人已由群众夺回",愤怒群众还砸了自卫团的桌椅门窗,地主见状也表示"不要退庄听其耕种、租稻减收"。⑭这一斗争终于取得了胜利。

第八章 与"左"倾路线坚决斗争

在六安四区、八区。舒传贤巡视霍邱后,又到六安四区(南岳庙)、八区巡视。他"把三四区的枪支集中,编成游击队和特务队,开始行动,扰乱敌人后方,购买子弹接济独立师",又派人与一军(在潢川、光山一带)和十五军(驻英山)联系,"并派人到安庆特委转报长江局(因鄂东北一带被敌阻,只得通过安庆由长江去武汉长江局——引者注),请调一军和十五军就近援助商城、沈家桥两处,写信给后方王义中、薛英和商城师委(指驻商城的独立一师师委——引者注)报告外面情形及7条任务之执行[情况]"。⑮做完这些工作后,舒传贤又赶到寿县巡视。

在寿县。寿县建党较早,1928年就有党员800余人,后受敌摧残,到1930年春尚有党员400多人。但县委领导能力不强,有很多模糊认识,如不敢领导群众分大地主的稻;平时斗争还局限于开会、发宣言、贴标语;对建立革命武装的重要性缺乏认识,有的人愿意到别处工作,没有勇气在家乡工作;甚至有少数人表示过几年再入党干革命等等,党的活动几乎公开化,不注意保密,又大多流于形式。舒传贤针对上述混乱思想和模糊认识,做了耐心细致的说服教育工作,并"告诉他们许多策略和方法",争取群众、发动群众,对县委提出了批评,要求县委"将机关建到群众中去,负责同志要群众化"。⑯舒传贤还深入到堰口集、小甸集等地,指导基层工作。

在合肥。合肥县委下辖两个区委、两个特支,有党员一百六十人,群众四五千人,但发动不平衡,西南乡、东南乡发动较好,北乡较差,"城市工作没有打入进去",即没有打入统治阶级内部开展工作。舒传贤要求县委"坚决的[地]改造党员质量,向工人、雇农开门,尤其注意城市工作,加紧农协的训练和军事训练"。⑰

舒传贤、施醒民在合肥停留时间约在1930年12月至翌年初。舒传贤在合肥给党中央写了一份两万多字的报告,详细介绍了皖西苏区的范围、面积、各种组织情况、选举条例、土地分配、经济、武装、文化建设及苏维埃政府与红军、工会等关系;介绍了六安中心县委组织机构、工作制度、工作情况及非苏维埃区域的情况;还着重分析了皖西苏区发展受到挫折的原因及工作上的错误,揭露了敌人对苏区干群屠杀暴行。这是一份有深度、有分量的报告,对党中央了解皖西情况很有价值,也是为后人了解皖西革命斗争情况留下的十分宝贵的历史文献。

舒传贤在合肥工作告一段落后,与施醒民直赴党中央所在地上海。当时中共中央即将召开六届四中全会。王明刚从苏联回国,他为了抢夺党中央领导权,在党内拉帮结派,大搞宗派活动。尤其对安徽同乡,极尽拉拢收买之能事,据当时在上海党中央工作的胡允恭回忆:舒传贤以其在安徽党内的资格和地位,本来可以作为代表出席四中全会,王明向舒传贤拉选票,说只要你投我一票,我就安排你当正式代表。舒传贤听后很气愤,断然拒绝了王明的要求,结果王明只让舒传贤做些会议服务工作,无耻地取消了舒传贤正式代表资格。⑱舒传贤毫不在意,利用一切机会,向党中央、团中央及与会代表介绍皖西情况,并以大量血的事实指出立三"左"倾错误对皖西根据地所造成的巨大损失,同时也自觉地检讨了他本人及六安中心县委在工作中的缺点和错误。表现了他敢于坚持真理、修正错误的高贵品质。

舒传贤等人积极向中共中央反映立三"左"倾错误对根据地所造成的严重危害,党中央也于3月18日向鄂豫皖区发布《关于党务、政治、军事的综合指示》,指出:目前全国还没有直接武装暴动的形势,立三路线是错误的。以舒传贤为代表的皖西党组织抵制、反对立三路线的行动,是在接到中央指示之前进行的,这是舒传贤等人对皖西革命的重大贡献之一。

四中全会后,党中央同意成立中共安徽省委。1931年1月31日,王步文、舒传贤、方英、张照明、刘文等6人在上海召开了省委预备会议,筹备成立工作。舒传贤在会上作了"皖西工作报告",并参与了对省委人选、工作计划的确定和安排,促成了2月15日中共安徽省委正式成立。中央巡视员刘文建议"传贤同志要回去才好",⑲后来由于中央决定成立鄂豫皖中央分局,安排舒传贤为分局委员,所以才未参加省委工作。根据中央安排,方英任省委书记,在方英未到之前由朱华(即王步文)代理。后方英担任了皖西北特委书记。省委书记一职由王步文担任。5月31日,舒传贤的亲密战友、安徽

第八章 与"左"倾路线坚决斗争

省委书记王步文和刘文等 8 人在安庆被国民党反动派杀害。而此时,舒传贤也处于张国焘的迫害之中。

关于舒传贤在上海情况,他的同学、战友周新民 1965 年曾有这样一段回忆:"1930 年冬,舒传贤化装来沪参加第六次代表大会,讨论中国革命的性质和任务。当时我在上海教课。忽在电车遇见,他先看见我。他的胡子养得很长。走来问我:你还认识我吗?我答以完全认识。他问我住在何地?我即将地址开给他,请他来我寓过除夕(1930 年农历除夕为公元 1931 年 2 月 16 日——引者注),他答应准来。到期他来我寓密谈一通宵,将在皖西一带的红军建立和与蒋匪帮艰苦斗争的经过告诉我,给我很大的启发和教育。当时他在三年武装斗争中吃尽辛苦,饥饿时常以稻糠、草根、树叶、树皮等作食物。身体已不如前,患了肺病。"⑳ 从这段回忆中,不仅可看出舒传贤艰苦奋斗、忘我工作精神,而且知道他是带病到党中央汇报工作的。

1931 年 2 月,党中央为加强对各根据地的统一领导,决定成立若干个中央局或中央分局。3 月,舒传贤陪同沈泽民(中央将其定为鄂豫皖中央分局委员、宣传部长)从上海动身来鄂豫皖根据地。3 月 23 日,沈泽民和舒传贤在合肥召开县委及区委负责人联席会议,成立了由吴伯孚(任书记)、吴岱新(负责宣传)、薛英(负责组织)、余光、李德斋 5 人组成的中共合肥中心县委(又称皖西中心县委),目的是加强鄂豫皖苏区外围游击区党的工作。㉑

舒传贤根据组织安排到非苏区巡视指导,并去上海向党中央汇报工作,往返 5 个月。在白色恐怖严重的形势下,他随时都有被捕牺牲的危险,但他毫不畏惧,化装潜行,机智勇敢,冲过敌人重重封锁,深入到最底层,做具体细致的工作。他在巡视中,徒步千里,经常风餐露宿、忍饥受冻,且身患疾病,但他忘我工作,毫不懈怠。在上海,他如实地向党中央汇报皖西情况,包括自己在工作中的缺点和错误。他参与筹建安徽省委,归途中又筹建了合肥中心县委,仍在继续工作。可以说,舒传贤自离开商南到回到皖西的 5 个月间,没有一日不在工作,充分显示了他崇高的政治品质、坚强的革命意志和无私忘我的工作态度。

舒传贤传

4月初,舒传贤、沈泽民经正阳关到达皖西根据地中心区金家寨,岂料等待舒传贤仆仆风尘归来的却是皖西临时分特委给他的严厉处分。

飞来之祸:被"开除党籍"

六霍起义后,皖西各县革命形势发展很快。六安中心县委"一方面要指导军事与各县的工作,一方面要把六安本县的工作形成中心区域,以影响其他各县"。㉒工作千头万绪,十分繁忙,大有应接不暇之势,故1930年初县委即多次报告中央,请求设立特委机构,负责统一指导皖西各县工作。1930年2月下旬,中央决定将鄂豫皖三省边区19个县划为特别区。3月20日,在黄安箭厂河成立中共鄂豫皖边区临时特委,书记郭述申。3月下旬,中央决定将红三十一、三十二、三十三师合编为中国工农红军第一军,归中央军委指挥,军长许继慎。

1931年1月20日,中共鄂豫皖边区临时特委根据中央原则同意六安中心县委关于成立中共皖西北特委的建议,决定成立中共皖西临时分特委员会。派常委余笃三在金家寨召开由六安中心县委成员(舒传贤赴中央汇报,缺席)、皖西各县负责人、商城行委和红一军、红十五军前委代表参加的联席会议,宣布成立皖西临时分特委,负责指导六安、霍山、霍邱、寿县、合肥、英山、舒城、桐城、潜山9县工作,商城县工作也暂时归皖西临时分特委指导。姜镜堂(任书记)、余道江(负责工人部)、杨季昌(负责组织部)、薛英(负责宣传部)、曾泽民5人为常委。舒传贤、张德山、仲德、凌云、吴王卜为委员。同时成立了以姜镜堂为主席的皖西临时分特军分会,中共六安中心县委宣告撤销。

继联席会议后又召开了皖西临时分特委第一次扩大会议,由于受立三"左"倾思想的影响,在原六安中心县委书记舒传贤缺席的情况下,"竟因许多无根据的事情",对舒传贤作出了"党内最高处分——开除党籍"的错误决定。

舒传贤从中央回皖西,得知这一组织决定,他感到突然。但他很冷静,

第八章　与"左"倾路线坚决斗争

他把第一次扩大会议强加给他的不实之词,逐条加以驳斥,对由于情况不明而产生的误解,作了详尽的说明,对自己应负的工作上的缺点和错误也作了认真的自我批评。概括起来,主要有以下几条:

一、"妥协改组派首领"王燮、张静峰(即张景琨)、秦纶阁(即秦维纲)问题。王、张、秦是霍山人,知识分子,"五四"运动时期在霍山传播马克思主义。大革命期间参加国民党霍山县党部(左派)工作。舒传贤回乡后打入国民党霍山县指导委员会,与他们有所接触和联系。后来舒传贤全力发动六霍起义,与他们接触较少。但他们倾向革命,至于他们是不是"改组派首领",从现有资料看,难于确定。

1927年秋宁汉合流后,由于汪精卫、陈公博、顾孟余等人受到蒋介石的排挤,他们为了在国民党内部与蒋争夺权利,于1928年5月成立了"中国国民党改组同志会",习惯称之为"改组派",与蒋系势力抗衡,并在各省国民党上层发展组织。但由于实力悬殊,改组派很快败绩。1930年春,蒋介石派特务把上海改组派总部的王乐平杀了,并强令其所办的《革命评论》《前进》刊物停刊,至此,改组派已实际瓦解。1931年1月,汪精卫逃到香港,发表宣言,宣布改组派组织解散。

全国性的改组派组织已不复存在了,皖西的改组派组织又焉能独存?组织尚无,何谓"首领"? 因此,说王、张、秦三人是"改组派首领"不合逻辑。再听听当事人的回忆:郭述申说:"在革命阵营内部根本不存在什么改组派组织";徐向前说:"改组派、AB团,是王明搬来的,我看没有一个是真的。我熟悉的一些人不过是成分不大好,有的作风上不大好,都是有文化的";杨克武说:"张国焘肃反时,我在四方面军政务科任科长,专搞肃反,杀了一些人。鄂豫皖苏区根本没有什么改组派、AB团、第三党这些东西,硬是拿这些东西加在我们自己人身上,用国民党名义来杀人"。可见在鄂豫皖,在皖西,根本没有什么改组派组织。

王、张、秦充其量只不过是家庭成分不好,是知识分子,对革命前途不太乐观,行动不坚决而已。即使如此,舒传贤对处置他们的态度仍是很慎重的。1930年4月7日,霍山一区(东北区)暴动,三、四、七区起而响应。六安中心县委常委会决定派舒传贤指挥。他在黑石渡听姜镜堂说俞家畈有人反映王燮是改组派首领,舒传贤很重视此事,马上布置霍山县委书记喻石泉,县委常委、宣传部长刘时佑,县委常委、县苏维埃政府党团书记高健民(即高维琪)对王进行审查,但霍山县委大约出于证据不足、难以下手等原因,将此事交给红三十三师执行。东北区暴动胜利后,成立了霍山二区(城区)苏维埃政府,王燮当选为区苏维埃政府主席。7月,王"没等红军退出就悄然走脱"。为此事,喻石泉被撤销县委书记职务,高维琪也受了处分。因此,舒传贤说:"至于妥协改组派或[和]改组派斗争不坚决,则不但我平素政治上[不能]下此断语,即就王燮一案来说,也不能下此断语"。㉓

对张、秦二人,1930年7月也有人说他俩是"改组派首领",舒传贤当即通知霍山县委到张、秦二人所在的七区(诸佛庵)调查,后来六安中心县委还组织了由常委周狷之负责的特别法庭对张、秦进行审判。"审判结果,宣布无罪。退庭后,特别法庭的同志们又觉得他俩无论如何是改组派,叫唯宁用个人名义分别调往英山、商城二处实行暗杀。我是坚决反对在苏维埃政权下用阴谋暗杀,惹起人人恐怖。当时王平章同志也同(意)我的意见,他并说暗杀不好。于是狷之(中委常委员)、平章(特委巡视员)和我三人商量结果,张交霍山六区文化委员会监视,秦交六安六区文化委员会监视,一面令霍山县委侦查证据或人来告他俩在地方有罪过,再根据(事实)判决死刑宣布罪状(平章知道)"。后来又有传闻说,张、秦二人被弄到红军中去,第一次扩大会竟听信传闻,作为处分舒传贤的理由之一。舒传贤说:"以后霍山县委并没有把他俩弄到红军,决无其事。""这可见第一次扩大会上所举,关于我'妥协秦、张二人'的事,全系辗转传说,以讹传讹,扩大会参加同志不明真相,致有当时决议。"㉔从这里可见舒传贤对于人的处理一是慎重,不轻易下结论,不随便处决;二是重调查、重证据;三是坚决反对暗杀。这种对人的处理态度和方法是正确的,至今仍然适用。

二、"脱离群众跑反"。即指责舒传贤到非苏区巡视、赴中央汇报是"脱离群众跑反"。关于舒传贤离开商南赴中央的原因及在非苏区巡视指导工作的经过,前文已说过是通过六安中心县委第三十八次党委会及两次联席会议决定的。对此,舒传贤作了说明:"当时我提出不同意,坚决主张派别个人去,我又说我走与独立师与群众有妨碍,联会认为没妨碍。"在常委会及第二次联会上,他又作了解释:"我又提出派其他的常委到白区建立工作及往中央,当时有同志说我畏惧白色恐怖,不愿离开商南苏区,同时并说前次任务重要,[王]义中同志[说]前次在四月派我往中央,所有问题更没有解决,顶好是要唯宁同志去。中委常委与联会决议,唯宁同志应然(当)服从。"㉕再说,舒传贤在非苏区巡视及赴中央途中冒了很大危险,带病做了大量工作,如果不去,又会被说成"畏惧白色恐怖,不愿离开商城苏区"。根本不存在"跑反"问题。在极"左"思想指导下,是非完全颠倒了,功变成了过,本来十分正确的事却变成了"罪状"。

三、介绍、证明皖西党内同志与中央发生关系是"完全凭着人的感情而忽视一切"。㉖舒传贤驳斥道:"当六霍苏区塌台的时候,整个同志跑反,均十分迫切去找组织,我们只要他过去是忠实努力的同志,能说明离开组织的特殊原因,就当然为他证明在某一个地方组织发生关系。"况且他向中央介绍的"哪个不是干部,哪个不是积极分子",至于中央对他们或训练或分配工作,是中央的权限。作为皖西党组织的负责人,这样做完全是应该的,也是职权范围之内的组织行为。不难看出,指责他的人的真实思想是责怪他不该将皖西的情况如实向中央汇报,但口头上又不敢说,于是节外生枝,横加指责。

四、"带群众跑反"。即从闻家店率军民退到商南问题。本章在前已有记述。在那严峻的形势下,如不率军民暂避敌人锋芒,而与敌硬拼,只会全军覆没,牺牲更大。"且退却前已函知各高级机关,临时还通知各指挥部、各苏府、印刷处、互济会、军校等",舒传贤反问:"九月三日不退却,试问九月四、五日是不是退却?为保存我红军的实力,有退的必要"。㉗

五、"分配同志工作是拼命主义"。舒传贤反驳说:"派同志到白区工作确实是一件坚[艰]苦的事情,至于牺牲与否谁都不敢保险,我们只看工作需要不需要他去。"如"六安县委派尤迟(即周狷之——引者注)同志到非苏区工作是常委会决定的,也是尤迟同志自愿去的。因为头一次派王义中去,后义中到别处巡视,我在常委会说我自己去,常委又不同意,尤迟同志说:'我去比较好,你去对苏区工作无人指示。'结果还是他去。"周狷之于1930年8月被捕牺牲,"不能以他们牺牲都推过在我身上","也该拿事实来说"。㉓

另外,还罗列了舒传贤日常工作中的一些事,如干部调动"委派命令""削弱团的组织"等等,甚至由于中心县委机关炊事员手生肿毒不能烧锅,临时叫舒传贤的妻子陈春如烧饭,无报酬地为机关干部服务,也成了一条"罪状",被扣上"富于感情,忽视了组织"㉔的大帽子。即使对此小事,舒传贤也认真对待、虚心接受同志们批评,当天就叫陈春如离开了机关。舒传贤历来严于律己、宽以待人,但在大是大非问题上,他毫不妥协,敢于斗争。他尊重事实,是他的缺点错误,他敢于承认并尽快改正。对那些或凭空想象,或别有用心给他捏造的种种"罪状",他严肃地予以批驳,毫不留情。他是非分明,立场坚定,性格十分坚强。

1931年4月17、18日,根据党中央"皖西现即成立特委,管辖苏区非苏区十余县的工作,归鄂豫皖中央分局管辖"㉕的指示,中共皖西临时分特委在金家寨举行第三次扩大会议,在沈泽民主持下,传达了中共六届四中全会精神,将皖西临时分特委改组成立皖西北特委,由22名委员组成,书记方英,组织部长杨季昌,宣传部长薛英。特委领导六安、霍山、霍邱、商城4个苏区县和英山、合肥、舒城、桐城、潜山、太湖、寿县、颍上、阜阳、凤台、涡阳、蒙城、息县、固始、新蔡15个非苏区县的工作。在这次会议上,舒传贤对皖西临时分特委第一次扩大会议强加给他的"开除党籍"处分决定提出了申诉,对强加给他的"罪状"逐条批驳,并经喻石泉、高维琪、姜镜堂、吴王卜等10余位当事人在会上当众证明,结果会议一致通过,取消了给舒传贤开除党籍的处分决定。

4月27日,粉碎敌对皖西苏区"围剿"后,皖西北特委召开了第一次扩大

第八章 与"左"倾路线坚决斗争

会议(这次会议实际上是皖西临时分特委第三次扩大会议的继续),会议按照四中全会精神,检查了过去的工作,讨论了今后的任务。30日通过了《皖西北特委第一次扩大会议决议》(以下简称《决议案》)并上报中央。《决议案》在原则上肯定了"过去皖西苏维埃区域,在皖西工作同志坚决的斗争之中确有猛烈发展与扩大"之后,便以"反对立三路线"为由,指责皖西的党"自分特委起至各下级党的组织为止,都没有有计划的经常工作",土地革命执行了"富农路线",肃反采取"极端错误的方式";苏维埃政府在许多地方保留"统治阶级衙门"的痕迹,军事上"放弃巩固苏维埃根据地的任务"等等,《决议案》要求在共产党内"坚决执行两条战线上的斗争,集中火力反对右倾"。这次会议标志着王明"左"倾机会主义在皖西北统治的开始。

会议根据皖西临时分特委第三次扩大会议的决定,对舒传贤的问题,作出了《皖西北特委第一次扩大会议对于唯宁问题之决议》,认为皖西临时分特委"对于唯宁同志的处罚是不适宜的,是在立三路线之下犯了家长惩办制度",决定撤销对舒传贤开除党籍的错误处分,但在"左"倾错误路线指导下,仍然强加给他以对处置"改组派首领"确有不敏捷之错误,"故在此大会上重新决定对唯宁同志书面警告"处分。这一处分也是不适当的,但舒传贤从顾全组织威信出发,他忍让了。所谓舒传贤的错误及组织给予的处分结论,到此已经解决了,但张国焘却把它当做"把柄",对舒传贤进行了更加残酷的迫害。

与张国焘针锋相对的斗争

中共六届四中全会后,王明夺取了党中央的领导权,开始推行一条比李立三更"左"的机会主义路线。四中全会上,王明抛出《为中共更加布尔什维克化而斗争》的小册子,极力推行"左"倾机会主义,在小册子中宣扬"要特别反对的主要危险——右倾机会主义倾向",要"肃清那些不可救药和固执己见'左'右倾机会主义分子离开领导,以能积极拥护和执行国际路线的斗争干部——特别是工人干部,来改造和充实各级的领导机关,以便于紧急的革命工作"。王明的极"左"路线,在党内受到很多人的批评和抵制。张国焘瞅准了王明极需支持、摆脱在党内十分孤立的困境的机会,赶紧抛出《拥护四中全会与两条路线斗争》一文,吹捧王明是国际路线和中央正确路线的代表,说什么反对王明就是反对国际路线,就是反对党中央。中央指定张国焘、沈泽民、陈昌浩、曾中生、舒传贤、徐宝珊、王平章、蔡升熙8人为分局委员,张国焘任书记,舒传贤任组织部长。

张国焘以"反立三路线"、反三中全会"调和主义"为由,实际推行比立三"左"倾错误"更坚决,更有理论,气焰更盛,形态也更完备"㉛的新的政治纲领。他下车伊始就大反"右倾",对根据地的党、苏维埃政府和红军横加指责、基本否定,要进行全面的"改造"和"整顿"。他是一个权力欲极强的野心家,他俨然以"老干部"自居,把自己打扮成党的化身、正确路线的代表,大搞唯我独尊、唯我革命,听不得半点批评或建议。而王明的"左"倾机会主义路线在鄂豫皖必然会受到像舒传贤、许继慎等一大批久经斗争考验的干部们的抵制和反对。张国焘要推行王明极"左"路线,在干部问题上必然要搞宗派活动,搞顺我者昌、逆我者亡的家长制统治。舒传贤是皖西根据地的主要创建者,理论水平高,工作能力强,在干部群众中有基础、威信高,又是中央指定的分局委员、组织部长。这些都无疑成了张国焘推行王明"左"倾路线的极大障碍,客观上对张国焘构成了威胁。张国焘又是一个政治品质十分卑劣的阴谋家,他清楚地知道:如果不把舒传贤拉过来,就要把他打下去,否则,王明"左"倾路线那一套起码在皖西地区就无法推行,他个人的"威望"也就无法在鄂豫皖苏区树立起来。

1931年4月底,张国焘从黄安七里坪来皖西视察,在金家寨与舒传贤、许继慎、方英等皖西干部初次见面的交谈中就发生了严重的分歧。张国焘走马观花、浮光掠影,到皖西仅两三天时间就对皖西的党、苏维埃政府和红军横加指责、妄下结论。他说,在皖西党内,特别是领导干部中,充满了地主、富农、资产阶级、知识分子和高利贷者的气息。舒传贤等人不同意张下此断语,予以反驳:皖西根据地党、政、军各级领导干部中,是有

第八章 与"左"倾路线坚决斗争

不少知识分子,他们虽然大多数出身于地主、富农等剥削阶级家庭,但他们在皖西传播马克思主义,宣传共产党的政治主张,发动农民进行土地革命,他们的行动已表明他们早已背叛了反动阶级,背叛了剥削阶级家庭,他们是革命的知识分子,怎么能把他们当做地主、富农、资产阶级呢?张国焘强词夺理说,这些知识分子中很多人是改组派。舒传贤等人反驳:改组派组织已宣布解散,皖西苏区的知识分子中可能有人对革命形势看不清楚,少数人革命不坚决,但不能把思想认识问题都说成是改组派。张国焘说,皖西红军中有很多土匪、反动分子,红军成分不纯,红军里没有共产党。对此,许继慎反对最为激烈。许继慎、舒传贤等人反驳说,皖西的工农红军是在农民暴动和民团起义基础上组建的,民团团丁在未起义前,大多数是破产农民,是被迫当兵的,后来起义了,掉转枪口与国民党军队作战,为保卫苏区而英勇战斗,怎么能说他们是反动分子呢?皖西红军中有大刀会会众,但他们是受党的政策感召而加入革命队伍,怎么能说他们是土匪呢?皖西的主力红军第三十三师创建伊始,就组建了师党委,师、团级领导干部大都是共产党员,每次战斗的战前动员,作战计划以及战后总结,都是由党组织进行的,三十三师就是六安中心县委直接领导下的一支革命队伍,怎么能说红军里没有共产党呢?张国焘说,皖西土地分配是执行了"富农路线"。舒传贤等人反驳:土地分配中,才开始我们只没收富农剩余土地,按人口平均分配,富农得了利益,后来我们改正了,但也不能把富农土地全部没收,把他们赶上山。是不是执行了富农路线要看贫苦农民是不是真正得到了利益。张国焘甚至连皖西苏维埃政府工作人员中有人穿长袍的小事也要奚落一番,说他们像衙门里的官僚。舒传贤等人感到可笑,诙谐地说,穿衣戴帽,各人所好,不能以衣帽论人,譬如你张主席在国外着西装,难道我们能说你是大资本家吗?总之,在金家寨,张国焘在与舒传贤等人的争论中彻底败阵,但他并不认输,他仍然将他的这些奇谈怪论塞进了他写给党中央的报告之中。㉒他在 20 世纪 60 年代写的《我的回忆》中对此次争论仍耿耿于怀,说"我颇生气"。张国焘进一步看清了许继

舒传贤传

慎、舒传贤等人的刚正不阿的禀性,知道他们是拉不过来的,于是便坚定了"打"的决心。张国焘把舒传贤、许继慎等皖西干部对他错误言论的批驳臆断为有一股"反中央分局的暗流",并认为这股暗流的起点在金家寨。他说:"所有应兴应革事项我胸中已略具端倪,急需召开全区党的和其他的各种大会,以推进工作,向更高的阶段发展。"说白了,就是利用组织名义,用开代表大会的方式对舒传贤等人进行迫害,张国焘要动手了。

必须指出,这次金家寨争论是在舒传贤的处分由皖西北特委报送中央分局批准期间,他明明知道他的命运掌握在张国焘手中,更知道张国焘的权力大得吓人,触犯了张,无异于太岁头上动土。舒传贤如果屈意迎合张国焘,也许会减轻处分或免予处分。但他出于对革命的忠诚,他不允许张国焘对皖西革命肆意诋毁,他置个人得失荣辱于不顾,仗义执言,敢于碰硬,表现了他疾恶如仇的禀性和光明磊落的坦荡襟怀,岂不知这次争论更加速了张国焘对舒传贤的迫害升级。

中共中央鄂豫皖分局旧址

第八章 与"左"倾路线坚决斗争

张国焘在皖西的金家寨、独山转了几天就回到新集,紧锣密鼓筹建中央分局。5月12日,中共鄂豫皖中央分局在河南光山县新集正式成立,随后宣布撤销中共鄂豫皖特区委员会,同时成立了鄂豫皖革命军事委员会。分局委员除中央指定的8人外,又补充了郭述申、周纯全、高敬亭为委员,甘元景、方英、徐向前、郑位三、曹大骏等人为候补委员。张国焘任书记兼军委主席,独揽了鄂豫皖根据地党和红军的大权,开始建立家长式的军阀主义统治。

中央决定舒传贤任中央分局组织部长,但张国焘借口舒传贤"对改组派首领有不坚定不敏捷的政治错误",擅自决定暂不分配舒传贤的工作,并指定他人代替了舒传贤的组织部长职务。关于舒传贤的所谓错误,皖西北特委已经弄清楚且有组织结论,张国焘却煞有其事地"组织一审查委员会来审查传贤同志的错误"。③这是张国焘蓄意迫害舒传贤的第一步。

舒传贤是一位组织性很强的党的领导干部,在接受分局审查期间,主动将已经写好、尚未寄出的《舒传贤为被处分给中央的报告第一号》交给审查委员会,并在审查会上做了口头报告(内容与第一号报告同),沈泽民也在大会上将他在皖西对舒传贤问题的调查作了报告,审查共用两天时间,又将在外地的高健民、吴王卜调来开会,让他们当众对证。沈泽民说,"凡我报告牵连到他俩人的地方,据他俩向审查委员会的报告,与我的报告(第一号)没有不符合之处,及委员会用多方的调查,证明我的报告(第一号)的事实是正确的"。舒传贤的问题弄到这一步也该结束了,但张国焘并不善罢甘休,"迁延好久,仍然交分局第一次扩大会解决"。④

中央分局第一次扩大会议于6月28日至30日在分局所在地新集召开。这次会议的主要任务是全面贯彻王明"左"倾机会主义的各项"新政策",提出"首先改造红军的成分,加紧红军中的肃反工作";在党内"坚决执行两条战线上的斗争,彻底完成消灭立三路线,集中火力打击右倾机会主义"和一切"调和主义"。⑤在这次会上,张国焘对抵制"左"倾错误路线的根据地干部,进行残酷斗争、无情打击。鄂东北特委书记徐朋人因反对在春耕农忙季节反复平分土地影响生产,被当作"不可救药的右派小组织分子"开除出党;十三师政治委员陈定候因写文章对在根据地内过分提高工人工资而影响工农联盟的劳动政策提出不同意见,被指责为"反对改善工人生活、破坏工农联盟"而撤销其职务;许继慎被指控有"军阀土匪习气"受到严厉批判,曾中生、余笃三等人也受到很大冲击。总之,凡对中央分局及张国焘稍有不满的人都被扣上"反对四中全会路线""右倾机会主义"等大帽子而进行打击。舒传贤当然不能幸免。

鄂豫皖苏区首府新集全景

大会强加给舒传贤的"罪状"有四条:"(一)对于王燮、张静峰、秦纶阁等改组派分子处理不坚决不敏捷。(二)带群众而自由跑到上海(离开商城而往上海)虽系联会决定的,这也是错误的。(三)在皖西证明刘裕恭(化名周基)是Y中央派来的,现有人发现刘裕恭有改组派嫌疑,此案尚在审判中,因此在组织观念上犯了错误。(四)给中央(第一号)报告认为,皖西分特第三次扩大会的新决议他的问题已算完全解决和他第一次申明承(认)错误不

第八章 与"左"倾路线坚决斗争

够,这是不忠实的",并据此对舒传贤作出如下处分结论:"(一)给唯宁最后的严重的警告。(二)开除唯宁的中央分局委员。(三)由分局分配唯宁到下层工作。"㊱张国焘对舒传贤的迫害又升级了——从撤销组织部长上升到开除中央分局委员。

舒传贤对上述强加给他的诬蔑不实之词及错误处分决定当即表示不服,站起来要求申述,但主席团借口"时间不允许,即由大会通过",㊲并强迫舒传贤接受。张国焘在鄂豫皖大权独揽,处理像舒传贤这样的高级干部,没有他的首肯是不可能的,对舒传贤的问题之所以"迁延好久"不予解决,就是要以组织名义、以大会的形式强迫舒传贤就范。由此可见张国焘居心叵测、整人有术。

舒传贤并没有屈服于张国焘的淫威。虽然大会粗暴地剥夺了他应有的申诉权,但他还是于7月23日给党中央写了申诉报告,对张国焘强加给他的诬蔑不实之词,进行了针锋相对的批驳。

对于强加给舒传贤的第一条"罪状",即对王燮、张静峰、秦纶阁等所谓改组派分子(由"首领"改为"分子")处理不坚决不敏捷问题,本章已作详述,不必再赘。对于第二条"罪状"即"带群众跑反而自由跑到上海"问题,详细经过本章也已作了介绍和评述,这里再着重说几句。所谓"带群众跑反",指的就是1930年9月3日率六霍军民撤离皖西退到商南一事,这是抵制立三"左"倾军事冒险错误、保存革命力量的正确决策,非但无过,反而有功。所谓"自由跑到上海",即舒传贤离开商南到非苏区巡视,后到上海向党中央汇报之事。第一,是集体研究、会议决定的,大会却说"虽系联会决定的,这也是错误的"。这简直是横蛮不讲道理,会议决定的也是个人错误,难道当时必须要远在苏联的张国焘决定才不算错误吗?真是岂有此理!第二,离商南之前对中心县委工作作了具体安排,不是贸然出走。第三,到非苏区巡视,历尽千辛万苦,做了很多工作且卓有成效,并不是游山玩水。第四,在皖西苏区塌台、党组织归属关系不明确的情况下,作为皖西党组织的负责人,有责任也有权力向党中央汇报情况、请示工作。对于强加给他的这一条"罪状",舒传贤理直气壮地说:"就来[拿]过去事实来证明,我在六霍亲自领导群众斗争五百多次,指挥几区暴动,虽有遭失败,白色恐怖异常而我始终未离工作地。我且带领游击队和特务队工作,创办三十三师及独立师,我率领[军民]打过几次仗,我在革命斗争中未有表现畏却的;就我在上海做短期工作以及派我到鄂豫皖苏区工作,我同泽民、琴秋等同志,我们也很快赶到;皖西苏区最近受了这个打击,我还是努力工作,从此都可以证明的。何得结论我犯了错误?错误在哪呢?"⑧舒传贤的质问,张国焘是无法回答的,张国焘的唯一伎俩就是以强权压制真理,颠倒黑白,混淆是非,用手中的权力整人。

指控舒传贤的第三条"罪状"即不应该向皖西团组织证明刘裕恭是团中央派来的。关于这个问题的经过是这样的:舒传贤在上海时,霍山县委常委、宣传部长刘时佑正在中央训练班学习,刘时佑向舒传贤证明了刘裕恭、姚万彬(即姚家华,霍山县区委书记)等人的党员身份。舒传贤详细审查了刘裕恭本人写给中央的报告,认为情况属实,并与此时在上海的方英、刘文(党中央派往安徽的巡视员)进行了研究,认为他们的年龄在团员年龄范围,遂共同决定介绍他们到团中央举办的训练班受训。受训结束后。"Y中央派刘裕恭回皖西工作,并带Y中央重要文件",刘带回的文件共青团皖西北分特委收到了,只是因为"刘裕恭的介绍信洗不出来"(当时用密码写,往往洗不出来,这纯属技术问题),对刘产生了怀疑,此时又有人说刘有"改组派嫌疑",于是也就成了舒传贤的一条"罪状"。至于刘是不是改组派嫌疑,当时还未查清,怎么连尚未查清的问题也要株连到舒传贤呢? 真是欲加其罪,何患无辞!

最后,连舒传贤在4月27日给党中央写报告(第一号)这件事,也成了一条"罪状"。舒传贤是党中央指定的中央分局委员、组织部长,应该说处分舒传贤要经党中央批准。当他受到皖西临时分特委错误处分时,他完全有权向中央反映情况。这也是组织原则所允许的正常现象,况且他的报告是由"中央分局转中央",可见他襟怀坦白,并没有背着张国焘向中央报告。但

第八章 与"左"倾路线坚决斗争

是在张国焘这个家长制专制主义者看来,敢于向党中央反映处分不当,岂不成了"大逆不道"。

舒传贤为被处分给中央的报告第二号

舒传贤在给中央的报告(第二号)中明确表示:"我认为审查委员会仅把审查结论四点错误向大会报告,主席又不许我做简单报告,出席的当然不清[楚]我的事实,当然得不到正确解决,分局不可以解决的(指分局无权撤销他组织部长、开除他分局委员——引者注)而延长一两个月不解决,我认[为]在工作点上也不对的。审查委员会拿我的那样一般的事实,做成了这样结论,开除我的中央分局委员,又给我最后严重警告,这个处罚确实过火,我认为是不正确的。"这是他公开向张国焘宣战,是愤怒的控诉,是讨伐的檄文!也是他最后留给我们火一样的文字。舒传贤怒斥了王明"左"倾机会主义路线的忠实推行者,像匕首一样刺痛了张国焘,张更加被激怒了。张国焘在给党中央的报告中竟丧心病狂地把舒传贤说成"改组派元老",㊵这无异于宣判了舒传贤的死刑。因为在"左"倾机会主义者那里,要迫害一个人,没有比诬指他是"改组派"再省事不过的杀人手段了。只要沾上了"改组派"三个字,就免不了要被杀头,更何况张国焘亲自批舒传贤是"改组派元老",当然更是在劫难逃了。张国焘已在磨刀霍霍,就要向舒传贤下毒手了。

战斗到最后一息

鄂豫皖中央分局第一次扩大会后,舒传贤一方面对强加给他的错误处分决定,据理力争,再次向党中央写出了申述报告,表示不服;另一方面表示"在中央未得答复之前,我当然服从大会决议,现已由分局分配我到光山砖桥区,该区是游击区,是赤白界区,这个坚[艰]苦的工作,我当不懈怠的努力的工作"。㊵表现他的高度组织原则。

舒传贤于1931年7月底到达河南光山县砖桥区,担任区苏维埃政府主席。不久,砖桥区委书记翁玉常调往他处工作,舒传贤又担任了区委书记。砖桥位于光山县东南,距县城45里,这里在1929年就建立了农民协会,1930年6月成立了区苏维埃政府。舒传贤忍辱负重,承担了该区党、政全盘领导责任,对巩固苏区作出了贡献,不久,砖桥便成为光山县比较巩固的革命中心区域,他在此工作时间不长,但他给当地群众留下了深刻印象,以致在70年后,一些健在的老人还说:"夏唯宁工作劲头大,有魄力,很会说话。"㊶舒传贤在遭受张国焘严重打击的逆境中,仍然积极工作,表现了他的博大胸怀、坚强意志和对革命忠贞不贰的高尚情操。

当舒传贤在光山工作期间,张国焘在鄂豫皖苏区掀起了"大肃反"的狂潮,开始了对苏区的党、政、军及各群众团体的领导干部和工作人员进行残酷的迫害。

在中央分局第一次扩大会上,张国焘指责皖西北苏区"特别是豪绅地主残余,富农分子,甚至改组派、铲共团首领尚混入苏维埃机关和党内组织来,这是非常严重的现象"。指出"在目前的环境之下,最严重的危险是右倾机会主义"等等。大会还专门通过了《皖西北特委工作决议案》,在原则肯定皖西北特委自成立以来,实行工作转变中所取得的成绩之后,指出这个转变是"仅仅开始","建立切实转变的工作,还须非常大的努力","今后要把路线上

第八章 与"左"倾路线坚决斗争

的转变深入到基层"。7月1日,鄂豫皖区第二次苏维埃代表大会开幕,大会又通过了《给皖西北特苏的指示信》,信中指出皖西北在政权建设、土地分配、肃反工作、扩大红军和经济文化建设等方面有"许多严重的错误与缺点",强调"目前皖西北的改造,是非常严重而刻不容缓的问题"。重弹"皖西北苏区因苏维埃政权中混进了富农、地主、反革命分子"的老调,责令要"坚决的驱逐苏维埃政权机关中地主、富农、土匪分子以及政治派别嫌疑犯",诬蔑这一苏区的土地分配是"彻头彻尾的富农路线"。强调"肃反工作是皖西北非常严重的问题","政治派别尤其是改组派的活动,在苏维埃政权底下到处发现",要求"坚决肃清一切不好的分子","一切政治派别及反革命分子应严格逮捕"。不难看出,《皖西北特委工作决议案》和给皖西北特苏的《指示信》是全面贯彻王明"左"倾机会主义路线,加紧"肃反"的动员令。在这种逼人的形势下,皖西北特委于7月下旬召开了第二次扩大会议,通过了《皖西北特委第二次扩大会议决议案》。这个《决议案》在对形势的估量上,继续强调全国性的"革命高潮";在党的任务上,提出"要切实执行进攻的行动";在土地政策上,主张继续批判所谓在皖西北"形成了一贯的富农路线",要实行"地主不分田,富农分坏田"政策;在对战斗在皖西北的红十二师的看法上,夸大了"成分不纯",提出了一系列的"改造"措施;在苏维埃政权问题上,硬说"苏维埃政权的建立有许多地方不是群众建立起来的",混入了坏人,因此必须继续加以"改造"等等。这次会议及其通过的《决议案》,标志着王明"左"倾机会主义路线在皖西北地区全面、系统地贯彻执行。"大肃反"的狂浪在皖西北掀起。

1931年8月,鄂豫皖政治保卫局(专为"肃反"而设的机构)在设于麻埠的后方中心医院,当时有些投诚起义人员对生活、医疗方面有意见、发牢骚,有些极"左"分子以此为根据,把他们打成"反革命",并向中央分局诡称:破获了一个反革命集团,约120人,大多数是被俘的国民党第二十四师师长岳维峻的部下。还编造了一个以许继慎为首的9人委员会,准备于9月15日暴动投敌的虚假故事。张国焘由此臆断"AB团""改组派""第三党"已"联成一气",断定"必然有一个反革命极大组织"。于是保卫局按张的臆断,在红四军中开始"肃反",随意捕人,严刑逼供,张国焘说什么"红军中的破获",是"皖西反革命的重要组织的发现"。胡说"皖西之反革命之特别多,几乎各级指导机关都充满了反革命"㊷等等。张一面批评皖西北特委书记方英对"肃反"抓得不力,责令立即在皖西抓紧"肃反";一面继续在红四军内"坚决肃反",大肆逮捕"反革命分子"。9月13日,张国焘与红四军政治委员曾中生为红军进军方向(张主张出击安庆,威胁南京,曾认为这一路线难以打通,主张出击蕲[春]黄[梅]广[济])发生争论,这本是正常的现象,但张将这一争论上升到"是原则上路线上的分歧",借口曾中生"公开对抗分局",派陈昌浩亲往麻埠夺了曾中生红四军政治委员的权,当即逮捕了团长潘皈佛等20多名干部,并强令红四军继续北返,途中又逮捕了许继慎等高级将领。9月底,部队进驻光山白雀园,张国焘由分局所在地新集赶来,坐镇指挥,"全力肃清四军之反革命和整顿四军",大肆捕杀各级将领和革命战士。到11月中旬,在红四军中被以所谓"改组派""AB团""第三党"等罪名而加以杀害的"共计肃清改逆一千人,富农及一切不好的分子一千五六百人"。㊸这就是历史上骇人听闻的"白雀园大肃反",其中被捕杀的师级以上干部有许继慎、周维炯、姜镜堂、熊受宣、李荣桂、王培吾、肖方、廖业祺、庞永俊、漆禹原等人,团级干部有潘皈佛、罗炳刚、王长先、袁皋甫、吴荆赤、吴云山、高建斗、封俊、魏孟贤、刘信成等人。

在张国焘等人认为"四军中反动派阴谋已大致肃清"之后,从10月开始,强令地方立即"充分应用四军中肃反的经验与教训""加紧两条战线的斗争""去进行党内淘汰异己分子工作"。并规定地方上的"肃反"对象除"改组派""AB团""第三党"之外,还应包括"一般工农群众中经过流氓土匪生活的分子,在红军中表现畏缩的分子,对革命胜利前途表示怀疑的分子,因失错受过责罚的分子"。在方法上,"要把肃反工作和党内两条战线斗争密切联系起来""从不正确的政治观点斗争中去寻找反动组织的线索",采取组织公开的政治保卫队和秘密侦探相结合的手段,到处抓"反革命"。凡家庭出身

第八章 与"左"倾路线坚决斗争

不好的、有文化的、从国民党军队或民团中起义过来的,有改组派嫌疑的、对四中全会有抵触的、对张国焘和中央分局稍有不满的,一律从革命队伍中清洗出去,轻则撤职开除,重则逮捕处决。甚至青年男女在一起玩也被诬蔑为"恋爱委员会",几个人在一起"打平伙",也被诬蔑为"吃喝委员会",一概被划入"肃反"之列。完全混淆了思想问题、工作问题、生活问题与政治路线之间的界线,从而使"肃反"扩大化。于是演出了随意逮捕、严刑逼供、"辗转招供"、层层株连、成批杀害的大惨剧。到10月初,皖西苏区的党、苏维埃和红军中就有百余名干部被捕杀,而且"肃反"凶焰还在继续蔓延。

舒传贤面对"大肃反"的狂潮忧心如焚,他虽然身处逆境,结局凶多吉少,但他觉得个人的遭遇比起整个根据地的兴衰来说,显得微不足道,他最痛心疾首的是这样"肃"下去,皖西乃至整个鄂豫皖根据地岂不将要断送吗!但在极"左"逆流铺天盖地而来的形势下,他个人是无法扭转这一局面的,况且他又是一个被剥夺了权力的人。他只能怀着对党、对革命事业的坚强信念和无比忠诚,更加忘我地工作。10月初,已受到严密监视的红十一师师长周维炯率部攻打仁和集,却被诬为"向砖桥方向移动,周维炯又在砖桥与改组派元老夏唯宁接洽密约"。㊹砖桥距仁和集仅10里路,舒传贤为积极配合仁和集之役,动员了全区的赤卫队员配合红军作战,并组织了担架队、运输队等支援组织,如果他与周维炯有什么"接洽密约"的话,也无非是商讨如何打好这一仗。在红军的英勇作战及附近军民的积极配合下,10月3日,红军攻下仁和集,歼敌第十二师两个团,缴枪千余支。㊺

仁和集之役刚结束,周维炯即遭张国焘逮捕。11月中旬与许继慎等人被杀害于白雀园。此时皖西"肃反"已达到高潮。在11月中上旬(当事人回忆是在割稻以后),舒传贤即被皖西北特委以"分配工作"名义召回麻埠,不久就被秘密杀害于他战斗过的皖西山中。当时他才32岁,正处于为党为人民作出更大贡献的青春年华。舒传贤之所以被秘密杀害,一是因为极"左"政策的执行者们顾虑到舒传贤在皖西影响大、威信高、受到干群爱戴,不敢公开处决;二是如公开处决就要审判,但舒传贤没有任何罪过,所以他们只得采取了卑劣的秘密处决的方式。关于舒传贤牺牲的确切地点,一直没有调查清楚。有人说他是在从光山回麻埠的途中被杀的,有人说他是在麻埠附近的一山沟中被人用石头砸死的,有人说他是在一地窖中被人用绳子勒死的。但所有这些回忆者都不是当事人。所以这个问题还有待于今后资料的发掘,也许会成为千古之谜。

舒传贤牺牲了,搏击的雄鹰夭折了!青山为之黯淡,江河为之呜咽。

不久,舒传贤的妻子陈春如(在皖西北特区妇女部工作)亦被株连遇害于麻埠。与此同时,皖西北根据地一大批干部被迫害致死,其中有方英(皖西北特委书记)、薛英(特委常委、宣传部长)、杨季昌(特委常委、组织部长)、朱雅清(特委委员)、黎本益(特委委员)、芦舒(霍山县委书记)、饶会龙(霍山县苏维埃政府主席)、舒圣苍(霍山县委委员)等人,张国焘几乎把皖西根据地的创建人杀光了。

舒传贤的一生是光辉的、战斗的一生,他忠于党、忠于革命、忠于人民,不仅是对皖西、安徽乃至鄂豫皖根据地的革命作出过重大贡献的领导人,而且是有革命理论、有斗争经验、经历过各种斗争考验的杰出的无产阶级革命家,他没有牺牲在同敌人浴血奋战的疆场,没有牺牲在敌人的监狱中、刑场上,而是屈死在张国焘"肃反"的屠刀之下,真是千古奇冤。这是一个多么惨痛的教训啊!

张国焘在鄂豫皖根据地制造了骇人听闻的"肃反"大冤案,大批忠于党、忠于人民、忠于革命的优秀干部和战士被无辜杀害,给革命事业造成了无法弥补的巨大损失。党组织和红军元气大伤,以致第四次反"围剿"失败,红四方面军被迫撤离鄂豫皖。

自古忠奸如炭冰,历史是公正的。舒传贤永远受到人民的缅怀和敬仰,而叛徒张国焘则永远被钉在历史的耻辱架上,永远被人民唾骂。

我们的党是伟大的。中华人民共和国成立后,舒传贤等数千名无辜被杀者,陆续得到了平反昭雪。舒传贤被安徽省人民政府第一批追认为革命烈士,民政部将其卓著功绩载入《中华英烈大辞典》⑥等权威历史辞书,有关

第八章 与"左"倾路线坚决斗争

他的革命事迹的图片、资料在鄂豫皖各地纪念馆中展出。中共霍山县委、县人民政府为舒传贤建了陵园、立了塑像,每年都有大批的工人、农民、战士、干部、学生前来瞻仰、纪念。舒传贤的英雄事迹在大别山麓、皖西大地讴歌传颂。他永远活在人民心中。他的崇高革命精神永远激励着人民不断前进。

▎参考文献▎

① 陈贤忠、童志强:《风雨神州、大浪淘沙——尹宽传略》,载中央档案馆、安徽省档案馆编《安徽党史研究》,1987年第3期。

② 中共六安地委党史办编:《皖西革命史》,第75～76页,安徽人民出版社,1987。

③⑭⑯⑰《舒传贤关于六安中心县委工作情况给中央的报告》(1930.12.10),载中央档案馆、安徽省档案馆《鄂豫皖苏区革命历史文件汇集》,第四册,第238页、245页、244页、244页,1985年12月印。

④《皖西北特委方英报告》(1931.6),原件存中央档案馆,抄件存霍山县党史办。

⑤《中共中央给鄂豫皖边特委关于党务、政治、军事的综合指示(1930.10.8)》,原件存中央档案馆,抄件存霍山县党史办。

⑥ 以舒传贤在同一报告列举各县、区干部牺牲数字之和应为500多人。

⑦《皖西北特委第一次扩大会议对于唯宁问题的决议案》(1931.4),载中央档案馆、安徽省档案馆《鄂豫皖苏区革命历史文件汇集》,第四册,第275页,1985年12月印。

⑧⑨㉓㉔㉖㉗㉘㉙《舒传贤为被处分给中央的报告第一号》(1931.4.27),载中央档案馆、安徽省档案馆编《鄂豫皖苏区革命历史文件汇集》,第四册,第187页、188页、281页、285页、289页、188页、289页、285页,1985年12月印。

⑩⑪⑫⑬⑮㉕㉝㉞㊱㊲㊳㊴《舒传贤为被处分给中央的报告第二号》(1931.7.23),载中央档案馆、安徽省档案馆编《鄂豫皖苏区革命历史文件汇集》,第四册,第440页、441页、441页、442页、442页、442页、444页、439页、440页、440页、443页、445页,1985年12月印。

⑱《访问胡允恭记录》(孙广和,1984),霍山县党史调访资料,存霍山县党史办。

⑲《安徽省委会议记录》(1931.1.31),载中央档案馆、安徽省档案馆编《安徽革命历史文件汇集》,第二册,第398页,1987年1月印。

⑳ 周新民:《舒传贤烈士传略》(1965),原件存安徽省民政厅,抄件存霍山县党史办。

㉑《中共肥西党史大事记》,第37页,安徽人民出版社,1991。

㉒《六安中心县委关于设立特委问题给中央的请示报告》(1930.2.20),载中央档案馆、安徽省档案馆编《鄂豫皖苏区革命历史文件汇集》,第四册,第49页,1985年12月印。

㉚《中共中央关于鄂豫皖苏维埃区域成立中央分局的决议案》(1931.3.10),原件存中央档案馆,抄件存霍山县党史办。

舒传贤传

㉛ 中共六安地委党史办编:《皖西革命史》,第150页,安徽人民出版社,1987。

㉜㊴㊷《鄂豫皖中央分局张国焘报告——苏区发展经过及肃反胜利原因》(1931.11.25),原件存中央档案馆,抄件存霍山党史办。

㉟《鄂豫皖中央分局第一次扩大会议政治决议案》(1931.6),载中央档案馆、安徽省档案馆编《鄂豫皖苏区革命历史文件汇集》(中央分局文件)(1931～1932),第93页,1985年12月印。

㊶《光山县组织史资料、党史调查资料》(1990.3.20),霍山党史调访资料,存霍山县党史办。

㊸㊹《陈昌浩在鄂豫皖苏区彭扬军事政治学校的报告》(1931.11.22),原件存中央档案馆,抄件存霍山县党史办。

㊺《红四方面军战史》,第145页,解放军出版社,1991。

㊻《中华英烈大辞典》,第2466页,黑龙江人民出版社,1992。

附 录
舒传贤年谱(1899－1931)

1899年

9月4日(光绪廿五年七月三十日),舒传贤出生于安徽省霍山县东北乡舒家庙(今霍山县下符桥区团墩乡观音岩村)一农民家庭,字揖堂。父舒家燮,字赞扬,号醒舆,又名理臣,清末秀才,中医;母夏氏,农村妇女;兄传泗,字东山。

1908年(9岁)

1908年春,舒传贤入叔父舒鼎三(名家学)先生塾馆破蒙读书至13岁。

1913年(14岁)

因家境日窘,舒传贤辍学务农。

1914年(15岁)

在舒姓户族的资助下,舒传贤又从舒鼎三先生读书一年。

1915年(16岁)

秋,舒传贤考入霍山县第一高等小学校(简称"一高",校址在县城)读书。该校校长黄楚三先生是中国同盟会会员，思想进步。

1917 年（18 岁）

舒传贤与陈春如结婚。春如为霍山县东北乡一农家女子，土地革命战争时期，全家参加革命。

1918 年（19 岁）

秋，舒传贤在霍山一高毕业，考入省立甲种工业学校（简称"甲工"）读书。该校校址在当时的安徽省省会安庆。

1919 年（20 岁）

5月6日，北京"五四"运动消息传到安庆。舒传贤以甲工学生代表身份参加各中等学校学生代表在省立法政专门学校召开的紧急会议。会议主席报告"五四"情形，决定5月8日召开学生大会，游行示威，声援北京学生运动。

8日，参加安庆各校学生3000余人在黄家操场集会，声讨帝国主义侵略我国罪行，并通电北京政府，不准在巴黎和约上签字；要求罢免卖国贼曹汝霖、章宗祥、陆宗舆；要求释放被捕学生。大会决议筹备成立安徽省学生团（11日改为安徽省学生联合会，简称"省学联"），舒传贤参与筹备工作。会后学生结队游行，散发宣言、传单。

9日，舒传贤参加各校代表紧急会议。会议通电全国，要求归还青岛、立即释放被捕学生。同日，舒传贤又参加省学联筹备会议，准备将运动扩大。

10日，安庆各校接到上海安徽同乡会寄来的关于北京被捕学生即将被处死刑的传单，广大学生义愤填膺，立即召开各校代表紧急会议。舒传贤与方乐舟等7人被公推为代表，赴省署要求援救北京被捕学生。

11日，舒传贤代表甲工参加省学联筹备会成立会议。会议公布《安徽省学生联合会宣言》《泣告六十县学生》和《安徽学生联合会简章》。

18日,安庆省立一师、一农、一中、甲工、法专、六邑中学、圣保罗学校及第一、第二、第三模范高等小学 2400 多名学生齐集公共体育场,正式成立安徽省学生联合会,由方乐舟任会长,童正常、童汉璋任副会长。舒传贤为甲工学生固定代表,负责甲工与省学联的联络。

5月中、下旬,舒传贤参加查禁日货运动,分工在轮船码头负责检查日货。26日,安徽督军倪嗣冲、省长吕调元发布告威胁学生:"遇有学生发布传单,有违纪而不服取缔者,一经查出,即行依法严办,决不姑宽。"并派军警上街撕毁学生张贴的传单、标语。

28日,舒传贤参加省学联秘密召开的会议,议决:一、一律罢课,与北京一致;二、要求官厅恢复传单原状;三、致电当局表示再接再厉;四、要求言论、著作、拍电、集会、演说自由。会后,即回甲工传达会议精神、布置罢课。

30日,舒传贤参加省学联统一部署的罢课斗争。学生上街游行、贴传单,愤怒表示:"你们撕,我们贴,见人心,终如铁。"拒绝当局限期复课命令。

6月上旬,为抗议当局横暴行径,各校教职员全体辞职;公开焚烧日货;码头工人罢工;商家罢市,斗争向纵深发展。省教育厅用阴谋手段,命令各校提前放暑假,迫使学生离校。

舒传贤回霍山与黄楚三等人组织了有千人参加的悼念储成之、汪与之大会(储、汪二人为霍山籍北师大学生,"五四"后被派往上海进行宣传,被日本警察杀害),介绍安庆斗争情况,发动霍山各界响应"五四"运动。会上宣读了以控诉帝国主义、封建军阀罪行为主要内容的悼词,发表了声援北京、安庆学生的宣言,布置各校成立学生会。会后列队游行,山城为之一振。

7、8月,舒传贤在霍山与各校进步师生、县商会联系,发动了抵制日货运动。暑假结束,舒传贤回安庆甲工,继续参加学生运动。

1920 年(21 岁)

春,舒传贤与蔡晓舟、王步文等人秘密传阅《共产党宣言》《新青年》《湘江评论》等革命书刊,开始接触马克思主义,并向霍山传播。

舒传贤传

秋,舒传贤参加反对倪嗣冲加紧搜刮人民、用于军费的"三项附加"(即田赋按亩加征、米捐按袋加捐、食盐按斤加征)案的斗争,因省学联及社会各界坚决反对,省议会未敢通过。

11月中旬,舒传贤参与省学联发表改进宣言、驱逐省教育会长刘硕的斗争。

1921年(22岁)

春初,舒传贤参加蔡晓舟等人在怀宁学宫义务小学召集的讨论建立安庆社会主义青年团会议,与会20多人,因被军警发现,被迫提前散会。

4月,舒传贤再次参加蔡晓舟在菱湖公园茶社召集的同样内容会议,到会50多人,又因军警开来,会议匆匆结束,分途解散。

5月4日,舒传贤参加安庆各校学生举行的"五四"运动两周年纪念会,并赴省议会请愿,要求增加教育经费。

6月2日,舒传贤参加"六二"学潮——为争取教育经费、反对军阀侵吞教育经费,省学联组织学生赴省议会请愿,遭军阀倪道烺、马联甲调军警扣押、毒打。是日下午6时,各校闻讯后,速集数千学生包围省议会,高呼"抗议省议会殴打学生"的口号,马联甲又加派军队镇压,学生奋不顾身与军警搏斗,学生受伤50余人,尤以一师学生姜高琦与一中学生周肇基伤势最重,并先后因伤而亡,又称"六二"惨案。3日,根据省学联部署,发动安庆各校一致罢课,各校门前挂白布大标语:"议员军阀,残杀学生!全体罢课,誓与偕亡。"

上旬,舒传贤当选为省学联会长,领导学联工作:发表《安徽全省学生周刊·六二特别号外》(刊登《安徽省城各校罢课宣言》)及揭露"六二"惨案真相等文章。并与省教育会、省教联联合通电全国。又派学联交际部主任王镜衡等持姜高琦血衣及惨案照片赴芜、沪等地吁请支援安庆学生、声讨军阀罪行;向法院起诉,要求惩办马联甲等凶手;泣布全省60县学生及各界人士,请一致行动,支援安庆学生等,导致全省各界反军阀斗争总爆发。上海

附录　舒传贤年谱（1899—1931）

等地各报连续刊载揭露"六二"惨案文电,震惊全国。京、津、沪、杭及旅外皖籍知名人士纷纷致电声援安庆学生。是月22日,当局迫于全国舆论压力,接受增加教育经费、省议员不得兼任校长等条件,斗争初胜。

7月1日,"六二"惨案中受重伤的姜高琦抢救无效身亡。省学联带头发起安庆各界1万多人集会追悼烈士、游行示威,又一次掀起全省反军阀高潮。

3日,舒传贤领导省学联与教育会等联合致电府院各部,要求伸国法、惩凶手、平民愤。

12日,舒传贤领导省学联联合安庆各界1200余人在黄家操场为姜高琦行致祭典礼。

夏、秋间,舒传贤领导省学联与各界成立"安徽各公团澄清选举办事处",进行反对倪道烺通过"公益维持会"贿选第三届省议员的斗争。经过激烈斗争,至次年10月,新任省长许世英宣布贿选议员无效,反贿选斗争胜利,是为全国首创。

9月6日,舒传贤参加省教育会、省学联联席会,拟定"拒李"办法,号召罢工、罢学,并分组在南京、芜湖、安庆开展拒李宣传,以死抵御。"拒李",即拒绝李兆珍出任安徽省长。因8月下旬原省长聂宪藩辞职,倪道烺以巨款买通国务总理,任昏庸老迈的李兆珍为安徽省长。

9—13日,省学联号召学生罢课,组织学生高举"李兆珍长皖死不承认""拒绝李兆珍长皖"大旗,日夜轮流齐集江岸,阻李上岸。

14日,舒传贤率学生围省署,高呼驱李口号(因李兆珍于13日夜悖逆民意潜入省署)。

17日,参加安庆各界组织的"安徽公民拒李(兆珍)大会"成立会,大会发表第一次《宣言》。舒传贤积极参与大会的筹备工作。

19日,举行全市各界代表拒李(兆珍)大会。大会发表第二次《宣言》,并决定自次日起罢市、罢工、罢课,表示拼死驱李。

21日,舒传贤领导学生联合安庆各界在体育场召开拒李(兆珍)大会。

舒传贤传

会后,数千人拥至省署,李(兆珍)命卫队开枪,伤多人。次日凌晨,李被迫化装逃离安庆。

25日,舒传贤参与组织安庆各界数千人在公共体育场集会庆祝驱李胜利。

10月,舒传贤创建安庆社会主义青年团组织,并"负团的责任"。这是安徽最早的团组织。

11月4日,传贤参与组织各界数千人在公共体育场召开追悼姜高琦大会。次日,姜高琦灵柩由公共体育场安葬到菱湖公园墓地。

1922年(23岁)

春,安徽社会主义青年团在安庆正式成立。舒传贤被选为学生运动委员会委员长,"担任一切事务"。始用"舒公甫"之名。

5月,领导省学联通电反对倪道烺任皖军总司令,全省响应,再次掀起反军阀高潮。

夏,因在安庆领导一系列反帝反封建斗争,舒传贤被安徽反动当局通缉,离开安庆,暂避于上海法租界。同时被通缉者达50人,全是学生运动骨干分子。

冬,由安徽教育界进步人士推荐,舒传贤获准官费留学日本,入东京高等工业学校。同期留日的安徽学生还有周新民、宋伟年等30多人。

1923年(24岁)

夏,舒传贤由东京高等工业学校预科班转入本科班。

11月初,传贤惊悉安庆一师好友方曙青在舒城病逝的消息,撰挽联及长篇祭文,回顾在安庆并肩战斗之友谊,遥寄深切的哀思。

是年,舒传贤开始研读日文版《资本论》(高岛素之译),研究苏联十月革命,认为中国革命必由此路。

附录　舒传贤年谱（1899—1931）

1924 年（25 岁）

1月，舒传贤因出国后与国内团组织失去联系，遂在东京加入日本青年团，任东京特支书记。

是年，舒传贤继续研究马克思主义、列宁学说，并在各种集会上宣传十月革命。

1925 年（26 岁）

1月，在东京中国青年会会长马伯援召开的欢迎徐树铮会上，舒传贤等人与右派分子展开辩论。

3月中旬，舒传贤参与组织进步留学生召开悼念孙中山大会。

6月上旬，"五卅"惨案消息传到日本，舒传贤组织进步留学生在东京神田青年会召开大会，声讨日、英帝国主义侵华罪行，会后列队前往日本外务省抗议。

6月下旬，王步文等30余人赴日留学。舒传贤协助王步文组建中共东京特别支部，贯彻中共三大精神，开展第一次国共合作工作。

秋，经王步文介绍，舒传贤以个人身份加入国民党。协助王步文改组国民党东京总支部，使其成为各阶级的革命联盟。

是年，舒传贤任中国、朝鲜留学生总会交际部部长，参与安徽留学生会编辑出版《皖声》《皖江潮》刊物，积极宣传孙中山的联俄、联共、扶助农工三大政策。在活动中，他逐渐成为留日学生运动的骨干分子。

1926 年（27 岁）

1月，舒传贤在东京参加争夺国民党第二次全国代表大会代表权的斗争。国民党中央分配给东京总支部1名代表名额，左右派争夺激烈，最后，确定王步文为代表（但因右派捣乱，延误会期，终未出席）。

3月中旬，"大沽口事件"发生后，舒传贤由中共东京特支派遣，任留学生

舒传贤传

讨张[作霖]反日归国代表团党团书记,率团回到北京参加斗争。"三一八"惨案中被反动当局拘捕,不久经北京党组织营救获释。

下旬,北京党组织根据中共东京特支及王步文的函介,批准舒传贤由青年团员转为中国共产党党员,并在北京担任短期党支部书记。

4月,根据党组织部署,舒传贤由北京回到安庆,从事国共合作建立统一战线工作。亲率学生砸了国民党右派在宣家花园非法挂起的"省党部"牌子,打击了右派的嚣张气焰。国民党临时省党部(左派)已于2月在安庆成立。

夏,舒传贤被国民党临时省党部(左派)委任为视察员,回霍山推动国民党改组工作。与黄楚三等人宣传三大政策,推动国民党霍山县党部的组建。是年冬,县党部正式成立,经省党部组织部长沈子修推荐,黄楚三任委员长。

11月,在安庆接到北京党组织通知,舒传贤被调往广州做北伐的政治、宣传工作。

1927年(28岁)

2月,舒传贤在广州任党支部干事。

3月初,舒传贤被中共安徽地方执行委员会调回武汉,在国民党安徽临时省党部(1926年秋,受军阀压迫由安庆迁上海法租界。冬,又迁至汉口)工作。不久,与临时省党部一起随北伐军回安庆。在中共党内任组长。

中旬,舒传贤任安庆市总工会委员长(不久改由王少虞担任)、安徽总工会筹备委员会委员长,统一工会组织,领导工人运动。在他的推动下,安庆110多个行业都成立了工会组织,工会会员发展到15000多人。

舒传贤协助省党部筹备国民党安徽省第一次代表大会,并被指定为国民党霍山县代表。

20日,在欢迎北伐军总司令蒋介石的大会上,舒传贤、周新民等人反驳蒋的"安徽工作无成绩"等指责,表明不能与军阀、右派合作的革命立场。

23日,蒋介石指使国民党右派,收买流氓打手,捣毁国民党临时省党部、

附录 舒传贤年谱（1899—1931）

省总工会、农民协会筹备处，殴伤正在召开省一大的代表数十人，制造了"三二三"反革命事变。根据中共党组织决定，舒传贤坚持安庆配合国民党左派与右派斗争。在白色恐怖下，组织安徽政治工作委员会；召集多种集会，揭露反革命事变真相；组织工人纠察队；筹备出版《安徽工人导报》。

4月15日，舒传贤代表省总工会出席安庆市绸业工会成立会，会议被反动军警冲击。对军警罪行，传贤进行了揭露。

17日，舒传贤被反动当局定为"拿办"对象，100余人被通缉。

18日，根据党组织安排，舒传贤与周新民等人秘密撤离安庆，赴武汉。在武汉继续召开的国民党安徽省第一次代表大会上，他揭露了"三二三"事变后右派在安庆的反革命罪行。

5月下旬，舒传贤在武汉参与组建中共安徽省临时委员会，并在汉口任支部书记。

6月20日，舒传贤代表安徽省总工会出席在汉口召开的全国第四次劳动大会，并当选为全国总工会执行委员，在全国总工会短期工作。

8月初，武汉形势逆转，舒传贤随中共安徽省临委撤回芜湖，任省临工委书记并参加芜湖市委工作。

中旬，中共安徽省临委根据"八七"紧急会议精神，派遣舒传贤等人回皖西开展土地革命，开始用"夏唯宁"化名，直至牺牲。舒传贤回霍山后，迅速与刚刚成立的中共六安特别区委取得联系。

9月，根据党组织部署，舒传贤打入国民党统治内部，担任霍山县东北乡自治公所主任。以此公开身份作掩护，积极开展革命活动。同时，在舒家庙联络进步青年，组织"学术研究会"，进行秘密建党活动。不久，组建中共舒家庙小组，任组长。

10月，舒传贤将舒家庙党小组改为党支部，任支部书记，隶属六安特别区委，下辖3个党小组，有党员12人，这是霍山县最早建立的党组织之一。

年底，舒传贤与漫水河、燕子河党支部书记徐育三、刘仁辅等协商，成立中共霍山县支部，传贤任书记，隶属六安特别区委，下辖5个分支部，有党员

38 人。统一了霍山全县党的组织。

是年,在创建党组织的同时,舒传贤开始在东北乡秘密组织农民协会和农民武装。

1928 年(29 岁)

1月底,舒传贤代表霍山党组织出席中央巡视员尹宽在六安南岳庙召开的六安、霍山、霍邱三县党的活动分子会议。会议分析了形势,决定健全党的组织,积极发展工农群众运动,领导罢工、抗租、抗债等日常经济斗争,进一步发展农民协会。会议作出了工运、农运、兵运、大刀会工作等项决议案,会议还决定将上述三县党组织合并,成立中共六霍县委(亦称六安县委)。

2月,舒传贤在豪珠岭主持召开霍山党员代表会议,传达南岳庙会议精神,将中共霍山县支部改为特别支部,传贤任书记。

4月12日,舒传贤参加六霍县委扩大会议。会议研究制定了对侵袭皖西的河南土匪李老末的策略:"①宣传土地革命纲领,使民众认识本党的主张;②反对由于军阀混战和豪绅阶级剥削所造成的土匪骚扰;③在乡村把农协的旗帜揭出,号召农民自卫,取得大部分的农民群众;④同志尽可能的到土匪的下层群众去工作。"

6月,利用国民党霍山县党务指导委员会改组之机,舒传贤与刘淠西、伍淑和等共产党员打入该会,传贤担任执行委员、民运部长,取得了部分权力,并以此作掩护进行革命活动。

7月,舒传贤参加中共省临委(第二届)巡视员王步文在舒家庙召开的六霍县委会议,增补为县委候补委员。会议讨论了在工农运动中发展党组织、抗租反霸、夺取民团武装、准备暴动等问题,发表了《反"割民党"宣言》《反"割民党"宣传大纲》《C·P 的政治主张》等。会后,传贤及时主持召开了霍山特支及各分支部负责人会议,传达了舒家庙会议精神,并将霍山特支改组为中共霍山特别区委(亦称六安县第五区区委),传贤兼任书记,下辖 5 个支部,全县有党员 50 余人。

7月22日(农历六月六),舒传贤以反对河南土匪李老末名义,组织舒家庙等5个乡数千农民武装游行,并将游行演变为对地主豪绅的示威活动。

9月,王步文再次来舒家庙,于舒家庙深入研究皖西革命工作。如对蓬勃发展的革命武装加强领导,在游击队中建立了党组织,及时纠正一些地方打击面过宽的现象。

秋,舒传贤发动霍山全县进行大规模的以抗租、抗捐、抗税和扒稻为主要内容的秋收斗争,取得了较大的胜利。

是年,舒传贤父亲舒家燮病逝。

1929年(30岁)

1月,经中共安徽省临委批准,舒传贤在舒家庙肖家冲主持召开了霍山县第一次党员代表会议。会议讨论了党的六大发布的反帝、反封建、实行土地革命、建立工农专政的民主革命十大纲领,分析了形势,确定了霍山党组织关于扩大群众斗争、用革命武装推翻国民党反动派统治、建立苏维埃政权等任务。成立了中共霍山县委,传贤被选为书记。下辖3个区委、2个特支,全县有党员120人。

2月,舒传贤发动了东北乡农民抗夫斗争,拒绝为军阀朱绍良部队义务当夫。全县各公团联合斗争,抗夫取胜。

春,舒传贤被中共安徽省临委任命为巡视员,负责指导六霍等县工作。发动六霍两县春荒斗争,由农民向地主强行借粮进而强行分粮,解决了部分农民春荒缺粮困难。

5月初,舒传贤与刘淠西(时任诸佛庵民团团总)发动了诸佛庵民团兵变,得枪30多支。揭开了六霍总暴动的序幕。

中旬,舒传贤以省临委巡视员名义,成立六霍军事委员会,传贤任军委书记。军委会内设组织、训练、枪械、交通各部和士兵运动委员会、游民无产阶级运动委员会。并组建六霍军委会特务队,有32名队员,长枪30多支,短枪10支,这是皖西成立最早的革命武装。此时六霍两县游击队已发展到1000多人。

下旬,舒传贤与吴干才被省临委确定为六安中心县委委员,负责筹建六安、霍山、霍邱、英山、寿县、合肥6县党的工作的领导机构——中共六安中心县委。

6月底,舒传贤出席中共六安县委会议,在会上提议请党中央派巡视员来皖西指导工作,并派县委委员桂伯炎到中央抄回3月间周恩来主持召开的安徽扩大会议决议案,以便按此精神开展工作。

8月5日,舒传贤代表霍山县委参加党中央巡视员方英在豪珠岭召开的六安县第三次党员代表大会,霍邱、寿县也派代表参加。会议着重讨论了在六霍等县发动全面起义问题,要求各地党组织积极发展农民运动,做好秋收起义的各项准备。会议还进一步研究了成立六安中心县委等问题,上报党中央请求批准。

9月,舒传贤在霍山东北乡枣树井主持召开霍山县第二次党员代表会议,传达了豪珠岭会议精神,布置了武装起义工作,初步确定在西镇一带首先发动武装暴动。考虑到即将调任六安中心县委工作,提议会议改选县委,霍山县委书记一职由喻石泉接任。

10月初,舒传贤参加了方英主持的,由六安、霍山、霍邱、英山、寿县、合肥6县党代表参加的郝家集会议,会上宣布了党中央于8月17日同意成立六安中心县委的批示,六安中心县委正式成立,舒传贤任中心县委书记,委员有:周狷之、吴宝才、余道江、桂伯炎、许怡亨、范在中、翁翠华(女)、吴干才、朱体仁、谢为法、袁继安等人。中心县委设秘书处、组织部、宣传部、工委、农委、兵委、妇委、青年团等机构,领导上述6个县党的工作。会议还检查了全面发动武装起义的准备情况,认为发动秋收起义的条件已经成熟,并决定大体于11月中旬在独山、西镇等群众基础好的革命中心区首先发动秋收起义。会后,传贤到六霍等地布置、检查起义工作。

11月8日,六安县独山暴动爆发。先一日晚,舒传贤、周狷之获悉三区(河口)二乡农协常委兼秘书被独山自卫团魏祝三部逮捕,指示立即暴动。8日晨,三区15个乡农民数千人围攻独山,缴枪10多支,救出农协常委兼秘

附录 舒传贤年谱(1899—1931)

书等3人。是日晚,南岳庙民团赶来援敌,农民奋起迎击,毙敌4人,农民牺牲9人,终将敌赶走,暴动队伍遂占领了独山镇,六霍总暴动由此开始。

9日,舒传贤与周狷之赶到独山镇,主持召开了中心县委、三区区委、区农协紧急联席会议。为了扩大斗争,中心县委当日发出通知,要求六安县各区和邻近各县迅速采取行动,援助独山暴动。

12日,舒传贤、周狷之等人在独山镇主持召开了有2万多群众参加的追悼暴动中死难烈士大会,号召大家继续战斗,为死难烈士报仇,会后游行示威。接着,指导成立了六安县三区革命委员会,内设总指挥部,组建6个队共72人的游击队,又从农协会员中挑选出2300人组成赤卫队。嗣后,相继爆发了六安六区农民暴动(11月16日)和霍山东北乡农民扒稻斗争,响应和支援独山暴动。

19日,舒传贤和霍山县委书记喻石泉领导霍山县西镇农民暴动。200多名赤卫队员在商南红三十二师80名红军的配合下,先后攻下了闻家店、楼房湾、燕子河、长山冲和漫水河,计毙敌俘敌90多人,缴枪70余支,捣毁了西镇事务所等反动机构,成立了西镇革命委员会和西镇游击队(360人)。不久,在漫水河成立霍山县第五区苏维埃政府,在燕子河成立霍山县第六区苏维埃政府。西镇成为一块巩固的根据地,中心县委机关由龙门冲迁到闻家店。

12月16日,为打通独山与西镇间的障碍,舒传贤以中心县委名义指示霍山县委发动了桃源河暴动。当地赤卫队在西镇游击队的支援下,缴获地主武装30多支枪。接着,桃源河附近的石家河、诸佛庵、新店河等地农民相继暴动,成立了霍山县第七区苏维埃政府。

中旬,六安中心县委军委主任朱体仁牺牲后,舒传贤实际承担了"军委一切工作",为六霍各地暴动的总指挥,同时为苏区各项建设操劳,终于积劳成疾,患了肺病。

1930年(31岁)

1月6日,舒传贤在六安县横旦岗九里冲主持召开中心县委第二次全体

197

委员会议,讨论军事组织原则,并向合肥特别区委要一位懂军事的同志来皖西负责军事工作,着手组建主力红军。接着,中心县委第十次常委会议决定,将独山游击队编为安徽红军第一游击纵队,队长为冯晓山;西镇游击队编为安徽红军第二游击纵队,队长为徐育三。

20日,舒传贤在霍山流波䃥主持召开六安中心县委常委与游击队党团负责人会议。传贤根据中心县委常委会决定,负责组建红军:将安徽红军第一、第二游击队和六安县第六区游击队合编为中国工农红军第十一军第三十三师,师长由合肥调来的徐百川担任,政治部主任由张建民担任(数日后为姜镜堂)。师部设军务处、军需处、参谋处、副官处及特务队。辖两个团:第一〇六团团长为冯晓山,党代表为余爱民,副团长为高廷栋;第一〇七团团长为徐育三,党代表为孙能武(原名汪维裕),副团长为李锡三。全师200多人(内有党员40多人),长枪139支,短枪6支,每团下设3个中队。另外还准备将六安四区游击队大队改编为一〇八团,因故暂未宣布。该师归六安中心县委直接指挥,这是鄂豫皖边区继鄂豫边的红三十一师、豫东南的红三十二师之后组建的第三支主力红军。

28日(农历正月初一),舒传贤根据中心县委决议,指示红三十三师攻打统治阶级武力比较薄弱的霍山县城。该师在霍山2300多名赤卫队员的配合下,经半日激战,攻克县城。红军打开监狱,救出被囚群众50多人。红军被俘3人,阵亡1人,伤2人,为保存实力,当晚撤出。是役是红三十三师首战攻克一座县城,树立了红军的声威,扩大了政治影响。

2月29日,舒传贤以中心县委名义指示霍山县委配合红三十三师向南游击,发动了舞旗河、大化坪暴动。暴动胜利后,成立了霍山县第三区苏维埃政府。霍山南乡成为苏区,并与西镇联连结起来。

3月21日至25日,舒传贤在七邻湾主持召开六安、霍山、霍邱、英山、寿县、合肥6县和三十三师党的联席会议,总结六霍起义经验,分析形势,提出新的任务,以推进六县的革命高潮。会议作出了关于反对机会主义、政治任务、六县工作计划、群众工作、军事问题、宣传教育工作、纪律问题、秘密问题和CY工作9项决议案。会后,中心县委在闻家店连续举办两期干部训练班和一期军事训练班,学习党的六大、六届二中全会决议案及六县联席会议决议案,舒传贤等领导人亲自讲课。

4月1日,为配合潜山独立师从霍山反攻潜山衙前,舒传贤指示霍山县委发动了胡家河、头陀河、黄尾河暴动,成立了霍山县第四区苏维埃政府。霍山东南乡纵横百里皆为苏区,且与潜山北部苏区连成一片。

4月7日,舒传贤根据中心县委决定,亲自指挥了霍山东北乡大规模武装暴动,暴动范围由舒家庙、下符桥一直延伸到六安县青山街,二、三、七区有近5万群众参加。后在主力红军的支援下,全歼2个民团,成立了霍山县第一区苏维埃政府,霍山东北部成为苏区。至此,霍山县7个区级苏维埃政权全部建立,全境赤化。

12日,舒传贤去信调集红三十三师全部、红三十二师两个团和潜山工农革命军,在霍山东北乡农民暴动的配合下,一举攻占霍山县城,毙俘敌200余人,活捉县自卫队第二中队长秦华轩,县长甘达用落荒而逃。当日下午,舒传贤在数万人参加的庆祝大会上宣布霍山县苏维埃政府成立。这是全省第一个县级苏维埃政府,机关设在县城西大街。县苏维埃政府设土地、经济、裁判兼肃反、粮食、财政、文化、交通、赤卫等委员会,负责对全县7个区苏维埃政府的行政领导。首任县苏维埃政府主席曹品三(原名汪正发),有政府执行委员21人,候补委员5人。

13日至17日,舒传贤指导六安县第六区(金家寨)召开工农兵代表大会,选举产生区苏维埃政府。大会制定并通过了《苏维埃条例》《肃反问题》《土地政纲实施细则》《森林办法》《债务办法》《雇农工资办法》《手工业工人办法》等政策法规。六安中心县委将这些政策法规批转各县参照执行,皖西苏区全面开展土地分配和经济建设。这次工农兵代表大会实际上是六安中心县委开展苏维埃运动的试点。

中旬,舒传贤以六安中心县委名义,派余干臣、汤衡等3人前往在六安县龙穴山一带活动的寿县土匪武装权广义部,经与权广义谈判,将其武装收

舒传贤传

编为工农革命军第三十五师,权广义为师长,计1000多人。

27日,舒传贤代表六安中心县委出席霍山县第三次党员代表会议。会议改选了中共霍山县委,书记由芦舒(原名吴仲孚)担任,县委委员11人,其中常委5人。这是霍山县第三届县委。

5月2日,红三十三师由霍山县城出发,攻打六安西河口。由于山洪陡涨及周围敌人迅速合围,冯晓山、徐育三两团长渡河时溺水身亡,牺牲战士7人,霍山县城亦随之失守。舒传贤闻讯后和常委余道江立即赶到该师驻地,召开师委会,检查这次作战失败的原因,认为师部指挥上有责任,改组了师委(师长徐百川降为副师长,留党察看半年,原政治部主任姜镜堂升任师长)。

23日,舒传贤参加红一军军部、六安中心县委和三十三师师委会议。会议决定从三十二师抽两个团与三十三师合编为中国工农红军第一军第三师,师长周维炯任师长,为红一军建制,全师300人。

6月中、下旬,红一军军长许继慎率第二、三师进军六霍西部,先后收复流波䃥、麻埠、独山等地,并第三次攻占霍山县城,歼敌地方武装约千人。舒传贤参加了红一军军部、中央军委巡视员朱瑞与六安中心县委在霍山县城召开的联席会议,决定以红三师编余的一个大队和皖西地方革命武装组建中央独立第一师,下辖5个团,共3000多人,500多支枪,归六安中心县委指挥,徐百川任师长。

舒传贤对刚刚贯彻到皖西的立三"左"倾冒险计划有疑虑,对"攻打武汉""反富农""没收富农所有土地"等计划和政策提出质疑。

7月初,舒传贤参加六安中心县委在豪珠岭召开的六安、霍山两县党的联席会议,讨论贯彻执行中央关于"在一省或数省首先胜利"决议案,成立了六霍总暴动指挥部,舒传贤被推选担任总指挥,负责统一指挥皖西各县军事行动。会后,又组建了六霍赤卫师,任师长车厚桥。全师约四五千人,为地方革命武装,归六安中心县委指挥。

16日至18日,舒传贤参加六安中心县委及所辖6县联席会议,进一步

附录 舒传贤年谱（1899—1931）

落实六霍总暴动计划。本月上旬,敌潘善斋的新编第五旅纠集六霍等县自卫团600多人,从颍上、寿县、合肥网罗红枪会、黄缨会匪徒5000多人,乘红军主力西调、皖西空虚之机,大举进犯六霍苏区,霍山县城再次失守。敌步步进逼,苏区一天天缩小。

8月中旬,在上级严令催促下,舒传贤率六霍总暴动指挥部调集约万名赤卫队员,并将中心县委机关、各群众团体的干部及工作人员编队出征,加之随军行动的六安、霍山两县的干部、避难群众近万人,从闻家店、燕子河、漫水河等地出发,计划夺取霍山县城,与霍山东北区游击队会合,先壮大力量,再相机西征武汉。赤卫队在落儿岭遇敌,敌退距县城20里的黑石渡坚守,赤卫队屡攻不克,伤亡很大,被迫退回土地岭以西。敌乘势追击,将万余军民压迫于闻家店、燕子河一带狭窄山冲之中,情势万分危急。

9月3日,舒传贤公开反对攻打武汉的军事冒险,他不顾个人担当风险,毅然决定解散六霍总暴动指挥部,率万余军民暂时撤离皖西,退到商南苏区,以保存革命力量。

9月底,舒传贤应邀参加商城县委和驻商城的一军独立旅党委召开的联席会议。会上,舒传贤反对继续西撤,主张积蓄力量收复皖西。会后,舒传贤亲率赤卫队反攻金家寨而未胜。在商南期间,传贤为解决极端缺粮、缺子弹之困难,多次请求商城县委、鄂豫皖边区特委帮助,但均未获解决。

10月中旬,舒传贤在商城主持召开了六安中心县委、霍山县委、独立一师师委和六安县青年团团委联席会议,决定由舒传贤带领六安中心县委委员数人离开商南,去非苏区巡视并前往上海向党中央汇报皖西情况及请求指示。

11月初至12月底,舒传贤与杨季昌、施醒民等人离开商城,前往霍邱、六安四区八区、寿县、合肥等非苏区巡视指导。在霍邱,建立了县行动委员会,召开了河口区党员代表会议,指导了区农协发动反退佃斗争;在六安,将三区、四区枪支集中编成游击队和特务队,扰乱敌人后方;在寿县,指导了县委工作,解决了县委成员的一些模糊认识和工作方法问题,又到堰口集、小甸集等地指导基层工作;在合肥,指导县委根据城市特点设法打入统治阶级内部,并在此地给党中央写了一份两万多字的报告,详细介绍了皖西苏区及六安中心县委的工作情况,着重分析了立三"左"倾冒险错误对皖西苏区的严重危害。

1931年(32岁)

1月初,舒传贤偕施醒民从合肥到达党中央所在地上海。此时党中央即将召开六届四中全会。舒传贤拒绝了王明宗派主义的拉拢,因而被剥夺了正式代表的资格。

20日,中共皖西临时分特委在金家寨成立,负责指导六安、霍山、霍邱、寿县、英山、合肥、舒城、桐城、潜山9个县工作,姜镜堂任书记,六安中心县委同时撤销。此时舒传贤在上海,被选为中共皖西临时分特委委员。

接着,召开了皖西临时分特委第一次扩大会议。由于受立三"左"倾思想影响,在舒传贤缺席的情况下,会议组织者依据猜测、传讹及把工作中的缺点和失误上纲,对他作出了"开除党籍"的错误处分决定。远在上海的舒传贤对此处分决定毫不知晓。

31日,舒传贤在上海与王步文、方英、刘文等人根据党中央决定,筹建新的中共安徽省委。

2月,党中央决定成立中共鄂豫皖中央分局,并决定舒传贤任中央分局委员、组织部长,不在省内任职。

3月初,舒传贤与沈泽民(鄂豫皖中央分局委员、宣传部长)等人离开上海前往鄂豫皖苏区。

23日,舒传贤、沈泽民在合肥召开县、区委负责人会议,指导成立了中共合肥中心县委(又称"皖西中心县委")。

4月初,舒传贤与沈泽民到达皖西根据地中心区金家寨。此时张国焘(中央定为鄂豫皖中央分局书记)、陈昌浩(中央定为中央分局委员、团委书记)亦由武汉经信阳到达鄂东根据地中心区黄安县七里坪。

17、18日,根据党中央指示,皖西临时分特委在金家寨召开了第三次扩大会议,将皖西临时分特委改组为中共皖西北特委。负责指导六安、霍山、霍邱、商城4个苏区县及英山等15个非苏区县的工作,方英任书记。在这次会上,舒传贤对皖西临时分特委第一次扩大会议给予他的错误处分决定提出了申述,对强加给他的诬蔑不实之词进行了逐条驳斥和必要的解释。

27日,中共皖西北特委第一次扩大会议作出了《对于唯宁问题之决议》,取消了给予他"开除党籍"的错误处分决定。但在"左"倾思想指导下,仍然给予舒传贤"书面警告"的处分,岂料这给张国焘迫害他抓住了"把柄"。当日,舒传贤写了《舒传贤为被处分给中央的报告第一号》,对给予他"书面警告"的处分提出了申诉。

4月底,舒传贤、许继慎等人在金家寨与前来视察的张国焘发生激烈的争执。在争执中舒传贤、许继慎等人反对张国焘"大反右倾"的做法,反对皖西党组织、苏维埃政府和红军的横加指责。张十分恼怒,从而加速了对舒传贤、许继慎等皖西领导干部的迫害步伐。

5月12日,中共鄂豫皖中央分局在河南省光山县新集正式成立,同时成立了鄂豫皖革命军事委员会,张国焘任分局书记兼军委主席。鄂豫皖特区委同时宣布撤销。张国焘借口舒传贤"对改组派首领有不坚定不敏捷的政治错误",擅自决定撤销舒传贤中央分局组织部长职务,暂不分配工作。并组成一个审查委员会来审查舒传贤的那些本来已由皖西北特委调查清楚、给予结论过的"问题"。张国焘迈出了迫害舒传贤的第一步。

6月,舒传贤在接受审查期间,将他4月27日写的《舒传贤为被处分给中央的报告第一号》交中央分局,表示申诉。

28日至30日,在鄂豫皖中央分局第一次扩大会议上,舒传贤被张国焘以莫须有的罪名"开除中央分局委员",给予"最后的严重警告",分配到河南光山县砖桥区任苏维埃政府主席,张国焘对舒传贤的迫害逐步升级。

7月23日,舒传贤与张国焘展开了针锋相对的斗争,写了《舒传贤为被处分给中央的报告第二号》,对强加给他的诬蔑不实之词逐条加以批驳。同时,他服从组织决定,前往光山砖桥区工作。

7月底至10月,舒传贤在砖桥区任苏维埃政府主席,后又任区委书记。10月初,舒传贤发动砖桥区群众,积极支援红十二师攻克仁和集。此间,张国焘竟在给中央的报告中将舒传贤诬指为"改组派元老",迫害进一步升级。张诬指他是"改组派元老"就是打出了处决舒传贤的信号,因为在当时,凡被诬指为"改组派分子"者,都被处死,"改组派元老"更是在劫难逃、必死无疑。

张国焘在鄂豫皖根据地掀起的以"反改组派"为主要内容的"大肃反"狂浪由红四军迅速蔓延到地方,且愈演愈炽,一大批党、政、军干部被迫害致死。

11月上、中旬,皖西北特委秉承中央分局旨意,以"分配工作"为名,将舒传贤诱骗回皖西北特委所在地麻埠,秘密处决于皖西山中。其妻陈春如因受株连,亦被迫害致死。

后 记

在中共霍山县委、县人民政府的正确领导、关心、重视和支持下,《舒传贤传》与读者见面了。这不仅对先烈是一种告慰,而且将成为人民群众,尤其是青少年进行革命传统教育的较好教材,对精神文明建设、构建和谐社会有所裨益。

舒传贤是土地革命时期皖西地区党、红军、根据地的主要创始人,是著名烈士。20世纪70年代,县委就组织人员开始征集舒传贤烈士的事迹资料。80年代末,开始撰写《舒传贤传》。原中顾委常委、革命老前辈郭述申同志为本书作序,原六安地委党史办公室主任陈忠贞同志为本书倾注了不少精力,现在二位都已谢世,我们对他们表示哀思。此外,在征集资料和编写书稿过程中还得到霍山县政府原副县长、县政协原副主席杨从群同志的审阅,霍山县政协办原主任黄兆儒同志、霍山县志办原副主任莫非同志、霍山县宣传部原副部长朱奇荣同志及舒寿仁同志等原从事党史工作的诸多同志的帮助,在此一并表示感谢。

2016年开始,县档案局、县委党史研究室利用国家重点档案抢救保护项目资金,由汤祖祥同志牵头,苏昌清、刘宝、褚凤玲、余雪晴同志参与,分别赴舒传贤战斗、工作过的河南省新县、光山县、安徽省安庆市、合肥市、湖北省武汉市等地征集资料,拍摄图片,进一步充实完善《舒传贤传》资料。2018年,由汤祖祥同志编排图片,编排定稿。

尽管我们作了很大努力,力求将书编写好,但由于水平有限,疏漏、讹错仍然难免,敬请老前辈、党史同仁、广大读者批评指正。

编　者
2019 年 3 月